U0480325

2011年教育部人文社会科学研究青年项目
本书受湖北省人文社科重点研究基地“湖北农村发展研究中心”资助

GUOJI FUWU WAIBAO DE
JIUYE XIAOYING YANJIU
JIYU CHENGJIEGUO SHIJIAO

国际服务外包的就业效应研究：基于承接国视角

魏君英◎著

图书在版编目(CIP)数据

国际服务外包的就业效应研究:基于承接国视角/魏君英著.—成都:西南财经大学出版社,2011.11
ISBN 978-7-5504-0460-1

Ⅰ.①国… Ⅱ.①魏… Ⅲ.①服务业—对外承包—劳动就业—研究
Ⅳ.①F719②F241.4

中国版本图书馆 CIP 数据核字(2011)第217028号

国际服务外包的就业效应研究:基于承接国视角

魏君英　著

责任编辑:王正好
助理编辑:何春梅
封面设计:大　涛
责任印制:封俊川

出版发行	西南财经大学出版社(四川省成都市光华村街55号)
网　　址	http://www.bookcj.com
电子邮件	bookcj@foxmail.com
邮政编码	610074
电　　话	028-87353785　87352368
印　　刷	郫县犀浦印刷厂
成品尺寸	170mm×240mm
印　　张	17.75
字　　数	300千字
版　　次	2011年11月第1版
印　　次	2011年11月第1次印刷
书　　号	ISBN 978-7-5504-0460-1
定　　价	49.80元

前言

20世纪90年代以来,在全球化和信息技术的推动之下,全球服务外包呈现迅猛发展之势,越来越多的国家正在加入到服务外包产业链的环节中来。服务发包方主要集中在美国和欧盟等发达国家与地区,而承接方主要集中在印度、中国、菲律宾等发展中国家与地区。其中,印度拥有全球离岸外包业务34%以上的份额,是全球服务外包市场中的主要承接国,实践证明,国际服务承接对印度经济发展与就业产生了较大的积极影响。中国承接国际服务外包起步较晚,服务外包的全球份额不足4%,仅为印度的十分之一。近几年来,中国政府出台了一系列政策,鼓励和支持服务外包产业的发展,以扩大社会就业,优化经济结构、转变外贸增长方式,促进现代服务业的发展。随着中国国内和离岸服务外包需求的增加以及政府的进一步推动,未来几年中国服务外包产业将进入高速发展阶段。

国际服务外包的兴起提出了许多新的研究课题,其中之一是国际服务外包的就业效应。服务业具有劳动密集和知识密集的特征,因而服务外包具有不同于传统国际贸易、国际直接投资以及制造业外包等国际分工形式的特征,其对发包国与承接国的就业会产生深刻的影响。服务外包具有知识承载度高的特征,所涉及的行业知识、技术含量较高,因此,国际服务外包对发包国家而言，意味着高层次劳动力需求转移到服务承接国，而对服务承接国而言，则意味着服务外包带动的就业有较高的层次和质量。目前，学术界对于国际服务外包是否引致发包国高层次劳动力需求的转移进行了较多的理论与实证研究，而对于国际服务外包是否带动服务承接国较高层次和质量的就业的研究刚刚展开。学术界关于国际服务外包就业效应的讨论主要是围绕发包国家就业损失问题，从承接国角度研究国际服务外包就业效应的较少。国内学者宋玉华、周均在2006年就指出，大量的已有研究仅讨论了发达国家就业与收入的变化，而忽略了发展中国家的改变。因此，加强对发展中国家的外包研究，不仅能在学术上完善对外包的研究，而且能帮助我国等发展中国家对外包的就业和收入分配效应有更为准确和深入的理解，从而制定有利于本国经济发展的外包政策。国内学者卢峰2007年也指出，基于中国承接国际服务外包与发展服务外包产业的情况，在国际服务外包的理论研究与实践方面还有许多工作要做。

本书研究的目的主要是解决以下问题：一是国际服务外包是否具有影响就业的特性；二是国际服务外包通过哪些途径来影响承接国的就业；三是国际服务外包影响承接国就业的哪些方面；四是国际服务外包会对承接国的就业产生什么影响。为此，本书基于承接国的视角，首先对国际服务外包的特性进行分析，为全书的研究提供理论基础，然后，从微观与宏观两个角度对国际服务外包影响承接国的机制进行理论分析，最后以中国和印度两个主要服务承接国为例进行实证分析。本书全面和系统地探索了国际服务外包的本质特征及其对承接国就业的影响机制与可能存在的影响，在研究方法上采取了理论分析与实证分析、微观分析与宏观分析、静态分析与动态分析相结合的方法，得出一些有价值的结论。

国际服务外包是经济全球化和国际分工领域的新兴现象，显然，需要从更多的角度进行深入研究，这样才能全面把握国际服务外包现象的本质与内在发展规律与经济影响。促进就业持续增加是中国"十二五"规划中的经济发展目标之一，国际服务外包的发展是解决中国就业问题的重要途径。正确认识国际服务外包的本质特征及其与促进社会就业之间的关系，对于促进我国服务外包产业的发展与充分发挥国际服务外包对就业的积极作用具有重要意义。因此，本书最后根据研究的基本结论提出促进社会就业的国际服务外包发展对策。

魏君英

2011年6月14日

中文摘要

在信息技术革命与服务全球化的推动下，越来越多的企业通过外包的方式在全球范围内分离生产过程中的服务性中间业务，从而催生了国际服务外包活动，使其成为继20世纪制造业全球大转移之后，不可逆转的新一轮全球产业革命和产业转移方式。作为国际分工深入发展的产物，在实践上，国际服务业外包不仅为发达国家提供了配置全球资源的渠道，也使发展中国家进一步融入全球生产和服务体系；与此同时，在理论上，则提出了有关国际服务外包现象的许多新的研究课题。

随着越来越多的国家开展国际服务外包活动，其经济效应成为人们的关注焦点，而就业效应更是重中之重。国际服务外包涉及的就业岗位被认为是高技术、高价值的“白领工作”岗位，这类工作岗位在制造业国际外包中所受影响较小；但在国际服务外包过程中，这类工作岗位随着发包企业服务业务的分离而转移到承接国，由此，引致发达国家社会各界对国际服务外包引致的就业损失的担忧，也引起学术界对国际服务外包就业效应的讨论。关于国际服务外包是否是引致就业损失以及劳动力需求变化的强因素，学术界至今并没有一致的结论，但均肯定国际服务外包对发包国家就业产生了冲击作用。目前人们对国际服务外包就业效应的讨论主要从发包国家的角度进行，而在全球服务外包市场中，发包国主要集中于发达国家和地区，承接国主要集中于发展中国家和地区。国际服务外包对作为发展中国家的承接国的就业会产生怎样的影响，不仅是一个值得深思的问题，而且对于全面理解国际服务外包的就业效应具有重要的意义。作为服务承接国之一，中国近几年加快了发展国际服务外包的步伐，把发展国际服务外包以及服务外包产业作为解决就业问题的重要途径。尽管中国开展国际服务外包活动的时间较晚，服务外包产业发展水平相对较低，但近几年发展速度较快，未来存在巨大的发展空间。研究国际服务外包对承接国的就业效应，对于中国选择正确的服务外包产业发展道路具有重要的现实意义。

作为国际分工深化的产物和国际外包领域的新兴现象，国际服务外包表现出不同于传统国际服务贸易、国际投资以及制造业外包等全球化因素的特性。依托于信息技术、以服务业务为内容的服务外包对技术与劳动力要素流动与需求会产生更大的影响，从而对全球就业格局和各国就业的影响会更深远。本书从微观与宏观两个层面研究了国际服务外包的基本特性。微观上，国际服务外包本质上是企业基于成本—收益的考虑，是以分离中间投入性服务业务的生产为内容的跨越企业边界的一种企业跨国经营活动，是企业战略决策的一部分。发包企业对服务业务的分离直接增加了承接企业的外部需求，从而具有影响承接国就业的微观基础。宏观上，国际服务外包本质上是依托于信息技术的发展，以可数字化、可模块化、可远距离交易的服务业务为交易内容的特殊国际服务贸易。微观层面的企业服务外包活动普遍化后则上升为宏观上国家之间的产业与劳动分工，从而对就业产生深远的影响。

就业问题是影响宏观经济运行和社会稳定的重要问题。就业问题包括就业总量、就业结构和就业质量三个方面的内容。就业水平决定于劳动力市场供求平衡的结果，而国际服务外包从微观和宏观两个层面对承接国的就业总量、就业结构和就业质量的决定因素产生冲击。因此，国际服务外包对承接国就业的影响不仅仅是岗位转移引致的就业增加，而且通过影响承接国微观与宏观的就业决定因素对就业产生深刻的影响。本书从微观与宏观两个层面构建了分析国际服务外包对承接国就业影响的基本框架。

从微观层面来看，承接企业是国际服务外包中的活动主体，同时也是承接国劳动力市场的需求主体。本书分析了国际服务外包对承接国产品市场供求与劳动力市场供求的冲击，在产品市场与劳动力市场的一般均衡分析基础上，讨论了国际服务外包对承接国就业的效应。本书的研究表明，国际服务外包引致的承接企业外部需求增加,促使承接企业扩大经营规模与范围,从而产生规模经济效应。企业生产规模与范围的扩大促使承接国产品市场均衡产出水平扩大,从而扩大劳动力市场的供求水平,促进承接国就业增加。承接企业在承接国际外包服务的过程中,存在提高生产率与劳动工资水平的机制,二者均引致对高技能劳动力需求的增加而对低技能劳动力需求减少的就业替代效应,劳动工资的提升还引致劳动力在企业间、产业间发生流动。微观上,国际服务外包通过对承接国劳动力市场供求决定因素的影响以及相互之间的制衡,从而对承接国就业总体上产生净的就业扩大效应。

从宏观层面来看,国际服务外包通过影响宏观的就业决定因素而对承接国的就业总量、就业结构以及就业质量产生影响。本书分别分析了国际服务外包对承接国就业总量、就业结构和就业质量的影响途径与效应,并得出以下结论:第一,国际服务外包对承接国就业总量产生扩大效应。国际服务外包对承接国服务外包产业与服务贸易的发展、国民收入和有效需求的增加、技术进步等均产生促进作用,从而有利于承接国经济增长,而经济增长是就业总量增长的重要决定因素。第二,国际服务外包对承接国产业就业结构产生优化效应。国际服务外包主要以现代服务业为外包对象,因此,对于承接国现代服务业的发展产生极大的推动作用,同时,通过推动现代服务业的发展,极大地推动了工业等其他相关产业的发展。理论分析表明,国际服务外包对承接国的产业结构升级产生直接的推动作用,从而促进了承接国产业就业结构优化。第三,国际服务外包对承接国就业的区域分布差异产生扩大效应。国际服务外包活动的开展主要依托信息技术,并且对承接地的服务业发展水平与环境和人才资源具有较高的要求,从而国际服务外包活动倾向于聚集在经济发展水平较高的区域,国际服务外包的区域聚集效应会进一步扩大区域经济差异,从而使就业的区域分布差异进一步扩大。第四,国际服务外包对承接国就业的技能结构优化具有积极效应。由于存在基于学习机制的技术外溢效应,国际服务外包有利于提升劳动者的技能,促进承接国高技能劳动力需求与供给增加。第五,国际服务外包对承接国就业质量产生提升效应。国际服务外包对承接国就业总量存在扩大效应,意味着承接国就业机会增加。国际服务外包会引致承接国货币工资提高。对于劳动者而言,货币工资提高意味着劳动报酬增加。发包企业与承接企业的国际服务外包活动为劳动者提供了职业培训的国际化平台,从而对于劳动者提高技能、寻找更好的工作机会具有重要的意义,同时也促进了承接国整体人力资源的提升。在国际服务外包活动中,发包企业通常是国际化水平较高的跨国公司,在改善工作环境以激励员工方面拥有较为先进的经验和制度,从而对承接国的企业起着示范作用。通过上述途径,国际服务外包对承接国就业质量的提高会产生有利的影响。

目前,关于国际服务外包对承接国就业效应的实证分析比较缺乏,为验证国际服务外包对承接国就业效应的理论分析,本书选取了中国和印度两个具有代表性的服务承接国,根据两国服务外包活动与服务外包产业的发展实际,进行了实证分析。分析结果表明,无论是从中国还是从印度来看,国际服务外包对承接国的就业总量均存在扩大效应,但对中国就业的直接影响较小,而对印度的直接影响较大。从对就业结构的影响来看,国际服务外包对中国和印度就业结构的变动均具有正向的影响,但目前主要有利于两国第二产业的增长,因而从增长对就业的作用来看,服务外包对产业就业结构的优化影响还不明显。国际服务外包对中国不同地区就业的影响存在明显的差异:国际服务外包对中国东部地区就业增加的影响要大于中部与西部地区。说明了国际服务外包可能进一步导致中国的地区就业不平衡。国际服务外包对增加中、印两国就业总量,进而就业机会、工资水平,对劳动报酬的促进作用,则说明国际服务外包对就业质量具有提升作用。

综上所述,理论与实证的分析均表明,国际服务外包对承接国就业确实存在着影响,但影响的大小则取决于国际服务外包对就业决定因素的影响大小及相互之间的制衡作用。作为承接国,要全方位认识国际服务外包对就业带来的可能影响以及影响的途径,一方面要把握机遇,大力开展国际服务外包,发展服务外包产业,以扩大就业总量、优化就业结构、提升就业质量;另一方面,要在发展服务外包产业过程中,充分发挥服务外包产业对就业的积极作用,采取加大教育投入以提高人力资源水平、协调产业发展以提升服务业与服务外包产业的发展水平、协调区域经济发展水平、扶持服务业企业发展、健全劳动力流动机制等措施。

关键词:国际服务外包;就业效应;服务承接国

ABSTRACT

With the propelling of the information technology revolution and services globalization, more and more enterprises separate intermediary services business from production process through outsourcing in the global scope, which gives birth to the international service outsourcing. International services outsourcing has become a new global revolution and transfered model of industry after the global manufacturing relocating since the 20th century. As the result of international deeply division of labor, in practice, international services outsourcing not only provides for developed countries the channel of global resources configuration, but also enables the developing countries to blend into the global production and service system. In theory, many new research topics about the phenomenon of international services outsourcing are put forward at the same time.

With more and more countries involving into international services outsourcing, its economic effect draw people's attention, and the employment effect is the top priority. The involved jobs in international services outsourcing are considered as high technology and valued "white-collar" jobs, such jobs are few affected in past manufacturing international outsourcing, but now are transferred to the countries which undertake the services in the process of international services outsourcing. Therefore, international services outsourcing causes the worry of the employment loss in developed countries from all sectors of society and the discussion about employment effect of international services outsourcing in the academic circles. However, there is not consistent conclusion about whethere international services outsourcing is the strong factor caused job losses and labor demand change or not, but it is sure that international services outsourcing is a shock of employment. At present, the discussions about employment effect of international service outsourcing is mainly from the perspective of the services buyers (the countries or enterprises awarding outsourcing contract), while in global service outsourcing market, the services buyers are mainly located in developed countries and regions, and the services suppliers (the countries or enterptises undertaking the outsourcing contract) are mainly located in developing countries and regions. International services outsourcing will also have an affect on the employment of the countries supplying services (most suppliers are developing countries), yet discussion about the employment effect is scare. The employment effect of international services outsourcing on the suppling countries is not only a problem worth pondering, but olso significant to help us fully understand the employment effect of international services outsourcing. As the undertaking country, China accelerates the pace of devoloping international services outsourcing in recent years, and takes the development of international services outsourcing and services outsourcing industry as the important way to solve employment problem. Although international services outsourcing in China develops lately and the development level is relatively low, in recent years, it develops fast, and there is vast potential space in future development. Studying employment effect of the international services outsourcing from undertaking perspective has the important practical significance for China to choose correct path to jmprove services outsourcing industry.

As a result of deeply international labor division and an emerging phenomenon in the field of international outsourcing, international services outsourcing shows different features to the traditional globalization factors such as international service trade, international investment and manufacturing outsourcing etc. Relying on information technology and dealing services business, international services outsourcing will have a greater impact on the flow and demand of technology and labor, which will affect the pattern of global employment and employment of involved countries more profoundly. The article studies the basic characteristics of international services outsourcing from the micro and macro level. On the microscopic level, international services outsourcing is essentially a kind of enterprise multinational operation activity and a part of strategic decision, which is based on enterprise's cost-benefit consideration, and the content is to separate intermediate services business across the enterprise boundary. The services business separation of outsourcing enterprises directly adds the external demand of undertaking enterprises, which forms the microeconomic foundation to affect the employment of undertaking countries. On the macroscopic level, international services outsourcing is essentially a kind of special international service trade which relys on the development of information technology and includes the digitization and modular and long-distance tradable service. When micro-activities of services outsourcing is generalized, international services outsourcing will raise the level of macroscopic industry and labor division between countries, thus it has a far-reaching impact on employment.

Employment problem is the important problem to macroeconomic operation and social stability. Employment problem includes three aspects of total employment, employment structure and employment quality. Employment level depends on the balance of supply and demand in labor market, and international services outsourcing affects the decision factors of employment amount, employment structure and employment quality of undertaking countries from macro and micro level. Therefore, international services outsourcing not only means jobs shifting and employment increasing in undertaking countries, but also means profound shocks to decision factors of employment in undertaking countries from micro and macro level. The book constructs a basic framework of analysing the employment effect of international services outsourcing on undertaking countries from the micro and macro level.

From the microcosmic aspect, the enterprises supplying service are not only the main bodies in international services outsourcing activities, but also the main-demanders in the labor market. The book analyzes the shock of international services outsourcing to the demand and supply of domestic labor and product market in undertaking countries, and discusses the employment effect of international services outsourcing based on the general equilibrium analysis. With increasing external demand of undertaking enterprises derived by international services outsourcing, the undertaking enterprise will expand the scale and range of operation, which generates economies of scale and economy of scope. With the expansion of operation scale and range of undertaking enterprises, the domestic equilibrium output level will increase in undertaking countries, which will increase the supply and demand level in the labour market, and promote employment in undertaking countries. In the process of international services outsourcing, The labor wage and productivity mechanism, causes increasing demand for highly-skilled labor and decreasing demand of low-skill labor, which causes the substitution effect of employment, the increasing labour wage will cause labour flow between firms, and industries. On the microscopic level, international services outsourcing will lead to net employment expension effect through affecting determinants of supply and demand in labor marker and the mutual influence between the determinants in undertaking countries.

From the macroscopic aspect, international services outsourcing affects employment amount, employment structure and employment quality through affecting the macroscopic determinants of employment in undertaking countries. The book analyzes the ways and effects which international services outsourcing affects employment amount, employment structure and employment quality of undertaking countries, and draws some conclusions as flowing: First, international services outsourcing will cause distensible effect of employment amount. International services outsourcing boosts the services outsourcing industry and the development of service trade, increases national income and effective demand, improves technological advancement, etc, which contributes to economic growth, and economic growth is the important determinant of total employment growth. Secondly, international services outsourcing can optimize the employment industrial structure. International services outsourcing mainly concentrates on modern service industry, so it plays an important role in promoting the development of modern service industry and other related industries. Theoretical analysis shows that international services outsourcing has a direct influence on the upgrading of industrial structure in undertaking countries, which facilitates optimization of employment structure of industry. Thirdly, international services outsourcing will enlarge the gap between regional employment distribution in undertaking countries, and so there is distensible effect in regional employment difference. International services outsourcing mainly relys on information technology, and so it has higher requirements for service industry development level and environment and resources of human and talents. International services outsourcing tends to cluster in the area which economic development level is higher. The effect of cluster of international services outsourcing will promote regional economic development and make the regional economic difference further expansion, which will widen the gap of regional employment in undertaking countries. Fourthly, international services outsourcing has positive effect on the labor skill and is good for employment structure optimization in undertaking countries. Because there is technological spillover effect based on learning mechanism, the international services outsourcing is beneficial to enhance labor skill in undertaking countries, and thus increases demand and supply of high skill labor. Fifthly, international services outsourcing has positive effect on employment quality in undertaking countries. International services outsourcing has expension effect on total employment, which means more new jobs are created in undertaking countries. International services outsourcing may lead to increase nominal wage, for labourers, higher wage means higher labor reward. The international services outsourcing will provide for laborers international platform of vocational training, thus it has an important significance for laborers to improve skills and supplies them opportunities to look for a better job. It will also promote the overall human resources level in undertaking countries. In the process of international services outsourcing, the outsourcing enterprises are usually the multinational companies that have higher internationalization level, and they have developed advanced experience and systems improving the working environment in order to motivate employees, thus they play an exemplary role for enterprises in undertaking countries. Through the above approaches, international services outsourcing can produce beneficial effect to improve the quality of employment in undertaking countries.

Currently, the empirical analysis about employment effect of international services outsourcing in undertaking countries is relative scant. In order to validate the theoretical analysis, the book takes China and India, the two typical services undertaking countries as examples. Based on the reality of services outsourcing and services outsourcing industry development in China and India, the paper analyses the employment of international services outsourcing empirically. The results show that international service outsourcing has expanding effect to total employment both in China and India, but it has smaller direct impact on total employment in China, and larger direct impact on total employment in India. As for employment structure, international services outsourcing has positive impact on the change of employment structure both in China and India, but at the present it mainly benefit the second industry growth for the two countries. From the perspective of industry growth role in employment growth, the impact is not obvious to optimize industrial employment structure. International services outsourcing has notable different effect to different regional employment in China. International services outsourcing has larger impact on employment increasing of eastern region in China than that of central and western regions in China, which means that it may further led to widen regional employment disparity in China. International services outsourcing has a positive effect on total employment and wage in China and India, which means more jobs and higer labor reward, then explains the upgrading effect on employment quality of international service outsourcing.

To sum up, the theory and empirical analysis all show that international services outsourcing has an impact on employment in undertaking countries, but whether the effect is large or small depends on the impact of international services outsourcing on employment decision factors and the mutual restrictive effect between the factors. As undertaking country, it should know about the omni-directional employment effect and ways of international services outsourcing. On one hand, it should grasp the opportunity to develop vigorously international services outsourcing and develop services outsourcing industry in order to expand employment amount, optimize employment structure, promote employment quality, on the other hand, in the process of developing services outsourcing industry, in order to unleash the full positive effect in promoting employment, it should increase education inputs to improve human resource level, coordinate industry development in order to improve services and services outsourcing industry development level, coordinate regional economic development level, support services enterprise development and improve the labor mobility mechanism etc.

Key words: International Services Outsourcing; Employment Effect; Services Undertaking Country

目 录

第一章 导论

第一节　研究背景与意义

一、研究背景

从国际服务外包发展的国际形势来看，国际服务外包已经成为继20世纪制造业全球大转移之后，不可逆转的新一轮全球产业革命和产业转移方式。20世纪90年代以来，随着信息技术的发展与广泛应用以及国际分工的深化，越来越多的企业将生产过程中所需的服务流程或服务性工作外包给其他国家的服务供应商，而专注于企业的核心业务以获取竞争优势。企业的这一外包活动促进了国际服务外包产业的兴起和迅速发展。据统计，2010年服务外包市场规模达到6 000亿美元以上，并且未来几年将持续保持20%以上的增长速度。随着跨国公司经营理念的进一步变革，非核心业务的离岸外包将成为大的趋势，国际服务外包市场前景十分广阔。

从各国国际服务外包的发展实际来看，目前全球国际服务外包的发包方主要集中在发达国家与地区，而承接方主要集中在发展中国家与地区。从发包方来看，目前国际服务外包发包国家主要集中在美国和欧盟，占整个发包市场的80%；印度、中国、爱尔兰、菲律宾和俄罗斯等20多个国家是全球外包市场的主要承接国。其中，印度拥有全球离岸外包业务34%以上的份额，占据大半个美国市场，业务包括呼叫中心、网络管理、业务流程管理以及软件程序设计等；欧洲市场则以爱尔兰、俄罗斯为主；日本的外包业务50%以上在中国进行。此外，越来越多的国家，如加拿大、澳大利亚，波兰、捷克、匈牙利等，也正在加入到服务外包的产业链环节中。

从中国服务外包产业的发展情况来看，作为承接国之一，中国服务外包起步较晚，服务外包的全球份额不足4%，仅为印度的十分之一，但未来的发展空间很大。近几年来，中国政府出台了一系列政策，鼓励和支持服务外包产业的发展，以扩大社会就业，优化经济结构，转变外贸增长方式，促进现代服务业的发展。随着中国国内和离岸服务外包需求的增加以及政府的进一步推动，未来几年中国服务外包产业将进入高速发展阶段。

从国际服务外包对经济发展的影响来看，国际服务外包是国际分工深入发展的产物，它不仅为发达国家提供了配置全球资源的渠道，也使发展中国家进一步融入全球生产和服务体系。在国际服务外包迅猛发展的背景下，许多国家都将服务外包产业的发展作为促进经济增长、扩大社会就业、优化产业结构、促进贸易发展的重要途径。在诸多经济效应中，国际服务外包对就业的影响成为国内外学者与政府部门关注的焦点问题。国际服务外包的就业效应之所以引起人们的关注，主要是因为发包国家"白领工人"的工作岗位会受到影响。一般认为，服务部门的白领工作是高薪高技术水平的工作，更重要的是，这类工作在过去制造业外包时并没有受到影响。与制造业外包不同，服务外包涉及高端价值链的分工，在服务外包的过程中，部分技术含量较高的服务工作岗位会从发包企业转移到外部接包企业，因此，从表面上看，国际服务外包对发包国家而言，意味着就业损失，而对承接国家则意味着就业扩展的利益。从政策倾向来看，发包国家尽管担心就业岗位的流失，但基于节约劳动力成本、提升企业竞争力与竞争优势的考虑，仍对国际服务外包产业的发展采取支持的态度。承接国基于国际服务外包的就业扩展效应而对国际服务外包产业的发展采取鼓励与支持态度。国际服务外包对承接国的就业扩展效应从有关机构对发包国家流失的就业数量可以看出。例如，根据美国弗里斯特研究所(Forrester Research)2002 年报告中的数据估计，到 2015 年美国通过服务外包流失的就业岗位将达到 330 万个；2004 年，麦肯锡将此数据修改为 340 万个。这一数据则意味着到 2015 年，承接服务外包的国家就业岗位总量至少会增加 340 万个。但这样的数据受到一些学者的质疑，例如，巴格瓦蒂等人(2004)指出上述数据存在不合理的地方，既没有抵消由于其他国家外包美国服务而流入的工作量以及没有考虑服务外包为美国创造的就业岗位。他们指出，2002 年美国经济因为外包损失 3 000 万个工作机会，实际上又创造约同样数量的工作，因此，Forrester 估计的年外流工作数只是年创造与损失工作数量的 1%。这说明单纯从表面上的数据来估计国际服务外包对承接国就业扩展效应并不一定真实。事实上，国际服务外包对承接国就业的影响远非数据所能说明，需要从理论上进行深入的分析。

从学术界的研究来看，进入 21 世纪以后，关于国际外包的研究逐渐从关注制造业外包转移到关注服务外包。信息技术的发展使得服务可以跨越国界进行远距离的交易，从而为企业的全球化经营提供了新的机会(Freund and Weinhold，2002；Lipsey，2006)。联合国贸易发展会与经济合作与发展组织(Organization for Economic Cooperation and Development，简称经合组织 OECD)正式与非正式的统计数据表明，在过去的 20 年内，服务活动的跨国转移发展迅速。相应地,学术界也将服务外包活动称作继制造业产业革命以来的又一次“产业革命”(布林德,2006),学术界的研究与媒体的注意力逐渐转移到国际服务外包带来的经济影响(玛丽、艾美莉和魏尚金,2005;曼屁和斯瓦格尔,2006)。但目前关于国际服务外包现象的研究主要是从发包国家的角度来研究服务外包的内在演进规律与经济效应,学术界关于国际服务外包就业效应的争议也主要是围绕发包国家就业损失问题。近几年国内学术界对国际服务外包的研究文献逐渐增多,对国际服务外包扩大承接国就业影响的关注也逐渐增加。虽然从政府到学术界以及各类媒体对于国际服务外包的就业效应尤为关注,承接国际服务外包与发展服务外包产业成为解决中国就业问题尤其是大学生以及高素质人才就业问题的契机与突破口,不过,基于中国承接国际服务外包与发展服务外包产业的情况,正如国内学者卢峰指出,在国际服务外包的理论研究与实践方面还有许多工作要做。

基于上述背景,本书选择国际服务外包的就业效应作为研究课题,从承接国视角进行研究,力图为中国承接国际服务外包和发展服务外包产业以促进经济发展、解决就业问题的实践提供一定的理论参考。

二、研究意义

本书研究的目的主要是解决以下问题:一是国际服务外包是否具有影响就业的特性;二是国际服务外包通过哪些途径来影响承接国的就业;三是国际服务外包影响承接国就业的哪些方面;四是国际服务外包会对承接国的就业产生什么影响。本书研究的理论与实际意义在于:

(一)理论意义

第一,有助于完善国际服务外包理论研究的内容。国际服务外包是国际外包领域的新现象,是企业全球化经营的新模式,其兴起与发展对学术界提出了很多新的研究课题。目前关于国际服务外包现象的理论探讨刚刚展开,多数研究主要基于发包国家的视角。对于国际服务外包现象及其经济效应需要从更多的角度进行深入研究,这样才能全面把握国际服务外包现象的本质与内在发展规律及其对经济的影响。在这个意义上,本书的研究极大地丰富了国际服务外包领域理论研究视角。

第二,有助于推动国内关于国际服务外包对承接国就业影响的理论研究。就业问题是影响宏观经济运行和社会稳定的重要问题,就业效应是国际服务外包诸多经济效应中的重要效应,但国内学术界对国际服务外包给承接国就业带来的影响的研究刚刚展开。除了引致就业岗位从发包国向承接国流动以及发包国劳动力需求结构的变化之外,从承接国的角度看,国际服务外包是否确实引致就业的扩大,还存在哪些方面的影响,影响途径是什么,承接国如何开展国际服务外包才能从国际服务外包的发展中获得最大的就业利益。要解答上述问题,迫切需要从承接国的角度探讨国际服务外包的就业效应。这对于越来越多的卷入由国际服务外包引致的国际劳动分工的发展中国家而言,尤为重要。在这个意义上,本书的研究有助于推动国内关于承接国发展国际服务外包及其就业效应的理论研究。

(二)实际意义

第一,有助于解决我国当前就业问题。促进就业的持续增加是中国"十二五"规划中的经济发展目标之一,随着工业化的进程,中国农业吸纳就业的弹性系数已转为负数,无法再吸纳剩余劳动力。大批的农业剩余劳动力涌入城市,而城市的制造业劳动力就业近年趋于平稳,服务业发展水平仍较落后,吸纳就业的潜力没有得到应有的发挥。加之近年来金融危机的冲击,制造业中的下岗工人越来越多,下岗工人多半是低技能劳动力,下岗工人的再就业问题也越来越紧迫。与此同时,大学生就业难也成为我国新的就业问题。总之,中国面临就业总量与就业结构问题,需要寻找多种途径来解决就业问题。国际服务外包的发展是解决中国就业问题的重要途径。国际服务外包的发展对于中国就业问题的解决有重大意义:一是有助于产业结构升级,推动服务业发展,提高服务业就业吸纳能力,拓展就业范围;二是有助于服务人才的培养,解决大学生就业问题,服务外包产业已成为吸纳大学毕业生的重要产业;三是有助于中国的经济增长及增长方式的转变,进而解决就业结构问题。如何更好地发挥服务外包产业对就业的促进作用,成为一个重要的现实课题。

第二,有助于加深对国际服务外包的认识,促进服务外包的发展。在20世纪的全球制造业转移过程中,中国迅速发展成为制造业基地,但在国际产业分工链中,却一直处于低端位置,面临着国际贸易摩擦、能源原料短缺、环境恶化等诸多压力。近年来,迅猛发展的全球服务外包,给中国提供了难得的产业升级和发展机会。服务外包具有无污染、知识含量高、吸纳就业能力强等特点,是中国等发展中国家应积极考虑发展的产业。从20世纪90年代开始,中国作为发展中国家之一,开始承接国际服务业的跨国转移,并且日益成为发达国家转移服务业最主要的发展中国家之一。近几年来,我国已开始采取多方面的措施大力发展服务外包。据统计,在1999—2009年间,国家有关部委出台的鼓励服务外包发展的相关政策文件达 36 份之多,仅 2009 年就有 14 份文件,这说明我国对发展服务外包产业非常重视。政府对国际服务外包产业发展的重视一方面源于印度成功承接服务外包并从中受益的示范效应;另一方面,服务业转移成为国际产业转移的新领域和新特征,必须抓住机遇,促进我国经济结构转变。但在具体实践中,对国际服务外包与经济各方面的协调发展关系的认识不深,导致中国服务外包产业发展水平即服务业发展水平较低,从而影响国际服务外包对中国就业的积极作用。

第三,有助于全面认识服务外包对我国就业带来的影响,从而充分发挥国际服务外包对我国就业的积极作用。中国承接国际制造业转移,曾带来我国产业结构进而就业结构、就业数量、劳动者技能等方面的巨大变化,也存在许多问题,比如我国仍处于世界制造业低端,成为“世界工厂”,陷入“比较优势陷阱”。那么,中国对服务业国际转移的承接将会带来就业什么样的变化,其作用机制是什么,如何发展服务外包产业才能有效促进就业结构升级、扩大就业数量、提高就业质量、避免制造业承接过程中出现的问题,这些问题的解答对于解决我国当前经济发展过程中的就业问题、产业结构调整问题等都具有较强的现实意义。

第二节　相关研究综述:理论与实证研究进展

国际外包是经济全球化和科学技术进步的产物,国际服务外包是国际外包领域的新兴现象。20 世纪 80 年代,在经济全球化和科学技术的促进下,许多企业将生产环节进行跨国转移,即一些发达国家的大型制造业企业不再包揽所有的生产环节,而是把生产环节中劳动密集型、技术含量低、附加值低的部分通过外包的形式转移到发展中国家和地区。20 世纪 90 年代,随着信息技术与网络技术的发展,服务业务也可以实现远距离交易,许多企业开始把非核心的服务业务通过外包的形式进行跨国转移。伴随着生产与服务环节转移的是就业岗位的流动,主要表现为发包国就业岗位向承接国的流动以及外包引致劳动力需求转移而带来的产业间的就业流动。这种就业岗位的流动最初主要发生在制造业领域,20 世纪 90 年代随着国际服务外包的兴起而转移到服务业领域。

国际外包引致的就业转移以及与此同时美国等发达国家出现劳动力需

求从低技能劳动力(Low-Skilled Labor)向高技能劳动力(High-Skilled Labor)[①]转移的现象,引起国内外学者对国际外包就业效应的研究热潮。绝大部分文献在研究国际外包的就业效应时,并没有区分制造业与服务业外包。由于国际外包最初主要发生于制造业领域,国内外文献中研究制造业国际外包的较多,而专门以服务业国际外包为研究对象的文章并不多,随着20世纪90年代中后期国际服务外包的兴起,学术界才开始关注国际服务外包的就业效应。鉴于本书以国际服务外包为研究对象,以下专门介绍与国际服务外包就业效应研究有关的成果。

一、国际服务外包对发包国就业的影响

与传统贸易理论中的最终产品生产分工不同,国际外包涉及生产环节的分工转移,其对就业的影响可能超过最终产品生产的分工从而引起社会各界的广泛关注,而人们关注的焦点是国际外包与劳动力需求转移之间的关系,即国际外包是否导致对高技能劳动力需求的增加而降低对低技能劳动力的需求。

斯劳特(1997)指出,社会各界将矛头指向国际外包,是因为一方面国际外包发展速度很快,成为引人瞩目的现象;另一方面,20世纪80年代以来,国际外包迅速发展的同时,美国等发达国家出现劳动力需求从低技能劳动力向高技能劳动力转移的现象,低技能劳动力与高技能劳动力之间的收入差距也呈现扩大的趋势。

国际服务外包的兴起引致的服务岗位转移更是引起社会各界的恐慌。从20世纪90年代中后期开始,外包领域出现一股新的浪潮,即白领工作的外包,这种外包主要发生在服务业领域,因此又被称为服务外包。阿肖克·巴德汉(2003)等人在一份研究报告中指出,在一些高科技行业,供应链的外包使得就业岗位的需求从蓝领转向白领,从制造业到服务业的外包,进而增加了蓝领工人与白领工人之间的工资差距。此后,随着服务外包迅速发展,服务外包成为媒体与公众的关注焦点。从2004年1月到5月的5个月内,美国新闻中关于服务外包的报告就达2 634份,英国达380份,人们关注的焦点是服务外包导致了服务就业岗位的流失(玛丽·艾美莉与魏尚金,

① 在外文文献中对劳动力按技能划分的类型有两种:熟练劳动力(skilled labor/worker)与非熟练劳动力(unskilled labor/worker)、高技能型劳动力(high-skilled labor/worker)与低技能型劳动力(low-skilled labor/worker),本书统一使用后一种划分。

2004)。与此同时,学术界对外包就业效应的讨论也随着转向服务业领域。而且,人们似乎对服务业外包引致的就业转移更为担忧,因为发生在制造业领域的外包影响的只是低技能劳动力的需求,而服务外包则可能影响到部分高技能劳动力的需求。

学术界对国际服务外包引致的劳动力需求转移现象进行了大量的实证研究,得出的结论存在较大的差异,主要有以下观点。

(一)国际服务外包是影响发包国劳动力需求变动的强因素

持这种观点的学者主要源于一些媒体与公众对国际服务外包造成的就业损失的担忧。国际服务外包意味着企业部分业务由企业外部的供应商来提供,如果这部分业务由国外的企业来提供,则可能会使发包国家的就业岗位流失。一些调研机构对此提供了经验数据,例如,据麦肯锡的调研报告显示,美国2003年从事高技术工作的人员有1 035万,估计到2015年,美国将有330万个高技术工作岗位因外包而流失到海外,其中美国信息技术业从2003年7月到2004年年底,流失了50万个岗位。另外一些媒体的报道认为,全球服务贸易在扩张过程中,呈现不平衡现象,主要是发达国家将服务外包给发展中国家,从而会导致美国、英国等发达国家大量就业岗位的流失。还有一种担心就是服务外包引起技术密集型和高报酬的服务岗位的流失,并使国外技术型人才增加,从而会对发包国总量经济与技术型人才带来损失。美国美联社与益普索调查机构2004年3月份的一份民意调查显示,69%的美国人认为外包伤害了美国的经济,只有17%的人认为外包对美国经济有帮助。一些学者的研究也表明服务外包会导致发包国就业损失。

一些学者研究了国际服务外包对发包国家不同劳动力技能需求与工资差距影响,认为国际服务外包对高技能劳动力需求的增加和低技能劳动力需求减少以及由此引致的工资差距的扩大存在较大的负面影响。迪波拉(2007a)从实证的角度,研究了服务离岸外包程度对德国非熟练劳动需求的影响,其研究表明,在1991—2000年间离岸服务以平均每年-0.06%到-0.16%的百分比减少了德国制造业部门对欠熟练工人的相对需求。霍尔格等人(2008)对英国服务业离岸外包对个人收入的影响进行了实证分析,研究结果表明,服务业外包对中低技能劳动力实际工资水平存在负面的影响,而高技能劳动力工资水平得到提高,从而服务外包会扩大低技能劳动者与高技能劳动者之间的工资差距。迪泽尔·V. 威尔萨姆与泽维尔·雷夫(2005)与迪泽尔·V. 威尔萨姆(2006)认为,发达国家最有可能被外包的工作岗位一般具有四个特征:密集使用信息、通信和技术(Information Communication Techonlogy,简称 ICT)、产出可以通过 ICT 转换、知识内容可编码、不需要面对面,在此基础上估计美国大约有 20% 的工作被外包。盖施克尔与霍格尔(2008)分析了服务外包对工资的影响,发现服务外包对中、低技能劳动力的实际工作水平存在负向影响。因此而扩大熟练技能与低技能工人之间的工资差距。布林德(2009)对具有潜在外包可能性职业的特征进行了仔细的研究,基于其研究数据,他估计美国就业总量中约有 22% ~29% 的工作在 10 到 20 年内可能会被外包到国外,但是他没有估计出实际的被外包的就业数量。

(二)国际服务外包是影响发包国家就业变动的弱因素

多数学者认为国际服务外包对发包国家的就业会产生一定的影响,但影响不大,甚至存在正向的影响。这种观点源于以下几种研究角度:

从服务外包的本质来看,国际服务外包本质上是一种通过电子信息手段进行的跨越国界的服务贸易,其对就业与工资的影响与传统的商品贸易并无本质上的差异(巴格瓦蒂,等,2004)。

从服务外包程度来看,尽管服务业外包增长迅速,但相对制造业外包来说服务外包仍处于较低水平,因此其对就业的影响并不大(艾美莉与魏尚金,2005;亚历山大·汉志,等,2005)。

从服务外包的生产率效应来看,多数研究表明,服务外包对制造业劳动生产率以及全要素生产率存在正向的效应(霍尔格与汉雷,2005;吉尔马与霍尔格,2004;艾美莉与魏尚金,2004、2007、2009;格罗斯曼,2008;罗萨里奥,2008;霍尔格,等,2008),尽管劳动生产率的提高意味着就业的减少,但是服务外包的劳动生产率效应会引致生产的规模效应,而规模效应会导致对劳动力需求的增加。此外,较高的生产率导致较低的价格,不仅创造出对产出与劳动力的进一步需求;而且,随着企业变得更具有竞争力,对其产品的需求会增加,从而引致对劳动力需求的增加(艾美莉与魏尚金,2005)。景瑞琴(2007)指出如果考虑整个经济的全局,外包并不会如多数人想象的那样导致工作净损失。外包即使导致了某些劳动力的波动,提高生产效率也可以引起生产扩张及其他部门就业的增加。外包在发包国创造的就业机会往往会抵消掉输出的就业机会,因而不会对就业状况有太大的影响。

从服务外包所集中的行业与服务外包的属性来看,并不是所有服务业务都被外包,而被外包的业务则通过提高生产效率有利于就业。发达国家中 70% 的服务包括零售、餐饮、旅游等要求消费者与服务提供者必须面对面的接触,因此不可能外包(阿格拉瓦与法雷尔, 2003)。目前服务外包主要集中在计算机、信息技术与商务流程服务，而根据曼恩（2003）对美国创造高价值工作的前景预测，就业增长最多的职业是与计算机、信息技术有关的岗位，发生在软件产业的外包不但不会影响就业增长，而且信息技术产业的发展还将提供更多的就业岗位。服务外包一方面说明使得部分工人找到更高报酬的工作，另一方面也说明不是所有的服务都可以外包，因此，服务外包对就业转移的影响不大。曼恩以美国信息技术产业的发展为例，认为信息技术产业的发展将提供更多的就业岗位。陈漓高、黄秀祥（2005）也指出美国的技术外包与2001—2003年美国的高失业率没有直接的关系，通过对2000—2003年间美国就业市场变化的研究，认为美国的高失业率是美国经济运行在其就业市场的直接反应，与技术外包没有直接关系。事实上，技术外包通过从微观上增强企业活力，从宏观上稳定经济形势，更有利于市场创造新工作岗位，缓解美国的高失业率。德米罗格鲁（2006）认为国际服务外包规模相对美国国内生产总值来说还很小，从而对就业的影响很小，国际服务外包是美国面临的国际竞争中的很小一部分。尽管国际服务外包看起来会导致一些信息技术职位的流失，但事实上在美国信息技术职位以及工资是增长较快的职位。罗萨里奥（2009）利用美国一百多个职位的数据，实证分析了服务业离岸外包对白领就业的影响，结果表明服务外包虽然增加了高技能劳动力的就业，而降低中、低技能劳动力的就业，但如果职位的流动性大，则这种影响较弱。服务离岸外包对流动性大的职位增加有利，而对非流动性的职位不利。科勒·威廉与罗纳·延森（2010）指出，离岸外包对技术进步具有促进作用，由此带来的生产率提高可能会造成就业岗位减少，但随着成本的节约与贸易量的增加，就业的调整呈多元化变化，从而不但可以创造就业，而且这种创造效应要大于就业损失效应。

从服务外包对就业影响的期限来看，多数研究认为短期内，服务外包可能会导致发包国家部分就业岗位流失，但从长期来看，服务外包可能会提高发包国家的生活水平，那些失业的人可能会转向更高报酬的工作岗位（加纳尔，2004；巴格瓦蒂，等，2004；艾美莉与魏尚金，2007）。雷尔格与汉雷（2005）也认为短期内服务外包会引起就业下降，但是，不如劳动密集型的制造业外包那样明显。迪泽尔·V. 威尔萨姆与泽维尔·雷夫（2005）对部分经合组织国家的研究表明，信息与通讯服务外包并未引起信息服务业工作岗位的大量流失，尽管在短期内某些领域难以做出调整，但从长期来看，服务外包的积极效应（如带动相关服务的出口）要超过为服务外包付出的代价。

从服务外包与制造业外包就业效应的比较来看,还有学者认为服务外包对就业的影响与制造业外包类似,但相对负面影响不大。罗萨里奥(2009)综述了国际外包对发达国家劳动力需求影响的研究文献,其结论认为,制造业外包不仅对技能型劳动力与非技能型劳动力的工资差异具有恶化作用,而且通过提高劳动力需求弹性和增加失业风险而使得就业变得不稳定,而服务外包对总就业的这种负面作用较小,但由于增加高技能劳动力的需求而改变劳动力需求技能。罗萨里奥(2010)进一步利用九个主要西欧国家1990—2004年间的数据,实证分析了服务业离岸外包对劳动力需求的技能构成的影响,分析表明,服务外包属于技能偏向型活动,由此增加中高技能劳动力的需求而降低低技能劳动力的需求,但服务外包对劳动力技能结构的这种影响在质与量上至多与制造业外包类似,因此影响不大。

此外,有研究表明,服务外包对就业的影响主要表现在就业结构的变化方面。玛丽·艾美莉与魏尚金(2004、2005)通过对美国和英国的实证研究表明,服务外包对发包国就业的影响体现在工人(包括白领阶层)在衰退产业与新兴产业之间的流动。伯林纳德与利坦(2004)从外包的分配效应角度,指出服务外包最终将导致低收入岗位由高收入岗位取代。世界贸易组织也认为,如果劳动力市场足够灵活,离岸转移的岗位将被更高水平、更高收入的新职位所代替。

二、国际服务外包对承接国就业的影响

由于表面上看来,就业岗位会随着国际服务外包从发包国流向承接国,发包国可能是就业受损方,而承接国是受益方,从而绝大部分研究文献主要是研究国际服务外包对发包国家就业的影响,而较少涉及对承接国际就业的影响。事实上,国际服务外包对承接国的就业也会带来影响。《世界贸易报告》(World Trade Report,2005),指出,对承接服务外包的发展中国家来说,外包带来的工作岗位具有收入较高、不依赖自然资源、环境友好等特点,因而,承接离岸服务外包有利于高水平就业、出口和经济增长。

目前,专门从承接国角度研究国际服务外包对承接国就业影响的文献不多,由于中国是服务承接国之一,在国内许多研究文献中涉及国际服务外包对承接国就业的影响,但其中绝大部分研究是在研究国际服务外包对包括中国在内的承接国经济发展的意义时,涉及国际服务外包对承接国就业的影响。国内关于国际服务外包对承接国就业影响的研究结论基本一致,即认为国际服务外包会对承接国就业带来正面的积极影响。

一些学者专门研究了承接国际服务外包的就业效应。任志成、武晓霞(2009)对承接国际服务外包的就业效应进行了研究,他们将承接国际服务外包的就业效应归纳为:就业扩展效应、技能溢出效应、教育培训效应和工资提高效应。他们以江苏省为例,证实服务外包的发展增大了对劳动力的需求,促进了大学生就业,促进了产业聚集和人才聚集,促进了人才的培育,促进了工资水平的提高。陈菲(2009)采用服务业失业人数和失业率、服务业各行业失业人数和失业率等指标,对国际服务外包的就业效应展开分析。其研究结果表明,对发包国而言,国际服务外包会导致部分行业的失业比重增加,从而令服务业就业人数的增加速度放慢,但不会导致发包国服务业就业比重的下降;对承接国来说,国际服务外包能够带来服务业的整体就业人数和就业比重的明显上升及其主要服务行业的就业人数和就业比重的增加。张婷婷(2010)指出,承接国际服务外包的就业效应作用机制分为直接传导机制和间接传导机制,前者指随着国际服务外包直接带给承接国就业岗位增加的效应,后者包括收入乘数效应、产业关联效应、技术进步效应和优化人才结构的途径等。

一些学者在研究国际服务外包理论及其对承接国经济影响时分析了国际服务外包的就业效应。孟庆亮(2008)从服务外包国际化的理论基础和经济效应方面进行了经济学分析,并提出了相关结论,认为服务外包国际化可以带来发包国和接包国双方技术型劳动就业的增加和相对工资的增长,服务外包国际化对双方都能带来净福利的增长。陈景华(2007)通过借鉴费恩斯特与汉森和波恩布施等人(1980)构造的制造业离岸外包的理论模型,论证了服务业离岸外移可以带来业务输出国和业务承接国双方技术型劳动相对工资的增长和技术型劳工就业的增加。华德亚、董有德(2008)在分析承接跨国公司服务外包对我国服务业发展的影响时指出,承接服务外包可以增加我国服务业就业机会。江小涓(2008)在分析服务全球化与服务外包的现状、趋势与理论时,指出发包企业和发包国将部分低端服务岗位转移出去有利于创造新的更高的就业水平和提升就业结构,并且指出服务外包合约是人力资本市场合约与劳务活动企业合约的统一,兼取了两种合约的优势,有利于提高服务业专业化程度、扩大规模经济效应,促进人力资本能力积累,也为发展中国家提供了更多的就业机会。谭力文、刘林青等(2008)在分析跨国公司对中国外包的宏观影响时指出,承接业务外包有利于创造就业、缓解就业压力,提高居民收入。姜荣春(2009)在分析中国发展国际服务外包的意义时指出,国际服务外包有助于中国解决高素质人口就业问题,有利于培养具有全球化视野的专业人才。袁欣(2010)在分析服务外包的概念、本质和效应时认为,服务外包本质上是一种以劳动力为基础的生产要素贸易,因此,国际服务外包增加了承包方国家和地区的劳动力就业,提升了其工资水平和技术素质。

三、解释国际服务外包对劳动力需求影响的代表性理论模型

国际服务外包兴起的时间比较短,一般被认为是国际劳动分工或者产品内分工深化的产物,或者是企业价值链全球重构的产物。因此,尽管国际服务外包与制造业外包在外包对象、外包方式以及特征方面存在着较大的差异,研究国际服务外包的理论模型仍然没有脱离国际贸易理论和国际分工理论的分析框架。代表性的理论模型是费恩斯特与汉森(1996)基于中间产品贸易的外包模型与巴格瓦蒂等人(2004)的单一产品、两产品和三产品模型。上述模型研究的侧重点不同,费恩斯特与汉森侧重分析国际外包对发包国家劳动力需求的影响,而巴格瓦蒂等人侧重证实国际外包对发包国总体福利的影响与一般国际贸易本质上没有什么不同。但上述模型均是从发包国家的角度而进行的研究,在结论上有些差异。

(一)布恩斯特与汉森的连续中间产品贸易模型

传统赫克歇尔—俄林—萨缪尔森模型(简称为H-O-S模型)。该模型不仅是关于最终产品生产分工的解释,而且基于两部门进行的研究。20世纪80年代开始,发达国家高技能型劳动力相对需求的不断增加主要发生在制造业内部,而不是在产业之间转移。国际外包活动是产品内分工的典型形式,在本质上属于中间产品贸易,因此基于产业间最终产品贸易的传统贸易理论并不能很好地解释国际外包这种中间产品贸易现象。

费恩斯特与汉森(1996) 在波恩布施等人(1980)所建立的连续型 H-O模型(简称 DFS 模型)基础上构建了连续中间产品贸易模型来解释国际外包的就业效应。该模型假设产业链中存在两种中间投入品,生产一种最终产品。生产过程中需要投入三种生产要素:高技能型劳动力、低技能型劳动力和资本。作为外包活动对象的中间产品可以按技术密集度从低到高排列在[0,1]区间内,越靠近1,中间产品的技术密集度越高。在国际外包活动中,发达国家专业化于技术密集度高的产品区间[a,1]的生产,而发展中国家专业化于技术密集度低的产品区间[0,a]的生产。产品a称为边际产品,a在发达国家生产的产品中技术密集度最低,而在发展中国家生产的产品中技术密集度最高。如果国际外包活动的结果让原来由发达国家生产的[a,b]

区间的产品外包到发展中国家去生产,那么在新的均衡中发达国家将专业化于[b,l],而发展中国家专业化于[0,b]。由于[a,b]在发达国家的产品结构中属于低技术密集型产品,所以当发达国家不再生产它们时,原来雇用的劳动者只能去技术密集度较高的[b,1]产业中找工作了。由于这些产业对劳动者技能的需求较高,所以最终的经济均衡结果是发达国家高技能劳动力的就业和工资状况都得到了改善,而低技能劳动力的就业和工资状况则不断恶化。虽然 [a,b]区间的产品在发达国家的产品结构中属于低技术密集型产品,但在发展中国家的产品结构中却属于高技术密集型产品。当这些产品由发达国家转移到发展中国家后,就会引致发展中国家高技能劳动力需求上升,因而最终的均衡结果是发展中国家高技能劳动力的就业和工资状况也得到了改善。

在费恩斯特与汉森的模型中,每个国家只有一个产业,因此该模型解释的是基于中间产品交易的产业内或产品内分工现象及其对劳动力需求的影响,均衡时该产业的技术密集度在发达国家和发展中国家都提高了,从而对技能型劳动力相对需求增加。因此,根据费恩斯特与汉森的分析,国际外包会引致发包国和承接国高技能劳动力需求增加、低技能劳动力需求减少。

(二)巴格瓦蒂等人的单一产品、两产品和三产品模型

巴格瓦蒂等人(2004)根据保罗·萨缪尔森(Paul Samuelson)的标准国际贸易模型,分别建立了单一产品、两产品和三产品模型对国际外包就业效应进行解释。

1. 单一产品模型

巴格瓦蒂等人先从单一产品模型开始,假设某经济体的生产过程中只使用两种生产要素:劳动力与资本,并假设要素收益递减。在图 1-1 中,MP_L 曲线表示经济中资本要素禀赋既定下劳动的边际产品,L_0 为劳动要素禀赋,W_0 是根据最终产品确定的劳动工资,工资收入为矩形 $O\ W_0\ E_0\ L_0$。资本收入位于 MP_L 曲线之下、水平线 W_0E_0 之上的部分。W_0、L_0、E_0 分别代表经济体没有贸易或者外包活动的经济封闭状况下的工资、劳动力雇用数量和均衡状态。现假设诸如信息技术等某项技术进步允许经济体以较低的工资 W_1 从国外购买劳动服务(即发生生产环节的外包活动)。如果经济体继续在国内雇佣同样数量的劳动力 L_0,但是现在支付较低的工资。在这种情况下,经济体从国外购买 L_0L_1 劳动支付的工资为 $L_0L_1E_1A$,国内雇佣劳动的收入为 OL_0AW_1,资本收入为 MP_L 曲线之下、水平线 W_1E_1 之上的区域。

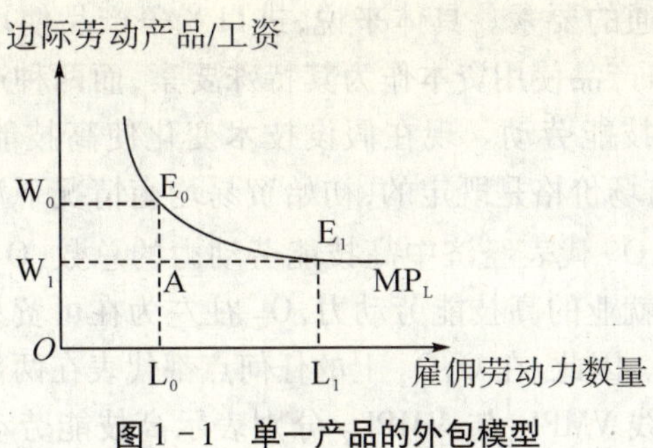

图 1-1　单一产品的外包模型

从图 1-1 中可以看出,该经济体通过外包活动,总收入提高了三角形区域 E_0AE_1,这是从外包所得的净收益。由于外包活动,使得国内劳动要素的收入受进口劳动要素(进口竞争要素)的影响减少了区域 $W_0E_0AW_1$,减少的部分被重新配置给资本,因此,资本所有者获得收益 $W_0E_0E_1W_1$。巴格瓦蒂等人的单一产品模型抓住关于质疑外包的流行言辞的本质,即该模型表明,外包可能会使整个社会受益,因此让贸易受益者补偿受损者(或者将资本所有权扩展到工人)的自由贸易政策可能会各方都受益。不过,缺乏将资本所有者的某些社会收益转移给工人的方法,企业或资本所有者获得 100% 的收益而工人则遭受损失。

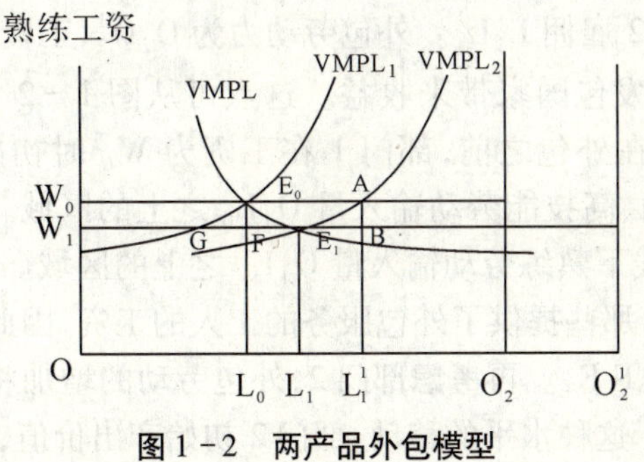

图 1-2　两产品外包模型

2. 两产品模型

在上述单一产品模型的基础上,再考虑两产品模型。即假定该国家在世界市场上已经存在两种产品的贸易,并且技术创新使外包成为可能。只要消除任何贸易效应的条件,就可以证明外包仍然对社会有益,包括根据总量模型持续获得的收入分配效应。假定存在两种最终产品,每种产品的生产使用两种要素,其中一种要素是该部门的特殊要素,另一种是对两种最终产品来说都很普通的要素。具体来说,进口竞争产品使用低技能劳动作为其特殊要素,出口产品使用资本作为其特殊要素,而两种产品的生产都使用的普通要素是高技能劳动。现在假设技术变化使高技能劳动外包成为可能,并假设世界市场价格是既定的,初始贸易均衡情况下没有外包活动。在图 1-2 中,轴 O_1O_2 代表经济中高技能劳动力的总数,O_1 往右为在进口竞争性产品部门 1 就业的高技能劳动力,O_2 往左为在可贸易产品部门 2 就业的高技能劳动力。因此,在 O_1O_2 上的任何点都代表在两部门之间高技能劳动力的配置。曲线 $VMPL_1$ 与 $VMPL_2$ 分别表示高技能劳动力在两部门的边际产品价值。高技能劳动力在两部门配置的均衡点为 E_0,在均衡点两部门高技能劳动力工资是相同的,为 W_0。该国国内总产品价值可用两条曲线与表示高技能劳动就业量的点 L_0 之间的区域来表示,L_0 为两种产品的总产量。

再假设技术进步使该国可以较低的工资(如图 1-2 所示 W_1)从国外购买高技能劳动服务。在这种工资下,存在对高技能劳动的超额需求 GE_1,该需求通过外包得到满足,由此将高技能劳动供给扩展到 $O_2O_2^1 = GE_1$。为了找到新的均衡,我们将 $VMPL_2$ 曲线水平右移,移动到 $VMPL_2^1$,则有 $O_2O_2^1 = GE_1$(或者将 $VMPL_1$ 向左移同样的量)。由于往右边水平移动的大小在每一点都是相同的,$E_0A = GE_1 = O_2O_2^1$,部门 1 雇佣通过外包所供给的高技能劳动 L_0L_1,部门 2 雇佣 $L_1L_1^1$。外包劳动力为 $O_2O_2^1$,工资为 W_1。

国际外包给发包国家带来收益。这点可从图 1-2 中看出。先看部门 1,再看部门 2。在外包之前,部门 1 在工资为 W_0 时初始的总产出价值为 $VMPL_1$ 曲线下面、高技能劳动输入量 O_1L_0 之上的区域。外包后,总产出价值在 $VMPL_1$ 曲线下熟练劳动输入量 O_1L_1 之上的区域。额外的矩形 $L_0FE_1L_1$ 代表需要付给那些提供了外包服务的工人的工资,因此,部门 1 产出价值所得为三角形 E_0FE_1。再考虑部门 2,外包劳动的增加将右轴与 $VMPL_2$ 曲线往右推移,由于这种水平的移动,部门 2 初始产出价值,即在高技能劳动投入 O_2L_0(从右往左测量)既定下曲线 $VMPL_2$ 的下方区域,正好等于高技能劳动投入从 O_2^1 到 L_1^1 之间的曲线 $VMPL_2$ 下的区域。不过部门 2 也可以通过使用从 L_1^1 到 L_1 的外包劳动来增加产出。矩形 $L_1E_1BL_1^1$ 必定是部门 2 支付给国外工人的支出,但三角形 ABE_1 代表社会所得。因此,国际外包引致的发包国产出的增加包括两个三角形 E_0FE_1 与 ABE_1 的总量。

对于增加的收入如何分配问题,则比较复杂。如果假设所有生产要素"收益递减"(如图 1-1 与图 1-2 所示),那么高技能劳动力数量的增加和工资的下降将导致低技能劳动的工资和资本租金都上升。

3. 三产品模型

巴格瓦蒂等人的三产品模型试图对国际服务外包进行解释。在前面的模型中,国际外包对于进口的生产要素(高技能劳动力)的真实收入造成不利的影响。不过,这个结果并不是不可避免的,巴格瓦蒂等人考虑了一个三产品两要素模型,其中第1、2种产品是可贸易产品,而第3种产品为最初不可贸易的服务。同样假设该国家很小,只生产两种可贸易产品。完全竞争确保每一种可贸易产品的平均成本(即要素的价格)等于既定的外生的产品价格。只要所贸易的产品价格是固定不变的,要素自身价格也是固定不变的,在要素价格固定的情况下,产品3的平均成本就是固定不变的,这暗含着在完全由需求决定的均衡量下供给曲线是水平的。

假定由于技术创新使以前不可贸易的服务变成可贸易的产品,而且可以以低于国内的价格从国外获得。那么国内的服务供给会随着消失,同时其释放的资源被产品1、2的生产所吸收。只要继续生产这些产品,其要素价格就是不变的。不过,既然是第3种产品,即服务的价格已经下降,产品要素的购买力就会上升,因此,外包最终使得两种要素的所有者的状况变好。

由此,巴格瓦蒂等人指出,国际服务外包的交易实际上只是另一种贸易,并指出无论是在产品贸易还是服务贸易下,外包带来的利益取决于经济结构。因此,如果服务外包主要是以中间投入的形式进入其他产品的生产过程,其作用就像投入节约型技术进步一样,有利于增加生产率,如果通过外包可以提供给最终消费者低成本的新产品,它就可以直接增加真实收入。

巴格瓦蒂等人的上述三个模型可以看作是对导致外包增长的技术进步的几种可能结果的描述。在第一种模型中,外包对社会是有益的,但是在资本获得较高回报的同时伴随着较低工资;在第二种模型中,在多要素生产和固定商品价格的情况下,外包可以提供总量上的利益,但是一些劳动者收益而另一些劳动者则会遭受损失;在最后一种模型中,外包以这样的方式获益,即在劳动力转移到其他产业之后,会增加所有劳动者的真实收入。因此,要素报酬的分配在不同的模型中是不一样的,但与传统贸易模型一样,国际外包增加总量福利。

巴格瓦蒂等人在上述三个模型中没有指出外包对承接国就业与收入的影响,但我们可以看出,在单一产品模型中,对承接国而言,增加了就业量 L_0L_1,总体收入增加了区域 $L_0L_1E_1F$;在两产品模型中,增加的收入为矩形区域 $F L_0 L_1^1 B$,增加的就业量为 $L_0 L_1^1$。而在服务外包的三产品模型中,发包国家服务产品由国外供给,可以推断出其对承接国服务就业会产生影响。

四、国际服务外包就业效应的实证研究

从目前的研究文献来看,关于国际服务外包就业效应的实证分析主要针对发包国家,并且实证研究的方法基本上沿用对制造业外包的实证研究方法,因此本书在介绍实证研究方法时,不区分制造业外包与服务业外包。

国际外包对就业与劳动力市场影响的实证研究重点要解决两个方面的问题:一是衡量国际外包的指标,二是数据来源。

(一)国际外包的衡量指标

实证研究首先面临的问题是确定测量国际外包的指标,因为不可能直接观察到国际外包对宏观经济总量的影响,因此,需要找到近似的办法。不同学者基于不同的研究目的与数据可获性对国际外包采取了不同的衡量指标。

根据现有文献,衡量国际外包的指标主要有以下五种:进口投入占总进口的比例、进口投入占总投入的比例、进口投入占总产出的比例、垂直专业化以及产品的增加值比例。霍尔格斯(2009)对上述衡量国际外包的五项指标分别进行分解分析,发现各个指标都在一定程度上抓住了国际外包的本质。他使用这些指标对德国1991—2000年的国际外包进行测量,结果表明,无论使用哪种指标,在1991—2000年间,德国国际外包虽然明显地加大了整个经济、服务部门以及高技术密集行业的工资差距,但低技术密集行业的工资差距则缩小。

由此可以看出,关于国际外包的衡量指标并没有一个完全标准的指标。但在上述五种指标中,不仅统一将外包业务看做是一种中间投入,而且是进口中间投入。赫梅尔斯(2001)等人的研究将国际外包看做出口产品生产过程中的进口投入,耶茨(2001)则使用进口投入占总进口的比例这一指标来衡量国际外包,费恩斯特与汉森使用更一般的指标来表示国际外包。即总投入中的进口投入。哈特穆特·埃格尔与彼特·埃格尔(2002)使用总进口中的进口投入以及总出口中的中间产品的出口近似地表示国际外包,汉志(2005)等人使用产业内进口投入来衡量国际外包,盖施克尔与霍格尔(2005)使用总产出中的进口投入来衡量国际外包。

(二)国际外包数据来源

多数研究者试图使用中间投入贸易数据来测量国际外包。生产的国际分工或国际外包问题可以转化为中间品贸易问题,中间品与最终产品存在

着差异,在这个意义上,中间品贸易确实反映了企业将生产转移到国外的活动。相应地,劳动力相对需求不仅仅受进口竞争行业的影响,还受所有使用进口投入的行业的影响。因此,多数研究者试图使用中间投入贸易数据来测量国际外包。

大致来说,三种数据可以用来说明中间品贸易:对外加工贸易数据、中间品贸易统计数据、投入—产出表数据。对外加工贸易数据提供了关于国际外包的丰富信息,尽管意义比较狭窄,但其最大优点在于数据可获性。一直以来,对外加工贸易数据主要被用来研究国际外包的决定因素。哈特穆特·埃格尔与彼特·埃格尔(2001)利用对外加工贸易数据发现1995—1997年间欧盟国家制造业外包每年增长6%。他们的研究表明,对外加工贸易偏向进口竞争行业,与非技术密集性产业一致。波尔德恩等人(2001)使用对外加工贸易数据对欧盟国家以及东中欧国家在纺织品和服装行业的经济一体化问题。他们发现:尽管低工资是生产外包最初的动因,但文化上的联系和地理接近性则是最终原因。耶茨(2001)结合使用中间品贸易数据与对外加工贸易数据,发现美国中间品贸易占总贸易的30%。他指出,对发展中国家而言,这一比例还要更高,因为这些发展中国家已经成为来自发达国家外包的重点区域。哈特穆特·埃格尔与彼特·埃格尔(2005)使用1988—1999年期间的数据,发现基础设施、相关要素禀赋以及其他费用变量是欧盟国家对外加工贸易的重要决定因素。投入—产出表数据在多数情况下之所以被认为是较为适合的数据,是因为可以进行跨行业跨时间的分析,但投入—产出数据也有很多缺点,主要的缺点在于可能忽略最终生产工序例如装配环节的外包,第二是不能反映生产的转移,第三,当产品不是用来再进口,而是出口到第三国时,投入—产出数据不能反映此类外包,但根据埃科尔姆等人(2003)对跨国公司的研究,此种外包确实很重要。

对于究竟使用什么数据来测算外包程度的问题,亚历山大·汉志(2005)作出比较综合的分析。亚历山大·汉志讨论了测算国际外包的各种数据实际在多大程度上反映不断增长的国际外包,以及什么样的数据较为合适,在此基础上指出,尽管相对而言,投入产出表数据能够提供有价值的信息,但最终选择什么数据与指标还要看具体研究的问题。

五、对已有研究的评析

(一)当前国际服务外包就业效应研究的特征

综合上述研究文献,可以看出关于国际服务外包的就业效应的研究始于20世纪90年代中后期,进入21世纪以来,研究文献逐渐增多。综合国内外研究成果,关于国际服务外包就业效应的研究具有以下几个方面的特征:

第一,从研究的角度来看,国内外学术界对服务外包就业效应的研究主要从发包国家的角度出发,并且主要把发达国家视为发包方,把发展中国家视为外包的接包方。

第二,从研究方法来看,国际服务外包就业效应的理论分析仍建立在标准国际贸易理论框架之上,研究的重点是通过经验数据检验国际服务外包对发包国家就业的影响,相对而言,国外实证研究文献较多,而国内实证研究相对较少,并且对服务外包对承接国就业的影响研究仍主要停留在现象描述的层面,理论认识与统计分析都有待进一步深入。

第三,从研究内容来看,国内外讨论的主题是国际服务外包是否给发包国家就业带来损失,但具体内容上有些差异。国外研究文献主要讨论国际服务外包对不同劳动技能的劳动者尤其是被称为"白领工人"的高技能劳动者的可能影响;国内研究文献则主要侧重国际服务外包对发包国与承接国就业是否有影响总体上的判断,并且多数文献是在分析国际服务外包对中国经济发展影响时强调其对就业的促进作用。

第四,从研究结论来看,国外关于国际服务外包是否导致就业损失虽然并没有一致结论,但多数人认为国际服务外包对发包国家的劳动力需求产生了冲击。国内研究结论基本一致,即国际服务外包无论对发包国还是承接国的就业变动均存在正的效应。

总体上,国内关于国际服务外包就业效应的研究文献为数不多,尤其缺乏实证研究。从承接国角度看,国际服务外包的就业扩大效应似乎显而易见,从而成为国内多数研究的既定前提,即发展服务外包产业一定对就业有利;国外理论与实证研究文献较为丰富,基本肯定了国际服务外包对发包国家就业的冲击。

(二)国际服务外包就业效应研究有待深入的问题

根据上述分析,本书认为国际服务外包的就业效应在以下几个方面还需要进一步深入研究。

1. 缺乏从承接国角度研究国际服务外包的就业效应

从目前的研究文献来看,一致的结论是国际服务外包对承接国的就业会产生有利的影响,但如何影响、在哪些方面会产生影响以及影响有多大等问题,缺乏系列的专门的研究。国内学者宋玉华、周均在2006年就指出,大量的已有研究仅讨论了发达国家就业与收入的变化,而忽略了发展中国家的改变。因此,"应增加对发展中国家的外包研究,不仅能在学术上完善对外包的研究,而且能帮助我国等发展中国家对外包的就业和收入分配有更为正确和深入的理解,从而制定有利于本国经济发展的外包政策"。

国际服务外包对发包国家与承接国就业影响应该是存在差异的。主要体现在以下三方面:一是在国际服务外包过程中,发包国家往往占有主动权,企业主动选择将生产过程中的服务环节外包出去,必然是建立在企业效益最大化的选择基础上,总体上对发包国经济产生的是一种主动的存在正的效应可能性的影响。对承接国家而言,既可能是被动地选择承接也可能是主动选择承包,如果是被动地参与国际服务外包活动,在观念与经济发展战略上缺乏对国际服务外包的认识与重视,这种业务承接活动往往就不会给承接国带来多大的就业效应,尤其是从长期来看。二是国际服务外包对承接国就业的影响还受自身承接条件的制约。不是所有低工资国家都能承接外包的服务,服务业发展水平太低、人力资源缺乏、缺少辅助机构、法律保护不完、基础设施落后、工人技能低下等因素均会削弱甚至抵消工资产生的成本优势,反之,在拥有良好的人力资源、政策环境、基础设施环境、对外包需求适应能力强的服务提供商以及对外包关系实行有效的法律保护的情况下,高工资国家仍可能吸引外包。因此,还要考虑,如果承接国家失去劳动力成本优势,国际服务外包是否能持续下去。三是国际服务外包对承接国就业的影响在于国际服务外包对就业决定因素的冲击。而影响一国就业决定的因素比较复杂,因此,国际服务外包对承接国就业的影响不仅仅是岗位转移,更重要的是国际服务外包对就业决定因素的影响。关于这一点,现有研究文献缺乏系统全面的分析。

2. 缺乏结合国际服务外包的特性来分析国际服务外包的就业效应

目前,关于国际服务外包的理论分析研究文献较多,但在讨论国际服务外包的含义、本质、产生动因与特征等方面并没有强调其是否具有对就业产生较大影响的特性,而在国际服务外包就业效应的研究文献中,也大多缺乏对国际服务外包是否具有影响就业的特性的讨论。本书认为,作为国际外包新兴现象,国际服务外包与国际贸易、国际投资以及国际金融活动等其他全球化因素相比,是否具有影响就业的不同特性的问题值得探讨。

3. 国际服务外包对承接国的就业会产生哪些方面的影响值得探讨

目前,国内外研究文献中关于国际服务外包对发包国家就业影响的一致结论是:国际服务外包会对不同技能劳动力的需求产生影响,其影响可能是正面的,也可能是负面的。而关于国际服务外包对承接国的就业影响的一致结论是:国际服务外包会促进承接国就业的扩大。本书认为:就业问题内涵丰富,国际服务外包对承接国就业的影响不仅仅是由于就业岗位的增加而产生就业扩大效应,还会在结构、质量等方面产生深远的影响,这些影响表现在哪些方面,是积极的影响还是消极影响,是较强的影响还是较弱的影响,这些问题都值得深入研究。

4. 国际服务外包影响承接国就业的机制需要进一步研究

总体来看,国内外研究文献并没有关于国际服务外包影响就业机制的专门研究,但从相关研究文献中,可以将国际服务外包影响就业的机制归纳为:改变劳动力需求机制、贸易机制、生产率效应、工资变动效应等。但上述影响机制主要是对发包国家就业的影响机制,那么国际服务外包对承接国就业的影响是否也存在相同的机制,不同的机制产生的就业效应是什么,对于该问题的解答需要系统的理论分析。

国内有学者对国际服务外包影响承接国就业的机制进行了研究,但只零散地分布于部分文献中(江小涓,2008;张婷婷,2010),缺乏系统深入的研究。

5. 关于国际服务外包对承接国的就业效应的实证分析比较缺乏

理论上,绝大多数学者认为,国际服务外包会对承接国的就业带来积极的影响,对此,国内部分学者进行了实证研究。任志成、武晓霞(2009)以中国江苏省服务外包的发展为例对承接国际服务外包的就业效应进行了实证分析,但作者只检验了就业的扩展效应和技术溢出效应。陈银娥、魏君英(2010)检验了国际服务外包对中国产业就业结构的影响,但缺乏对其他就业效应的实证分析。樊永岗(2010)通过经验数据的描述,分析了印度承接国际服务外包对增加就业的影响,但只分析对信息技术业务流程外包(简称IT-BPO)产业就业的影响。

上述实证分析均在一定程度上证实国际服务外包对承接国的就业有一定影响。但总体上,实证研究较少,所分析的就业影响只局限在就业的某些方面,缺乏较为全面的实证分析。

第三节　研究思路与结构安排

一、研究思路

本书旨在从承接国的角度，研究国际服务外包活动对承接国就业的影响机制与可能带来的就业效应，构建国际服务外包就业效应的总体分析框架。要弄清楚国际服务外包如何影响就业以及在哪些方面产生什么影响，第一，需要在理论上弄清楚以下问题：国际服务外包现象的特性是什么？决定一国就业及其变化的因素有哪些？国际服务外包对就业的影响途径及其效应表现在哪些方面？第二，对上述理论的分析进行实证检验。为此，本书的总体思路是先从理论上分析国际服务外包活动的基本含义、产生动因、本质与特征，然后分析决定就业的因素，在此基础上构建国际服务外包就业效应的总体上分析框架，在此基础上从微观的劳动力市场供求变化、宏观的就业总量变化、就业结构变化、就业质量变化的两个分析层面来分析国际服务外包对承接国就业的影响机制与可能产生的就业效应。在上述理论分析的基础上，利用中国与印度两个典型的承接国国际服务外包发展的实际数据对国际服务外包的就业效应进行实证分析，最后对全文研究结论进行总结，提出促进中国社会就业的国际服务外包发展政策建议。上述研究思路如图 1－3 所示。

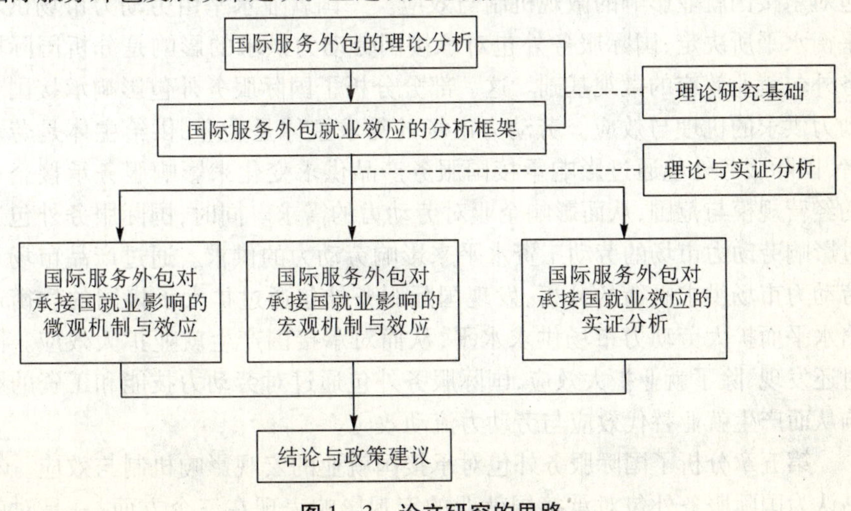

图 1－3　论文研究的思路

二、论文结构

全文共分为七章，各章主要内容如下：

第一章为导论。在这一部分首先介绍论文的研究背景、目的和意义，然后对相关研究文献进行综述，再介绍本书的研究思路与结构安排，最后阐明本书的研究方法与可能的创新点。

第二章为国际服务外包的理论分析。国际服务外包是本书的关键词，在分析国际服务外包的就业效应之前需要对国际服务外包现象的特性进行理论分析，这是分析国际服务外包就业效应的理论基础。国际服务外包的特性体现在其含义、产生动因、本质与特征四个方面，本章对上述四个方面进行了深入的分析，发现国际服务外包具有不同于一般国际服务贸易、制造业外包、服务业对外直接投资等传统全球化因素的特性，尤其是具有对承接国就业产生深远影响的特性。

第三章构建了基于承接国的国际服务外包就业效应的分析框架。就业效应是本书的关键词，在分析国际服务外包就业效应之前必须明确就业的内涵、就业所涉及的概念与问题，以及就业理论中就业的决定因素。本书在这一部分，重点对就业的决定因素进行分析，在此基础上把国际服务外包对就业的影响机制与效应分为微观与宏观两个层面，从而构建了基于承接国的国际服务外包就业效应的分析框架。

第四章立足于劳动力市场供求的分析，从微观层面分析了国际服务外包对承接国就业影响的微观机制与效应。一国就业水平由劳动力市场供求平衡水平所决定，国际服务外包对承接国劳动力供求的影响是分析国际服务外包就业效应的微观基础。这一部分分析了国际服务外包影响承接国劳动力供求的机理与效应。劳动力市场的需求主体是企业，供给主体是劳动者，国际服务外包通过影响承接国服务产品供求变化来影响服务承接企业的经营规模与范围，从而影响企业对劳动力的需求。同时，国际服务外包通过影响劳动力市场的劳动工资水平来影响劳动力的供求。通过产品市场与劳动力市场供求平衡的分析，发现国际服务外包通过扩大承接国的均衡产出水平而扩大劳动力市场供求水平，从而对承接国产生就业扩大效应。同时还发现，除了就业扩大效应，国际服务外包通过对劳动力技能和工资的影响从而产生就业替代效应与劳动力流动效应。

第五章分析了国际服务外包对承接国就业的宏观影响机制与效应。本书认为国际服务外包对承接国就业的宏观影响表现在三个方面：一是对就业总量的影响;二是对就业结构的影响;三是对就业质量的影响。这一部分首先分析了国际服务外包影响承接国就业总量的机理,发现国际服务外包对就业总量存在扩大效应;然后分析了国际服务外包影响承接国就业结构的机理,发现国际服务外包对承接国产业就业结构与技能结构会带来有利的影响,而对就业的区域结构可能会带来负面的影响;最后从提升人力资源水平、增加就业机会、工作环境与报酬的示范效应等方面分析了国际服务外包对承接国就业质量的影响,发现国际服务外包有利于就业质量的提高。

第六章为实证研究。这一部分以中国和印度为例对国际服务外包的就业效应进行了实证研究分析。在全球服务承接地中,印度是首选地区,也是在发展国际服务外包方面取得巨大成功的国家。中国开展国际服务外包活动虽然起步较晚,但呈现出快速增长的趋势。本部分利用中国1997—2008年间的相关数据,分析了国际服务外包对中国就业的影响;利用印度1998—2009财年的相关数据不仅分析了国际服务外包对印度就业的影响,而且分析了印度服务外包发展取得成功的经验。

第七章为结论与对策建议。

第四节 研究方法与创新点

一、研究方法

本书立足于占有大量的文献资料的基础上,理论与实证并重。在具体研究方法上,力图综合运用借鉴与引申分析、案例分析、静态分析、比较静态分析与动态分析、实证分析与规范分析、均衡分析、数理统计分析等多种研究方法。

1. 理论借鉴与引申发展相结合。本书在分析就业的决定因素与国际服务外包的特性时,参考了大量相关研究文献,在总结、借鉴前人研究成果基础上,对其进行评析,进一步引申和发展,形成本书观点。

2. 理论与实际分析相结合。在阐述本书的理论观点,力图结合运用当前的实际案例与数据来直观地证实所阐述的理论。

3. 静态、比较静态与动态分析相结合。在分析国际服务外包对承接国就业影响的机制与效应时,既分析承接国静态状况下承接国际服务外包的状况以及就业决定因素与就业状况,又分析了在国际服务外包的冲击下,承接国就业决定因素的变化以及由此带来的就业变化;在对中国与印度实证分析时分析了时间序列数据以及数据指标的动态变化趋势。

4. 规范分析与实证分析相结合。通过规范分析阐述国际服务外包对承接国就业的影响机制与效应是什么,通过证实分析来证实国际服务外包对承接国是否确实存在这些影响与效应,真实的影响与效应是什么。

5. 均衡分析。在考察国际服务外包对承接国就业影响的微观机制与效应时,首先分析了国际服务外包对承接国产品市场供求均衡的影响,其次分析了产品市场和劳动力市场的劳动力需求的一般均衡,最后得出国际服务外包对承接国劳动力供求水平的影响极其制约因素。

6. 数理统计分析。综合运用图表分析、数据分析等数理统计分析方法来说明国际服务外包的发展变化及其对承接国就业决定因素与就业的影响。

二、主要创新点

1. 研究视角的创新。本书从承接国的视角分析国际服务外包的就业效应,考虑国际服务外包对承接国就业多方面的影响,促进承接国以新的视角考虑如何承接国际服务外包才能最大程度地发挥国际服务外包对承接国就业的积极影响,具有一定的创新性。

2. 分析角度的创新。一方面,对于国际服务外包现象,从微观与宏观两个角度来分析其特性,不同于一般文献中对国际服务外包现象的笼统分析,从而有利于更好地理解国际服务外包现象及其经济效应。另一方面,结合就业决定因素的微观与宏观划分,从微观与宏观两个层面分析国际服务外包对承接国就业的影响机制与效应,不同于一般文献中对国际服务外包就业效应的笼统分析,从而在内容分析的角度上具有一定的创新性。

3. 观点的创新。第一,认为国际服务外包具有不同于传统国际贸易、制造业外包以及服务业对外直接投资的影响就业的特性;第二,提出国际服务外包对承接国就业的影响不仅仅表现在就业岗位转移引致的就业扩大效应方面,还表现在对就业结构、就业质量方面的影响;第三,认为国际服务外包影响就业的微观基础是服务产品市场供求变化与劳动力市场供求变化之间的关系;第四,认为国际服务外包对承接国区域经济发展差异可能存在负面的影响,从而对就业的区域结构平衡产生不利影响;第五,认为国际服务外包对承接国就业效应的大小取决于承接国各种就业的决定因素是否有利于国际服务外包的发展,因此,国际服务外包对承接国的净就业效应大小取决于就业决定因素相互之间的制衡；第六，承接国在开展国际服务外包时，应全方位考虑国际服务外包对就业的影响，才能最大程度地发挥国际服务外包对就业的积极影响。

三、主要不足之处

本书在前人研究的基础上，从承接国的角度，采取理论与实证结合、微观分析与宏观分析结合方法，对国际服务外包的就业效应进行了较为系统的研究，为中国促进服务外包产业发展，解决就业问题，优化就业结构，提升就业质量的实践活动提供了理论上的参考。但总的来说，还存在诸多不足之处，需要在以后的工作中进一步改进。

1. 分析框架可能比较粗略，需要以后进一步完善

就业的决定因素除了本书所归纳的微观与宏观因素，还存在许多其他因素，比如收入制度、就业制度等制度因素。国际服务外包对承接国就业可能还存在动态机制，从长期来看，国际服务外包对承接国的就业影响可能与短期的影响不同，本书未对此作专门的分析，这是以后进一步研究的方向。

2. 对国际服务外包的就业质量效应理论与实证分析可能存在不够深入的问题

由于就业质量的衡量指标难以统一以及具体数据较难获得，本书对国际服务外包的就业质量效应的理论与实证分析分析可能比较浅显，关于这个问题，需要实际承接企业的例证，需要通过实地调研获得，随着中国服务承接企业的增多，从而分析样本的增多，这个问题以后会得到解决。

3. 由于数据可获性原因，对中国与印度的实证检验内容存在差异

由于印度在统计数据方面与中国存在着一定差异，难以获得与中国对等的相应数据，例如，印度统计年鉴中没有各行业的工资数据、各行业的人均产出数据以及各地区的相关数据。不过，印度拥有一个最具有影响力的软件和服务业企业行业协会（NASSCOM），该组织提供了比较详细的印度信息技术业务流程外包产业的发展及其对经济与就业影响的数据。因此，由于关于中国的实证分析相关数据可获性大，本书比较详细地分析了服务外包对就业的影响机制与效应。而对印度的实证研究主要分析了印度承接信息技术业务流程外包（简称 IT－BPO）活动对经济与就业的直接影响，详细分析了印度发展信息技术业务流程外包产业的经验，旨在为中国发展服务外包产业提供有益启示。

4. 实证部分对国际服务外包的衡量指标可能低估国际服务外包的作用

无论是中国还是印度,国际服务外包涉及的业务较多,本书对中国的实证分析只使用信息技术服务与金融服务为研究对象,对印度只分析了信息技术业务流程外包产业对就业的影响,忽略了其他外包服务的影响,从而有可能低估国际服务外包的作用。

第二章　国际服务外包的理论分析

现代外包活动产生的时间比较早，最初发生在一些家具行业，后来逐渐发展到汽车行业，再发展到现在的服务行业。相对于制造业外包，国际服务外包对就业的影响所受到的关注和争议较多，其最大的原因在于国际服务外包作为一个新兴的外包领域与经济全球化因素，具有与以往外包形式以及其他经济全球化因素不同的特性。国际服务外包的特性体现在国际服务外包的含义、本质、产生动因与特征等方面，虽然关于这些方面的理论研究在近几年急剧增多，但目前并没有一个统一的标准化理论来解释国际服务外包这一新兴的现象及其对经济的影响。国际服务外包是否具有影响一国就业的特性，是分析国际服务外包就业效应的前提，本章基于对相关概念的比较以及服务本质特征的分析，从理论上对国际服务外包的含义、本质、产生动因与特征进行深入分析，为分析国际服务外包的就业效应提供理论基础。

第一节　国际服务外包的含义

现有研究文献中，对国际服务外包的概念存在多种角度的解释。本节在介绍国内外学术界对国际服务外包概念的解释的基础上，界定本书所使用的国际服务外包的概念，认为可以从微观与宏观两个角度来理解国际服务外包的含义。

一、现有研究文献中对国际服务外包的定义

国际服务外包是外包领域的新兴现象，其含义与外包、国际外包等概念存在着密切的联系。

（一）国内外学者对外包的定义

在英文文献中，外包的英文表述为“outsourcing”，其字面含义是指企业从外部寻找资源。国内对这一术语还有多种其他翻译，例如“外购”、“资源外包”等，普遍接受的译法为“外包”。20 世纪 80 年代，发达国家的企业从外部寻找资源的活动日益蓬勃发展，关于此类活动的描述与解释也日益增多。不过，关于什么是外包至今仍没有一个统一的定义。国内外学者从不同角度对外包进行过解释，主要包括企业经营战略角度、国际经济角度、企业间契约角度等。

1. 从企业经营战略角度的外包定义

从企业经营战略角度来看，外包是企业提高自身竞争力的一种经营活动或商业模式。哈默和普拉哈拉德（1990）将外包作为企业的一种商业活动正式提出，他们指出，外包是指企业将一些非核心的、次要的或辅助性的功能或业务外包给外部专业服务机构，利用它们的专长和优势来提高整体效率和竞争力，利用外部资源来完成组织自身的再设计和发展，而企业自身可以更专注于具有核心竞争力的功能和业务。奎恩与希默（1994）从企业战略的角度指出，外包是企业将传统的在企业内部完成的工作环节由外部资源完成，是企业的一种新型战略决策和管理模式。严勇和王康元（1999）将业务外包表述为企业把一些重要但非核心的业务职能交给企业外部的高级承包商去做，把企业内部的知识和资源集中于那些具有竞争优势的核心业务上，为顾客提供最大的价值和满足。谭力文和刘林青（2008）从外包本质与范围的横向和纵向分析，认为外包是依据双方议定的标准、成本和条件的合约将原先由内部人员提供的服务转移给外部组织承担，以实现其组织自身持续性发展的一种利益互动、分工协作的战略管理方法。杨丹辉与贾伟（2008）将外包定义为：企业整合利用其外部的专业化资源，从而降低成本，提高效率、充分发挥自身核心能力的商业模式。陈咏梅与鞠胜（2009）认为外包是企业在产品生产或服务方面所采取的一种生产组织方式，它是企业为适应新的竞争环境对生产做出的重新安排，即将原先企业内一体化的生产模式变为企业间专业化的生产模式，将原来企业内部的职能分工或产品价值链上的生产分工转变为企业间的分工，甚至是地区间、国家间的分工。

2. 从国际经济活动角度对外包的定义

从国际经济活动的角度来看，外包是一种不同于传统商品贸易的贸易方式，是生产过程的国际分解或国际分工，它使得世界各国之间的相互依赖性不断增加。费恩斯特等认为外包是指企业将制造活动或服务活动转移到国外的生产非一体化现象，并指出外包活动必须与国内生产活动相结合才能生产出最终产品。按照费恩斯特等描述，外包实际上是企业中间投入品生产的转移，从这个意义上，外包属于中间品贸易。耶茨（1998）认为外包是一种生产国际化分享（ International Production Sharing）现象。耶茨认为随着制造过程的国际化，不同的国家会参与到同一商品的制造中来，因为产品的每个生产环节都可以选择在最有效率和具有最低成本的地点进行，因而外包这种生产国际化现象具有重要的经济意义，各国间的经济依赖随之不断加强。赫梅尔斯等（2001）认为，外包是垂直专业化的微观体现，垂直专业化是属于国家层面的活动，是基于国家比较优势和要素禀赋的国际分工选择，而外包属于企业层面的活动，是基于交易成本的对产品各阶段生产地点的重新选择。琼斯等(2001) 将外包现象描述为企业生产分解过程，即企业将原先最终产品的一体化生产过程分为两个或更多部分，每个部分按照比较优势和要素禀赋的原理被分配到不同国家生产，生产的分解活动需要有相关服务活动的支持。他们重点关注的并不是产品生产在地理空间上的分解，而是生产模块和服务联系对生产过程中的规模报酬递增是如何起作用的。他们认为，只有分解后的生产模块以及在各生产模式间起纽带作用的服务联系所产生的经济效益是规模报酬递增的，外包活动才有可能发生。卡斯滕·奥尔森(2006)认为，外包是指原本由企业自身完成的工作或程序由企业外部提供者完成，而不管提供者位于何方。外包是与“离岸”存在着联系与区别的一个概念。外包包括工作或程序在国内或国家之间的重新配置。离岸是指工作或程序由任何国外提供者来完成，而不区分提供者是企业外部的还是企业内部附属机构，离岸仅指跨国配置；而离岸外包是指工作或者程序在企业外部的跨国配置。格罗斯曼与罗斯·汉斯伯格(2008)认为，外包是一种工序贸易，他们将生产过程分解为一系列连续的工序，外包活动实际上就是发达国家将部分生产工序转移到发展中国家，由此产生的一种以工序为对象的交易。卢峰(2007)从产品内分工角度指出，“外包是企业或其他机构在维持特定产出的前提下，把过去自我从事的投入性活动或工作，通过合约方式转移给外部厂商完成”。强调外包是企业或机构“投入环节活动”外包转移。张杰等(2009)认为外包是国际分工对象从产业、产品层面转移到工序层面，特定产品的生产过程被拆分为不同的生产价值链环节，分散到具有不同要素禀赋相对优势的国家(地区)进行的一种新兴的贸易方式。

3. 从企业间契约角度对外包的定义

从契约的角度看，外包实际上是一种企业间委托合约。格罗斯曼与赫尔普曼把外包看做一种由不完全合同控制的寻找合作伙伴与特定关系投资的活动。霍格尔等人(2004)认为，外包可以大致定义为通过合同的方式把原由企业内生产的活动转包到公司外部去。卢言(2005)认为，广义上的外包是指企业与第三方签订合约，委托第三方为其提供生产所需的中间投入品或服务，或者委托第三方为其提供以委托企业品牌出售的产品或服务，使企业发生纵向逆一体化、专业化、规模缩减的变化，企业间建立松散、灵活、长期、多层面的合作关系。卢峰(2007)强调，外包是通过合约方式将企业过去自我从事的投入性活动或工作转移给外包厂商完成。江小涓(2008)认为,服务外包是企业以合同方式将自我提供的部分服务流程或服务环节委托给外部服务供应商来完成的经济活动。

(二)国内外学者对国际外包的定义

国内外学者对国际外包的界定主要是对外包活动发生的地域范围的界定。卡斯滕·奥尔森是从地域角度来界定外包活动范围的代表性学者,国内外绝大部分学者对国际外包的地域界定基本上是源于卡斯滕·奥尔森的研究。卡斯滕·奥尔森(2006)根据外包活动中发包企业寻找专业化资源的范围对外包、内包、离岸外包进行了界定。外包是指工作或程序由企业外部提供者完成,而不管提供者位于何方;内包则主要指企业将原来由自己完成或从未做过的工作或任务交由其从属的企业(子公司或其他有从属关系的机构)来完成;离岸是指工作或程序由任何国外提供者来完成,而不区分提供者是企业外部的还是企业内部附属机构;离岸外包是指工作或者程序在企业外部的跨国配置。内包、外包与离岸的关系如图 2-1 所示。

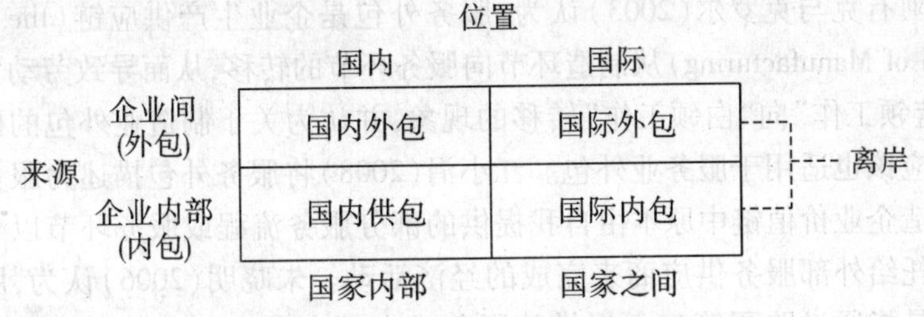

图 2-1 内包、外包与离岸的组合图

在图 2-1 中的企业间与企业内部的跨越国界的外包活动称为离岸外包(Offshore Outsourcing),又称为境外外包,是指企业将其业务交给其他国家的独立企业来自完成。例如,微软公司将某个软件开发任务交给其他国家的独立企业来完成。

与离岸外包相对对应的是国内外包,又称在岸外包(Onshore Outsourcing)或境内外包,是指企业将业务交给本国的独立企业完成的外包,包括企业间的国内外包和企业内部的国内内包①。例如,福特公司将其零部件设计工作交给美国另外一家零部件生产企业来完成。卡斯滕·奥尔森所指的国

① 事实上,离岸外包与国内外包的主要区别在于外包活动是否跨越国界。一些学者将企业跨国寻找专业化资源的活动称为“离岸外包”(Offshore Outsourcing),但“离岸”只是在美国被得到普遍理解,而在欧洲却缺乏现实意义。

际外包包括国际外包与国际内包,即离岸外包。

离岸外包与国际外包(International Outsourcing)存在着一定的联系与区别。离岸外包强调活动跨越国界,而国际外包强调企业跨越国界在企业外部寻求专业化资源,外包活动是发生在不同国家企业之间而不是企业内部。因此,可以认为国际外包是狭义的离岸外包,或离岸外包包含国际外包。

(三)国内外学者对国际服务外包的定义

在上述国内外学者对外包的定义中仅指一般意义上的外包,并没有区分外包的对象属性,并且多数关于外包的定义主要是针对生产过程中的生产任务或工序的转移。生产任务或工序一般被认为是附加价值较低的环节,是最容易被外包的任务。但随着技术创新、生产组织方式以及竞争环境的改变,企业外包的对象属性也随着改变。过去被视为核心业务或不可能实现远距离转移的服务业务也开始成为外包的对象。对于外包领域的这一变化,国内外学者从不同角度进行了描述。

多数学者从国际服务外包涉及的服务生产环节转移特征来解释其含义。阿有克与克罗尔(2003)认为,服务外包是企业生产供应链(the Supply Chain of Manufacturing)从制造环节向服务环节的转移,从而导致劳动力需求从“蓝领工作”向“白领工作”转移的现象,并认为关于制造业外包的研究与结论应该也适用于服务业外包。江小涓(2008)将服务外包描述为服务企业或制造企业价值链中原本由自我提供的部分服务流程或服务环节以合同方式委托给外部服务供应商来完成的经济活动。朱晓明(2006)认为,服务外包就是指通过购买第三方提供的服务或产品来完成由企业内部完成的工作。谭力文和刘林青(2008)则把除制造外包之外的其他外包活动统称为服务外包。卢峰(2007)根据外包转移的对象,将服务外包描述为企业将特定服务产品生产过程的特定投入环节,或者制造品或其他非服务品生产过程的服务流程通过正式或非正式“服务水平合约”转移给外部厂商去完成的现象。毕博管理和技术咨询公司(2007)对服务外包作如下描述:服务外包就是指企业为了将有限资源专注于其核心竞争力,以信息技术为依托,利用外部专业服务商的知识劳动力,来完成原来由企业内部完成的工作,从而达到降低成本、提高效率、提升企业对市场环境迅速应变能力并优化企业核心竞争力的一种服务模式。赛迪顾问(2009)将服务外包描述为企业将信息技术系统开发和架构、应用管理、业务流程优化等自身业务需求通过外包由第三方(服务外包提供商)来完成,以专注企业核心业务,更好实现企业经营目标的经济活动。

也有学者从企业从国外购买服务投入的特点来解释国际服务外包。玛丽·艾美莉与魏尚金(2004,2005)在其系列关于服务外包与生产率、就业之间关系实证研究中,将国际服务外包界定为企业从国外服务提供商购买服务投入的活动。德米罗格鲁(2006)将服务外包界定为从国外进口服务投入的活动,这些服务投入包括计算机编程、金融分析以及电话营销等服务。迪波拉·斯科拉(2007)认为,广义上的服务外包是指跨国公司为了支持其在国内的生产活动而在国外进行的各种服务活动;狭义的服务外包是指由于生产成本原因,服务投入的提供主要来自国外,然后再进口到国内。这里国外购买既可发生在企业外部,由独立的供应商提供,也可发生在跨国公司内部。

还有学者从国际服务外包实行的方式来解释其含义。巴格瓦蒂等人(2004)将国际服务外包定义为通过诸如电话、传真、网络等电子手段来进行交易而不要求买卖双方地理位置的接近性的服务贸易(即世界贸易组织术语中的一种服务贸易模式)。

综上所述,国内外学者基于不同角度对国际服务外包进行界定,但多数只侧重对国际服务外包现象的客观描述,对服务外包的含义主要是在制造业外包含义上的延伸。对国际服务外包的基本特征、涉及的主体层次等问题尚缺乏清楚的界定。

二、本书对国际服务外包的定义

国际服务外包既是企业基于成本—收益考虑而在全球范围内分离部分服务业务或流程的一项跨国经营活动,同时,当这样的活动普遍化之后则上升为一种国家之间的劳动分工。因此,应从微观与宏观两个层面理解国际服务外包的含义。

(一)微观层面的国际服务外包

微观上,可以从国际服务外包的对象内容、活动主体与活动边界三个角度理解国际服务外包。

1. 国际服务外包的对象内容

从服务外包的内容来看,服务外包转移的是企业内部的投入性服务业务或流程。在国际服务外包活动中,企业外包的内容为生产过程中的中间投入服务活动而不是整体产出活动,从而区别于企业一般的资本运作行为。服务外包是企业在保持最终产出或产出组合不变的前提下,把生产过程中某些投入性的服务活动转移出去。此类投入性服务活动与企业的兼并、收购以及服务业对外直接投资等一般性资本经营活动不同。后者涉及企业整体产出或产出组合的变化。因此,从这个意义上,可以把服务外包理解为一种服务贸易活动,即企业从外部购买生产过程中的中间服务性投入。

从国际服务外包的对象内容可以看出,服务外包的对象主要是企业内部服务业务或内部服务性功能,从而隐含了服务性工作转移和劳动分工的含义,即发包企业将生产过程中的某些服务性工作转移给服务承接企业。

2. 国际服务外包的活动主体

国际服务外包在直接意义上属于企业管理的微观决策行为,但与外部环境存在互动关系。服务外包决策主体是企业,企业根据自身竞争优劣势以及内外部环境的分析,选择从外部获得生产过程中所需要的中间服务投入,以代替自身生产。这一决策过程属于企业行为,企业为追求利益最大化,在从事国际服务外包时总是基于成本—收益的分析。因此,对于企业来说,只要存在利益的驱动,就存在被分离出去的业务,而不管业务是否是核心业务。事实上,服务外包企业随着成本—收益的动态变化,其外包的业务也发生动态的变化。从企业外部客观环境来看,随着技术的进步、交易成本的降低和劳动分工的深入以及承接企业在专业化的服务、低成本等方面表现出的吸引,使得企业业务分离的利益会越来越大,从而被分离的业务会越来越多和越来越细化。如果将发包企业的业务分为核心业务、近核业务和远核业务,那么企业第一分离的是远核业务,第二分离是近核业务。如果企业核心业务不断扩大和升级,被分离的业务就会越多。企业服务业务分离的过程如图 2 -2 所示。

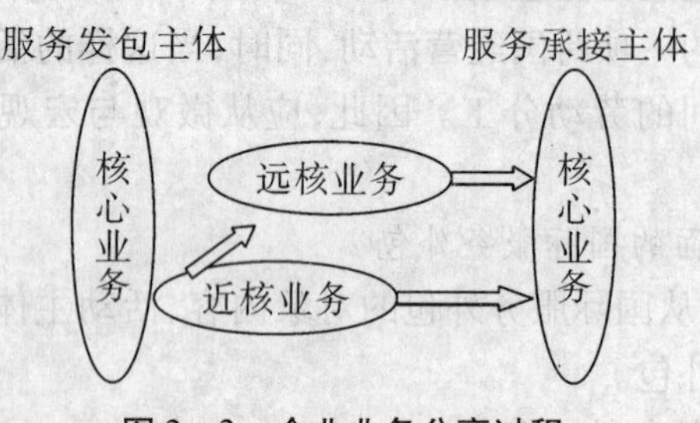

图 2 -2　企业业务分离过程

国际服务外包活动中的服务发包主体可以是企业也可以是任何存在外包服务利益的机构,但一般而言,服务外包的发包主体主要是企业。不论发包企业是制造性企业还是服务性企业,也不论是政府还是其他社会机构团体(即服务外包并非只发生在服务行业,制造业和其他行业所需要的服务流程更倾向于对外发包)，只要其转移的是服务流程，都称为服务外包，但接包方必须是能够提供专业服务流程服务的企业或服务机构。

3. 国际服务外包活动的企业边界

根据外包的基本含义，国际服务外包是企业的一种外部寻源活动，所寻的资源为服务性业务或功能。企业的这种外部寻源活动可以发生在不同企业之间，也可以发生在企业与其国外下属机构之间。国际服务外包与国内服务外包的最大区别在于企业外包活动是否跨越国界。国际服务外包强调企业跨越国界在企业外部寻求专业化资源，外包活动是发生在不同国家企业之间。不过，为发包企业提供服务的可能是国外独立的企业，也可能是企业在国外专设的分支机构，后一种情况的外包活动企业边界仍然是企业内部，严格意义上不属于外包，但可以理解为属于企业的跨国自营或内包活动。企业的跨国服务外包与服务自营或内部活动在企业组织边界上存在着区别，二者区别如表 2－1 所示。

表 2－1　企业跨国服务外包与服务自营活动的企业组织边界比较

外包活动范围	发包方与承接方之间的关系	企业组织边界
跨国服务外包	独立关系	超越发包企业组织边界
跨国服务自营(内包)	隶属关系或股权关系	未超越发包企业组织边界

本书认为，国际服务外包是一种超越企业边界和国界的外部寻源活动。企业跨国服务的自营活动其本质上是服务业对外直接投资活动，涉及企业整体产出和资源组合与配置的变化，是一种企业资本运营方式。国际服务外包应属于在不改变整体产生与资源组合与配置前提下的一种外部购买活动。

从对独立于发包企业的承接企业的影响来看，发包企业的这种外部购买活动意味着承接企业的外部需求的增加，从而对承接企业经营规模与范围的扩大产生较大的影响。需要特别指出的是，独立的服务承接企业为承接国本土企业时，国际服务外包对承接国企业以至于产业的发展产生更大的影响，从而对就业也会产生更大的影响。

(二)宏观层面的国际服务外包

宏观上，可以从国际服务外包交易内容与方式以及主体层次来理解国际服务外包。

1. 国际服务外包交易的内容与方式

从企业的角度看,国际服务外包转移的是服务性任务。从服务任务转移的方式来看,服务外包转移需要依托服务合约,这说明服务外包主要是一种有偿活动,因此,对于发包方与接包方双方而言,在本质上是一种中间投入性服务产品的跨国交易,当这种交易上升到国家层面,则表现为国家之间的服务贸易。由于国家之间交易的是中间投入的服务产品,因此,国际服务外包从宏观上看,本质上类似于制造业领域的实物加工贸易。郑雄伟2008年指出,在这个意义上,国际服务外包被国内有的学者称为"服务加工贸易"。

国际服务外包在宏观上的这个含义,对于交易双方的劳动要素需求会产生较大的影响。因为服务业一直被认为是劳动力密集的产业,服务产品是劳动要素密集的产品;所以服务业务或中间投入性服务产品的转移,必定意味着其内含的劳动要素需求的转移。

2. 国际服务外包活动的主体层次

国际服务外包活动涉及的基本主体有两个:一是服务需求方,也称为发包方。服务发包方是服务提供商服务的对象,它们可以是企业,或是政府和社团机构等;另一个是服务提供商,也称为接包方。按照本书的分析,服务接包方通常是独立于发包方的专业服务企业或结构(为简化分析,本书只考察以企业为主体的服务外包活动)。从服务外包主体所处国别来看,作为接包方的服务提供商服务可以将服务提供给本国市场、东道国市场或第三方市场;而国际服务外包中,服务外包合同的发包方与接包方分属于不同的国家。

因此,可以看出,国际服务外包涉及的主体包括两个层次:微观的企业主体和宏观的国家主体。从微观上,可以将服务外包活动中的企业分为作为服务需求方的发包企业和作为服务提供方的承接企业;从宏观上看,国际服务外包活动则涉及发包企业所在的发包国和承接企业所在的承接国。

微观上主体的活动与宏观上主体的活动之际存在着密切的关系。当企业开展国际服务外包活动的这类微观行为普遍化时,则代表了宏观层面整体生产方式变革,当这类外包活动跨越国界时,则体现了经济全球化浪潮的当代特征以及生产与劳动的全球化分工的特征。

根据上述分析,国际服务外包既涉及企业微观决策活动,又涉及服务跨国转移。因此,本书认为,可以从微观与宏观两个层面来界定国际服务外包。从微观层面来看,国际服务外包是指一国企业基于成本—收益计算将原先由内部完成的或从未从事但为生产过程中必需的服务流程以契约方式交由另一国服务提供商来完成的一种跨国经营活动。从宏观层面来看，国际服务外包是以服务业跨国转移为内容的国际劳动分工方式，因为业务转移的有偿性，所以在本质上是一种特性的跨国服务交易。国际服务外包的微观层面含义与宏观层面的含义是密切联系的。当微观的企业这种跨越国界的服务外包经营活动普遍化后，必然上升为宏观层面的生产方式的变革以及伴随的产业结构的变化与劳动分工的变化。尽管国际服务外包是以微观企业决策为基础，但当服务外包成为一种跨国浪潮之后，必然会给所涉及的国家乃至世界经济带来巨大的影响。

第二节　国际服务外包的本质

巴格瓦蒂等人(2004)指出，评论家们对国际服务外包现象的不同描述造成人们对这一现象的困惑，使人们将其与其他相关现象混淆。要讨论国际服务外包的经济效应，必须对与国际服务外包容易相混淆的现象区别开，抓住国际服务外包的本质。与国际服务外包关系密切的现象主要包括：国际服务贸易、制造业国际外包以及服务业对外直接投资。

一、国际服务外包与国际服务贸易的联系与区别

(一)国际服务外包与国际服务贸易的联系

国际服务外包与国际服务贸易密切相关，二者的联系表现在以下几个方面：

1. 国际服务外包与国际收支中定义的国际服务贸易的联系

国际货币基金组织在国际收支账户中对国际服务贸易的定义是建立在“居民”概念基础上。根据国际收支账户的定义，居民与非居民之间的服务交易为国际服务贸易，居民之间的服务交易为国内服务贸易。一国居民向非居民提供服务并直接或间接获得外汇收入构成服务出口，一国居民向非居民购买服务构成服务进口。国际服务外包意味着大量工序流程服务通过跨境交易实现，如设在印度、菲律宾、中国等国的呼叫中心或数据处理中心为美国和日本企业提供大量外包服务，都具有跨境交易的属性。这些服务外包业务满足“居民与非居民”服务交易标准，显然具有国际服务贸易属性，

使得国际服务外包成为当代推动国际服务贸易增长的重要内容。

2. 国际服务外包与国际服务贸易方式的联系

传统的国际服务贸易方式主要有三种:第一种是跨境服务交易。例如英国保险公司或银行为我国企业提供保险或银行服务,或英国航空公司为我国公民提供旅欧航空客运服务等,可理解为英国向我国出口服务或我国从英国进口服务。第二种是跨境服务消费。如美国公民到我国旅游,在我国国内发生的住宿、饮食等消费,等同于我国向美国出口服务或美国从我国进口服务。第三种是自然人移动。例如我国的中医师到美国为美国公民提供针灸等医疗服务,等同于我国向美国出口服务或美国从我国进口服务。

伴随经济全球化的推进和服务贸易领域出现的新现象,学术界和国际经济组织对服务贸易对象范围进行进一步拓宽,提出国际服务贸易的第四种交易方式,即商业存在(Commercial Presence)。商业存在交易方式的提出,一方面是由于越来越多的外国投资者在东道国建立企业或分支机构向东道国居民、机构提供服务,这种"外国附属机构服务交易活动"(Foreign Affiliate Services,简称 FATS)被纳入服务贸易的范围,其被看作是外资企业通过"商业存在"途径进行服务贸易的基本供应模式之一;另一方面是基于服务贸易的特性,即服务贸易的实现需要服务提供方和消费方密切接触甚至同时实现,当消费方跨境移动成本太高、不具有经济合理性时,通过跨国投资和要素移动在服务消费国建立服务提供能力是实现国际服务交换的前提。商业存在交易方式在 1995 年生效的世界贸易组织"服务贸易总协议"(General Agreements on Trade on Services,简称 GATS)中得到广泛认可。

国际服务外包大量业务是通过跨境交易方式实现的,当代信息技术的发展使得大量原先无法通过跨境交付的服务活动得以实现,以跨境交付方式实现的国际服务外包空前发展,从而也拓展了当代服务贸易的领域和范围。此外,20 世纪 90 年代以来,商业存在成为发展最快的服务贸易方式,许多跨国公司通过服务产业投资在国外建立离岸中心(子公司),由中心(子公司)向当地服务提供商发包,也有许多服务外包提供商在发包企业所在地进行投资建立子公司(离岸中心),通过中心(子公司)承接当地的服务外包项目。其中,这两种商业存在方式极大地促进了国际服务外包的发展。

国际服务外包也有大量业务是通过自然人移动来实现的。在印度软件外包产业发展的早期,印度等国的软件工程师被短期聘用到美国等发达国家进行软件开发,这种国际交易是以一国的工作人员参与另一国企业的特定工序流程的分工活动为特殊经济内容的自然人移动。后来,这种活动发展到利用寄送光盘传递业务来取代人员移动,再后来发展到利用互联网进行业务传递,从而跨境服务代替了自然人移动来实现服务外包。当然在这种以跨境交付为主要形式的服务外包中,仍需要接包方人员经常到发包方企业进行现场协调或提供现场服务,这可以看作是一种特殊类型的自然人移动。

3. 国际服务外包的对象与国际服务贸易对象的联系

由于国际服务贸易的多样性和复杂性,不同的研究人员和国际经济组织出于分析的方便和研究的需要,从不同的角度对国际服务贸易的对象进行归类划分。在众多分类中,更具有实际操作性的是按照部门或行业对国际服务贸易进行分类,这也是国际组织和各国在服务贸易统计中普遍采用的分类方法。根据国际货币基金组织《国际收支手册(第五版)》的分类,国际收支账户中的服务贸易包括:运输、旅游、通信、建筑、保险、保险以外的金融服务、计算机与信息服务、版权与许可费、其他商业服务、个人、文化和娱乐服务、政府服务 11 大类服务内容。根据世界贸易组织的分类,服务贸易包括:商业性服务、通信服务、建筑服务、销售服务、教育服务、环境服务、金融服务、健康及社会服务、旅游及相关服务、文化娱乐及体育服务、交通运输服务、其他服务 12 类服务内容。

尽管国际服务外包发展迅速,但由于服务外包各类情况过于复杂,目前还没有国际统一、公认的分类和统计标准。不过,根据当前国际服务外包发展的行业特征,国际服务外包的主要对象包括:服务企业中除核心服务产品外的信息技术维护、前台服务、数据处理、财会、订单处理、人事、营销以及其他服务与制造业企业中除核心制造产品外的研发、人事、财会、订单处理、信息技术维护、销售、物流、售后服务等服务性工作。对比国际服务贸易的对象与国际服务外包的对象可以看出,二者存在许多共同之处,且交易的内容都为服务性工作或任务。

从上述国际服务外包与国际服务贸易的联系可以看出,国际服务外包本质上是一种贸易现象。因此,从理论的角度来看,作为一种贸易现象,国际服务外包通过推动服务全球化来扩大全球服务外包市场,进而导致国际贸易总量的增长以及贸易模式的转变。从现实实践的角度看,国际服务外包促进了全球范围内的服务贸易和服务业对外直接投资(Foreign Direct Investment,简称 FDI)的深化和发展。由于国际服务外包主要业务与信息技术和新兴服务业务有关,因此,国际收支平衡表中服务贸易项下的计算机与通信服务以及其他商务服务大致可以反映国际服务外包的变化趋势。从全球来看,计算机与通信服务增长在45%以上,其他商业服务增长在31%以上,远远超过国际贸易增长的速度。

(二)国际服务外包与国际服务贸易的区别

尽管国际服务外包与国际服务贸易之间存在密切的联系,但二者存在着重要的区别。

1. 国际服务外包的交易要求与一般服务贸易不同

从交易的要求来看,由于服务外包与一般贸易相比,对知识共享的要求更高,因此,对技术转移、人力资本提升的积极作用更大,可能在更高的水平上优化资源配置、扩大市场规模(突破有限市场)、提高知识信息等服务要素的市场化水平、改变贸易模式等等。

2. 国际服务外包的交易对象与一般服务贸易不同

从交易对象来看,外包服务产品具有特殊性。外包服务产品(从交易角度将外包服务工作或任务统称为外包服务产品)本身可数字化与模块化是国际服务外包的基本条件。服务被数字化、编码化之后,通过电话、电子邮件或其他现代通讯设施进行传输与交流,美国到印度、孟加拉的距离与到另一间办公室的距离甚至没有区别。由于适合外包的服务性工作或任务不需要面对面跟顾客接触,完全利用电信与互联网技术就可以完成,所以服务外包大规模出现在现代服务行业,比如企业信息技术服务与现代会计服务、电信服务、零售行业订存货管理服务、为保险公司服务的地理信息系统服务、为金融企业服务的股票市场研究服务、法律在线数据库服务、咨询类企业的数据分析服务以及客户服务呼叫中心服务和其他相关后台服务等。有些传统服务业在新技术条件下从形式到内容都发生了很多变化,也为离岸服务外包的发展提供了越来越广阔的空间。例如,远程医疗服务、远程教育服务等。外包服务性任务通常为与客户隐形信息和满意度关系不大的服务。外包服务通常为比较成熟的服务任务或服务流程,有一定知识含量,相对母国企业是技术密集度不高、创新要求低的服务任务。总体上而言,被外包的服务性任务或工作通常是数字化电信化网络化、非面对面、高信息密集度、技术水平比较成熟的服务。由于信息技术在各经济部门的广泛应用,使得各个产业和部门在几乎没有沉没成本的情况下,便可轻松采用最新技术实现技术革新,因此,大量企业中的绝大部分工作都可以通过外包以降低成本。

3. 国际服务外包的交易方式与一般服务贸易不同

从交易方式来看,国际服务外包与国际服务贸易的交易方式存在着差异。根据世界贸易组织关于服务贸易的一般协议,服务贸易交易方式主要有四种类型,即跨境交付、境外消费、商业存在、自然人流动。由于后三种服务贸易有着各自鲜明的特征,因此,经济学家在讨论外包是好还是坏时所指的外包是第一种服务贸易,即跨境交付。在外包发展的实践活动中,国际服务外包的绝大部分业务也主要是通过跨境交易实现的。

4. 国际服务外包的交易动机与一般服务贸易不同

从交易的动机来看,经济学家更多地从企业决策角度来分析国际服务外包产生与发展的动因,并认为降低成本是企业服务外包的直接动因。而经济学家在讨论一般服务贸易发生的动因时,更多地在国际贸易理论框架下进行讨论,比较利益被认为是国际服务贸易产生的基本动因。

二、国际服务外包与国际制造业外包的联系与区别

(一)国际服务外包与国际制造业外包之间的联系

国际服务外包与国际制造业外包同属于全球产品内分工的产物,二者的发展是国际分工深化以及工业化进程中的自然演进和企业战略选择的结果。因此,国际服务外包与国际制造业外包存在着密切的关系,即使在服务外包发展较迅速的发达国家,服务外包也并不是对制造业外包的简单替代,而是在一定基础上的结构演进与提升,二者既相互依存又相互补充。二者联系主要表现在以下三个方面:

1. 制造业外包为服务业外包发展提供了基础与条件

从外包的对象来看,制造业外包与服务外包的对象均为企业生产经营活动的中间投入性产品或业务流程,只是各自分属于企业生产的不同环节。制造业外包意味着制造业内部分工的深化和制造效率的提高,而这一点是现代服务业外包独立发展的重要前提。服务业是产业结构演进的高级阶段,如果没有制造业的现代化发展,就不会产生大量的现代服务业的需求,从而也不会分离出专门的现代服务业部门以及现代服务业外化。

2. 服务业外包是制造业外包竞争力提升的重要条件

当今世界,制造业及其外包竞争力越来越依靠技术资本、知识资本以及人力资本,而服务外包的发展,为制造业外包竞争力提升提供了丰富的技术、知识、人力等资本来源。正因为如此,发达国家在选择服务外包目的地时,除了考虑成本动因以外,更注重承接地技术、知识以及人力等要素的质量与可获性。

3. 服务业外包与制造业外包之间具有协同作用

服务业外包与制造业外包的协同作用主要体现在地理空间位置上的聚集性与趋同性。由于现代服务业与制造业之间存在密切的关系,所以,在制造业聚集的地方现代服务业也比较聚集,反之,制造厂商在地理空间布局的选择时,现代服务业发展水平是一个重要的决策变量。国外学者霍斯特·拉夫与马克·鲁尔(2001)和国内学者刘志彪(2006)注意到服务业的对外直接投资与制造业对外直接投资之间具有相互追随的效应,发达制造业的集中可以优化服务业的空间配置,发展服务业产业集群。

(二)国际服务外包与国际制造业外包之间的区别

尽管国际服务外包与制造业外包之间存在着密切的关系,但二者分属于国际分工的两个不同阶段,二者之间存在着较明显的差异。其差异主要表现在以下几个方面:

1. 产生的时间与动因不同

一般认为,服务外包晚于制造外包。由于泰勒的科学管理体系的建立,制造业生产流程很早就开始标准化,所以使得部分生产环节可以外置。服务业由于具有不同于制造业的特性而难以实现标准化生产,在技术条件的限制下,服务业远距离交易较难或不具有外部效应,加上人们对服务业认识上的差异,使得服务业外包产生的时间较晚。国际服务外包只是在20世纪90年代随着信息技术的发展和部分服务业标准化提高而兴起的一种国际分工现象。

从发展动力看,国际服务外包的出现除了与制造外包类似的成本动因、竞争动因以及市场动因等动因之外,信息技术的进步起到更为关键的作用。信息技术使得像金融保险、咨询服务等从前必须面对面才能实现的服务交易也可以实现远距离交易,信息技术还使得服务交易成本更低,促使企业通过外置服务可以提高生产效益。

2. 所需资源条件不同

相对制造业外包而言,虽然国际服务外包在有形的资源、空间和设备等方面的要求比较简单,但对人力资本要素以及技术条件尤其是信息技术条件要求较高。因此,国际服务外包的承接地主要集中在人力资本与技术条件上具有比较优势的地区。

3. 交易对象属性与范围不同

制造业外包交易的对象主要是有形商品,并且主要集中于劳动密集型低附加值的生产环节,而服务业外包交易的对象主要是无形服务,并且主要集中于技术含量和附加值相对较高的现代服务业。从对象范围来看,制造业外包交易的对象范围要远远小于服务业外包的对象范围。服务业外包的服务涵盖制造业、服务业自身以及其他行业的服务环节和服务流程。

4. 所受约束条件不同

(1)国际服务外包所受投资资本约束较小。主要体现在以下两方面:一是服务外包不需要大量的物质投资,进入服务外包的资金门槛低;相比服务外包,国际制造业外包需要大量的资本投资,进入门槛较高。二是因为国际服务外包的资本密集程度和沉没成本都比较低,所以与制造业外包相比,技术密集程度较低的服务离岸外包比较自由。

(2)国际服务外包受制度约束较大。一般的可外包的制造过程属于标准化的过程,其所依赖的技术、知识基本上都是比较成熟、显性、可编码和可学习的。发包企业之所以外包这些制造过程,其中很重要的原因是其利润空间较小,并且不涉及企业的核心技术和商业秘密。而服务业外包,尤其是技术知识含量较高的现代服务业外包,对知识产权和长期积累的各种隐含性知识保护的要求非常严格。如果承接地在制度上对知识产权保护不严格、对模仿等违法违规的侵权行为处置不严厉,服务业发包企业是不会贸然把其花费了巨额投资的技术和诀窍,转移到这些地方的。

5. 经济影响不同

国际服务外包对象范围涉及各个行业,由于国际服务外包行为可以潜在地影响到各行各业,因此,国际服务外包比制造业外包的影响要广泛得多。主要表现为:一是国际服务业外包主要影响的是白领工人,而制造业外包主要影响的是蓝领工人,从而导致技术密集程度高的国际服务外包行为增加了人们对发达国家白领失业状况的关注;二是从承接国角度看,制造业外包往往伴随对承接国造成的高能耗、高污染后果,而服务外包几乎没有污染,且资源耗费少;三是从发包国角度看,制造外包由于在发达国家属于夕阳产业,涉及就业人口较少,从业人员收入较低,对就业与收入的影响小,而服务外包则涉及大量中高端就业岗位,在发达国家遇到很大阻力;四是从外包技术外溢的效果看,服务外包更容易实现技术向东道国的转移。因为在制造业中,技术容易固化在硬件设备中,便于通过专利等知识产权进行保护,而在服务业中,技术更多地体现为管理能力和行业经验,很难固化下来或者通过知识产权进行保护,所以更容易通过人员的流动达到技术的外溢。

三、国际服务外包与服务业对外直接投资的联系与区别

(一)国际服务外包与服务业对外直接投资的联系

1. 都属于以服务业务为内容的跨国经营方式

根据世界投资报告中的定义,服务业对外直接投资是特指一些新型的服务型跨国公司,如物流、咨询、信息等服务企业通过对外直接投资的方式在东道国设立分支机构,给传统的跨国公司在东道国开展业务提供配套服务或为东道国本土企业和消费者提供服务而进行的服务业务国际转移。此类对外直接投资一般采取新建、合资等方式来实现,对服务型跨国公司来说,它属于自营式外移,只不过服务对象是东道国的"居民"(包括传统跨国公司在东道国的子公司和东道国本土企业或个人),具有市场开拓型的特征。狭义的离岸自营是指跨国公司通过外商直接投资在东道国设立分支机构,服务于本国企业和国际市场,未包括服务于东道国市场的对外直接投资。

从服务业对外直接投资的定义可以看出,服务业对外直接投资与国际服务外包所涉及的对象均是服务业务,并且均属于企业的一种跨国经营活动。

2. 都是服务业国际转移的方式

国际服务外包与服务业对外直接投资之间的联系主要在于二者均为服务业国际转移的方式。联合国贸发会 2004 年的世界投资报告中认为跨国公司有两种方式将服务转移到海外:一种是服务业对外直接投资,一种是服务业离岸外移,即服务业国际外包,将服务业务外包给海外第三方服务供应商来完成。我国国务院研究发展中心认为跨国公司将服务业务转移到海外的主要方式包括服务业对外直接投资、项目外包和业务离岸化,即服务业国际外包。

3. 二者在发展演进逻辑上存在着密切关系

国际服务外包与服务业对外直接投资均属于跨国企业利益最大化的战略决策方式,在发展演进逻辑上存在着密切关系。20 世纪 80 年代以前,对外直接投资是跨国企业海外经营的主要方式。为了降低交易成本和运输成本以及更好地满足国际市场需求,大多数跨国企业采取对外直接投资方式进入东道国进行分散化生产,这种对外直接投资在内容上就包括服务业对外直接投资,即作为企业的投资领域,从功能上则服务于制造业对外直接投资。20 世纪 80 年代以来,随着生产技术的发展,生产加工日益精细化,价值

链增值环节越来越多,不仅产品的生产过程被拆分为不同的工序、阶段和环节,而且研究、开发、采购、分销、财务、融资以及对外公关、人力资源管理等几乎所有的价值增值环节都可以被拆分,并在全球范围内进行优化配置。跨国企业不可能在每一个生产环节都具有竞争优势,因此,在内部资源有限的制约下,许多企业采取将非核心的生产工序或业务通过外包合同让企业外部或者国外的专业化企业来提供,自身仅保留具有核心竞争优势的资源。企业这种生产方式与战略决策的变化促使新的产业转移方式的出现,即国际外包,并且随着生产分工的进一步深化以及科学技术的进一步发展,国际外包从过去以生产性环节转移为主逐步转向以服务业务转移为主。可见,国际服务外包是跨国企业追求利益最大化的生产方式与战略决策转变的结果。

(二)国际服务外包与服务业对外直接投资的区别

尽管国际服务外包与服务业对外直接投资存在着内在的联系,但二者仍然有着显著的不同,主要表现在以下几个方面:

1. 经营活动涉及的企业边界不同

国际服务外包是离岸外包中的国内外包在国家之间的延伸。相对服务内包,服务外包强调从企业外部寻求专业化服务,而国际服务外包则强调从本国之外的独立服务提供商那里寻求专业化服务。因此,国际服务外包经营活动超越了企业边界。

根据服务业对外直接投资的定义,服务业对外直接投资属于一种离岸自营式经营活动,是跨国企业国内生产一体化在国家之间的延伸。因此,服务业对外直接投资经营活动并没有超越企业边界。跨国企业虽然将服务性业务转移到其他国家进行生产,但生产经营活动仍属于企业内部。

2. 经营主体之间关系不同

国际服务外包活动中的发包企业与承接企业均为独立的企业,二者之间只是一种合作关系,不存在隶属关系。而在服务业对外直接投资下,跨国企业对其海外通过对外直接投资方式建立的分公司或子公司采取的是股权管理方式,母公司拥有子公司或分公司的所有权或控制权,即存在隶属关系。

3. 经营主体之间联系的纽带不同

国际服务外包活动中,发包企业与承接企业之间主要是通过外包契约建立的联系。而在服务业对外直接投资下,母公司与海外子公司或分公司之间是通过产权建立的联系。

4. 经营活动对东道国企业的影响机制不同

国际服务外包对承接国企业的影响比服务业对外直接投资更为直接，其外部效应更大。在国际服务外包活动中，发包企业生产过程中所需要的服务业务主要从承接国当地企业中获得，为了获得符合要求的服务，发包企业与承接企业之间必须建立比较密切的关系，承接企业可直接通过“干中学”的方式学习和提升服务技能，然后通过示范效应以及关联效应带动其他企业服务技能的提高。显然，国际服务外包对东道国的技术溢出效应等外部效应要超过服务业对外直接投资，因为服务业对外直接投资只限于企业内部技术转移与学习，主要是间接影响外部东道国企业。

四、国际服务外包的本质

(一)国内外学者关于国际服务外包本质的观点

国内外学者对国际服务外包现象的描述较多，但对国际服务外包本质的分析并不多，主要有以下观点：

1. 国外有学者认为，国际服务外包本质上是一种贸易。为了消除公众对国际服务外包引就业岗位流失的担忧，2004 年 2 月，美国国会的经济顾问曼昆等人(Markiwetal,2004)对国际服务外包的本质进行了解释，认为“专业服务外包是新型贸易的突出例子”提到。美国国会的经济顾问曼昆在媒体采访时，指出外包是一个逐渐增长的现象，也是大家应该认识的新事物，从长远来看，它可能会促进经济增长。人们虽然习惯了商品在国外生产然后再通过飞机、船只等运输工具运回国内，但还不习惯在国外生产服务然后再通过网络或电话运回国内。事实上，从经济角度来看，在国外所生产的产品的价值通过飞机或船只和通过网络、电话运回国内并没有什么不同。曼昆关于国际服务外包本质的解释引起美国媒体的争论。一些媒体认为国际服务外包与过去产品贸易不同，是将美国的就业岗位运往国外。而包括巴格瓦蒂等在内的经济学家则认为，国际服务外包实际上一种跨越国界的服务贸易，并且主要是通过网络进行的。按照世界贸易组织对服务贸易模式的划分，服务外包属于第一种模式的服务贸易。既然服务外包是一种贸易现象，那么，其影响与传统的产品贸易就并没有本质的不同。

我国也有许多学者将国际服务外包看作是一种国际贸易现象。杨圣明(2006)从宏观的国家层面上将服务外包理解为“服务加工贸易”，认为“今天的外包主要发生在发达国家的企业与发展中国家的企业之间，处于垂直分工的范围内”。卢峰(2007)也把国际服务外包看作是通过外包这一特定交易方式实现的特殊国际服务贸易,或者是以服务工序流程为交易对象发生的特殊国际服务贸易。郑雄伟(2008)也认为,国际服务外包本质上是一种"服务加工贸易"。袁欣(2010)则认为国际服务外包在本质上是一种以劳动力为基础的生产要素贸易。

2. 还有学者认为国际服务外包本质上是企业的一种经营方式。谭力文等(2008)从企业经营战略的角度,认为服务外包的本质是企业以价值链管理为基础,将其非核心业务通过合同方式发包、分包或转包给本企业之外的服务提供者,以提高生产要素和资源配置效率的一种企业经营方式。江小涓(2008)从合约理论出发,从人力资本配置来理解和分析服务外包,认为服务外包的本质是人力资本市场合约和劳务活动企业合约的统一,或市场配置人力资本与企业配置劳务活动的统一。

(二)本书关于国际服务外包本质的观点

本书认为,应从国际服务外包对象属性、活动范围和服务外包的主体层次这三个角度来把握其本质。

1. 从对象属性来看,国际服务外包属于一种特殊的服务贸易。国际服务外包对象属于具有特定技术要求(可数字化和可模块化)的、并且具有动态特征的现代服务业务。国际服务外包活动不但对人力资本要素尤其是高技能劳动力要素的需求较大,而且主要依托信息技术与网络技术而开展外包活动。因此,国际服务外包活动在要素与技术需求方面表现出与一般的服务贸易以及制造业外包不同的特点。

2. 从国际服务外包活动范围来看,国际服务外包属于跨越国界并超越企业边界的经营活动,从而区别于服务业对外直接投资。

3. 从国际服务外包主体层次来看,在微观层面上国际服务外包属于企业的一种跨国经营战略,或者是企业经营战略的一部分。如果国际服务外包使企业能够在更便宜甚至更有效率的可能性下将其相对没有效率的生产过程重新配置给外部的提供者,企业就可以专注于自己具有比较优势的领域,或扩大产出,或从事新的经营活动。在宏观层面上,国际服务外包既表现为国家之间的产业分工或劳动分工的变化,又属于一种特殊的国际服务贸易方式,从而使国际服务外包对涉及国家的影响区别于国际制造业外包与服务业对外直接投资。

从微观层面来看,国际服务外包本质上属于一种对人力资本要素与技术要素要求较高的企业跨越国界和超越企业边界的经营战略;从宏观层面上来看,国际服务外包本质上属于一种特殊的国际服务贸易。

第三节　国际服务外包产生的动因

企业为什么要开展服务外包业务？服务外包给发包企业和承接企业分别带来什么利益？关于服务外包的动因，国内外学者从不同理论角度给出了解释。本节一方面归纳分析关于外包产生动因的一般理论解释，另一方面分别从微观和宏观角度对国际服务外包产生的动因进行分析。

一、外包动因的一般理论解释

早期有关外包动因的研究重于广义的外包或制造业外包。一些学者从交易成本理论、资源能力理论、全球价值链理论、比较优势与要素禀赋理论以及劳动分工理论等角度解释与外包产生动因。

（一）交易成本理论

根据交易成本理论，外包是根据双方议定的标准、成本和条件的合约将原先由内部提供的服务转移给外部组织承担，以实现其组织自身持续性发展的一种利益互动、分工协作的战略管理方法。外包是体现了市场购买的一种交易。交易成本理论认为，采用市场的成本高于企业内部治理成本时，企业活动内包，反之则采用市场机制。

（二）资源能力理论

根据资源能力理论，企业核心能力成为解释外包产生的重要框架之一。核心能力是组织中的积累性知识，特别是关于如何协调不同生产技能和有机结合多种技能的知识。哈默与普拉哈拉德（1990）指出，外包有助于企业获得竞争优势，通过外包战略，企业一方面将资源集中于能产生竞争优势和为顾客提供重要价值的活动；另一方面将那些不属于企业的关键活动或者不能为企业提供专门能力的活动外包。外包有利于企业有效配置资源和巩固核心能力，从而实现利益的最大化。

（三）全球价值理论

根据全球价值链理论，企业外包是企业在全球实现垂直链条的重构和横向的再重构的具体途径。全球价值链是指为实现商品或服务价值而连接生产、销售、回收处理等过程的全球性跨企业网络组织，它包括所有参与者和生产销售等活动的组织及其价值利润分配。卡普林斯基提出，这意味着不同的企业可以分别从事同一条价值链中的不同经营活动,企业利用价值链来开展合作,将非核心业务转移给其他企业,这样的活动既推动了全球价值链的发展,同时又推动了外包的发展。当企业核心业务的重心从物质产品的加工制造活动转向生产经营的服务性活动时,则促进了服务外包的产生和发展。

(四)比较优势理论

一些学者将外包现象纳入贸易理论框架进行解释,根据比较优势和要素禀赋理论来解释发生在发达国家与发展中国家之间的外包活动。不过,传统贸易理论框架在解释外包活动时存在着一定的局限性。因为在经济全球化以及基于信息技术的科学技术日益发展的条件下,要素跨国流动性日益增强,国际贸易与国际投资日渐融合,所以一国将无法独享基于本国资源禀赋的比较优势,当比较优势消失,外包活动就将难以持续下去。因此,传统贸易理论在解释外包的发展尤其持续迅猛的发展方面存在着局限。

(五)国际分工理论

国际服务外包的起源,最早可以追溯到亚当·斯密的劳动分工理论。在其著作《国民财富的性质和原因的研究》中,开篇就对分工带来的好处进行了阐述。他指出,劳动者生产效率的提高得益于劳动分工。劳动分工可以带来以下三个方面的好处:一是增进劳动者熟练程度;二是节省转换工作的时间;三是促使专门从事某项作业的劳动者比较容易进行工具改良和机械发明。他还指出,分工受市场广狭的限制,如果市场太小的话,就不能鼓励劳动者终生专注于某一事业。他的意思是,分工范围越广,分工就越有效率,分工的利益就越大。因此,在他看来,适用于一国内部的不同职业之间、不同工种之间的分工原则,也适用于各国之间。根据亚当·斯密的劳动分工理论,国际服务外包可以看作是劳动分工在产品范围与地域范围上的延伸,企业把部分服务业务外包出去,可以充分利用外部的专业化资源,享受全球劳动分工带来的好处。

二、国际服务外包产生的微观动因

(一)发包企业经济利益的推动

企业是否外包服务以及以何种方式外包取决于企业通过外包获取的经济利益的大小,换句话说,服务外包的兴起,归根到底是企业成本和利益的相对力量推动经济分工深化的结果。从企业经营决策角度来看,是否采用服务外包,归结为预期收益和对成本的比较权衡及其对企业持续赢利能力的影响。企业在外包活动中预期利益包括以下几个方面。

1. 降低劳动成本

降低劳动力成本是企业转移服务性任务或工作的直接动因,也是最主要的驱动力。生产过程内部服务投入由不同类型的人力资源提供,相对制造物质产品的任务而言,服务的特性决定完成服务性任务需要更多和更高素质的人力资源。因此,降低服务环节的劳动成本成为企业追求重要利益的来源。由于不同国家不同类型人力资源的相对稀缺度和相对价格不同,在技术和其他条件许可的情况下,把不同的服务活动拆分到人力资源相对价格比较低的国家进行,从而获得降低劳动成本的利益。由于人力资源要素的相对价格在发展水平不同的国家之间差异较大,所以,目前国际服务外包的主要发生在发达国家与发展中国家之间。在这些发达国家中,人均劳动力成本尤其是服务行业人均劳动力成本随着服务经济重要性的提升而不断上涨,导致服务性任务劳动成本过高。例如,美国一个数据录入员每小时的工资为 20 美元,在印度则不到 1 美元,因此把数据录入和呼叫中心之类的服务工作转移到低收入国家能够节省生产成本。发达国家的企业进行国际服务外包的基本动机之一,是利用发展中国家成本较低的普通劳动力、一般技术员工及工程师等各类人力资源。

2. 有助于创新

国际服务外包带给企业的创新利益主要通过资源优化配置机制。企业将非核心业务外包给外部企业,企业就可以集中所有的资源专注于核心能力的建立,这个过程有助于企业创新。例如,美国弗吉尼亚州莱斯顿的信息管理顾问公司考虑生产更好地开拓新的人类基因组研究的软件。这个计划要是全部在美国进行,虽然从所需资金来看是不能进行的,但是如果由印度的分公司来做大量的编码工作就使计划变得可行。通过将大量编码工作外包给印度软件工程师,该公司节省了大量的资金与时间,从而使业务蓬勃发展。通过服务外包,不仅使该公司的创新计划得以实现,而且为美国许多博士学位持有者提供了更高薪水的就业。从宏观层面来看,一些技能相对密集产业的外包,不仅可以使经济转型走向更熟练技术密集的生产,经济也将能够专注于更多的创新活动。霍格尔与汉雷(2007)利用爱尔兰 2000—2004 年企业层面的数据对国际服务外包与企业创新活动之间的关系进行了实证分析,结果表明,国际服务外包与企业创新活动之间确实存在正相关的关系。费兰克·布特尔与克里斯蒂安·帕蒂佩罗(2007)的研究表明,国际服务外包与企业的研发创新活动存在相互关系。

3. 提高生产效率

提高企业生产效率是企业进行服务外包的驱动因素之一，国际服务外包使企业能够在更便宜甚至更有效率的可能性下将其相对没有效率的生产过程重新配置给外部的提供者，企业就可以专注于自己具有比较优势的领域，从而扩大产出，或从事新的经营活动。此外，根据委托代理论，企业雇员的有限理性和投机行为可能意味着生产率损失。因此，在企业与它的雇员之间存在目标与利益的冲突，从而给企业带来问题，为了减少由此产生的低效率，企业可将其部分经营活动外包给外部的提供者，而通过基于合同的合作来控制提供者的产出或努力。此外，国际服务外包还可以通过知识外溢以及外包低效率经营活动而专注于提高核心竞争力等途径来提高生产效率。已经有大量的实证研究从企业层面或总体经济水平上证实了国际服务外包对生产率具有正面作用。

4. 有助于企业精简结构

在国际服务外包活动中，发包企业通过分离部分服务业务而实现企业结构的"瘦身"，有助于企业适应灵活变化的市场。为了应对不断变动的市场需求环境，企业需要调整其产出结构，从而需要调整其资产和投入结构。企业将部分服务业务通过外包的方式转移出去，从而能够在核心业务与资产基础上针对市场变动，对产出组合作出较快的调整。反之，企业如果采取高度内置式生产方式，那么面对外来市场需求的冲击，则难以迅速调整以适应市场变化。林毅夫等人(2004)分析了市场需求的不确定性对于企业外包决策的影响，他们证明了外包具有风险转移机制。在不确定条件下的外包可能使得厂商自身只需较低的生产能力和较少的投资就取得更高的期望利润。因此，在其他条件给定而需求快速变动的市场环境下，业务外包可能带来较大的经济利益；反之，如果消费者偏好和市场环境相对稳定，业务外包产生的成本则使外包不具有带来实际经济利益的作用。不过，由于现实市场是不断变化的，充满不确定性，因此，外包带给企业的"瘦身"效应有助于企业更好地应对不断变化的市场环境。

(二)承接企业经济利益的推动

关于国际服务外包的产生动因，多数研究基于发包企业的角度，但从国际服务外包发展的实践来看，越来越多的服务提供商通过提升自身能力以承接服务业也成为服务外包迅猛发展的一个重要驱动因素。与发包企业的决策类似，从企业经营决策角度来看，服务提供商是否承接服务外包或是否能够承接服务外包，归结为预期收益和成本的比较权衡及其提供服务的能力。服务承接企业在外包活动中的预期利益包括以下几个方面：

1. 学习效应

所谓学习效应，是指企业员工在实际工作和业务操作过程中，通过积累经验和提升技能带来的成本降低和效率提高的利益。一般而言，学习效应的获得与员工所从事的业务内容复杂度或多样化程度具有正向关系。对于承担特定服务业务的员工来说，如果在专业化的服务部门工作，其学习效应要比在企业"内置式"的服务产品生产系统中工作获得更强的学习效应。因为专业化服务部门的业务内容往往多样化或者密集度高，所以会给员工提供更为专业的学习机会。在国际服务外包活动中，服务提供商通过承接服务业务可以使专门人员在一个更大的市场平台上接受更多的市场合同和处理更多的服务个案，从而能够显著提高专业服务水平和生产效率。从服务外包实践来看，服务外包是建立在契约之上的合作关系，这一关系不仅相对较为稳定，而且持续时期较长。在这一较长的过程中，服务提供商需要了解不同客户之间的差异化和个性化需求，因此承接服务外包的过程实际上是服务提供商获得学习效应的过程。学习效应构成服务提供商培育自身核心竞争力的关键因素之一，从而也是驱动服务提供商积极承接服务外包的因素之一。

2. 规模经济效应

规模经济效应是指特定企业在单位时期内的产出数量与平均成本的反向关系，即产出数量越大，平均成本越低，因而可以通过扩大一定时期内的产出数量来实现降低成本的利益。规模经济效应在制造业领域最为常见，但像金融服务、信息服务等服务业也有较强的规模经济效益。信息技术服务或商务流程服务与金融保险服务，需要某种专业人才的组合团队来提供，此类服务提供商通过承接服务外包为众多客户服务以扩大自身业务范围与规模，取得成本优势。一般来说，只有规模较大的外包商才有可能在与效率目标相一致的前提下拥有配备种类齐全和水平专业、精深的技术和专家团队，用他们的知识技能为众多客户服务。从这个意义上来看，规模经济既是企业承接服务外包的经济利益所在，也是对承接企业的约束。服务提供商只有努力组织各类专业人才，提供服务技术，扩大服务团队，才能获得承接服务外包的机会和享受承接服务外包带来的利益。

3. 提高服务水平，优化服务质量

虽然服务发包企业对服务质量往往具有较高的要求，但由于服务产品具有无形性和差异性，所以服务质量控制起来相对困难。服务提供商在竞争过程中为了获得竞争优势,一方面比较看重信誉、经验、磨合等因素;另一方面努力提高服务技术、服务功能以及服务人员素质以最大程度控制服务质量。因此,服务外包的承接有助于服务提供商服务水平与服务质量的提高。

企业是服务外包的主体,只有服务外包带给企业足够的经济利益,企业才有动力去转移服务业务或承接服务业务,服务外包才能成为普遍现象,从而在宏观上对一国经济产生影响。尤其是上述驱动企业实施外包或承接外包的经济利益往往也会影响企业劳动力需求,进而影响企业所在国家的就业。

三、国际服务外包产生的宏观动因

从外部环境来看,国际市场的竞争、科学技术的发展、服务全球化以及各种有利于跨境服务交易的优惠政策成为推动服务外包的兴起的外在的客观条件和因素。

1. 国际市场竞争的推动

日益激烈的国际市场竞争是服务外包产生的强大动力。随着经济全球化和国际分工的深入发展,国际市场竞争由一般技术竞争转向核心技术竞争。越来越多的企业意识到核心能力是企业竞争力的基石。而企业核心能力的形成需要企业集中所有资源用于研究和开发核心技术,并不断地创新,以保持技术优势和竞争优势。企业内部非核心技术的服务业务转移给外部服务提供商,既可以集中资源培育核心能力,又可以利用外部资源,增强企业竞争力,并可以与国外企业建立战略联盟,在全球保持和扩大市场占有率。

2. 科学技术进步的推动

无论是服务外包还是制造业外包,科学技术的进步为外包产生与发展提供了物质技术基础。在某种意义上,外包是技术变革的产物。远距离信息交流成本的快速降低、各类运输方式成本的降低为当代外包和产品内分工的深化为外包提供了客观的物质基础。而单独针对服务外包而言,信息技术的飞速发展是服务外包产生与发展的基础。信息技术的发展使得一些服务流程可以进行数字化和网络化,从而使得以前不可以远距交易的服务流程也可以实现快速有效地远距交易。根据国内学者卢峰(2007)的研究成果,当代信息技术进步的成果在两个层面对服务外包的产生起着决定性的推动作用:一个层面是个人、企业、非营利组织、政府机构等不同主体对信息技术的密集使用,提高了这些组织机构的活动效率;同时也使得信息技术硬件、软件以及相关服务的需求空前增长。随着信息技术革命高潮的过去和信息技术的普及利用,各类终端用户越来越关注如何把信息技术硬件和软件的升级提高综合起来,通过加强对相关资源的整合利用以提高经济效率。不同终端用户的目标和约束各有不同,对信息技术服务领域提出如何把一般原理与具体需求结合起来,并提供满足标准化和定制化程度各不相同的个性化服务要求。这一局面一方面为信息技术服务外包提供了巨大的潜在市场。从需求层面推动了信息技术服务外包的出现和扩展。另一方面是信息革命对服务流程外包的产生和发展、对外部业务范围超越地域和国家疆界在全球的展开,同样起了决定性作用。信息交易的"距离死亡"使得有可能在成本有效的前提下,通过信息交流代替人员转移来超越诸多传统服务提供或消费对相关生产者和消费者的人员空间位置限制,推动了服务外包的广度和深度的拓展。因此,可以毫不夸张地说,如果没有信息技术,没有互联网,那就不可能出现今天的服务外包。

3. 服务全球化的推动

国际服务外包是服务全球化的产物。从20世纪90年代以来,经济全球化的一个重要表现就是服务业的跨国转移,而国际服务外包就是服务业跨国转移到的重要方式之一。进入21世纪以后,随着信息技术与网络技术的发展与普及以及各国政府对国际服务外包经济管制的放松,产品内的国际分工从制造领域深入到服务领域,服务业正经历着与制造业相似的变化,即企业的生产经营范围由生产成本较高的地区转移到生产成本较低的地区,而随着生产经营范围的转移,大量服务性、知识性的白领工作岗位发生离岸转移。信息技术的发展使得过去生产与消费不可分离、产品形态不可储存的服务产品可以实现生产与消费的分离和储存,从而可以进行远距离交易,大大促进了服务贸易的发展。服务业特性的改变使得产品内分工的基本层面深入到服务生产的不同工序和货品生产过程的某些支持性的服务流程上。服务特性的改变使得服务产品生产要素如同商品、资本、信息等生产要素一样,也可以实现全球范围内的自由流动,从而推动服务生产的全球化,而服务生产的全球化促使了服务外包活动的产生。

4. 政策的推动

推动国际服务外包发展的政策因素包括两个方面:一是国际多边贸易规则自由化进程向服务领域的推进。随着国际多边贸易规则自由化进程的推进,许多国家通过对发展战略进行调整,经济发展更为开放,不仅促进了制造业活动外包和产品内分工，也对国际服务外包产生了极大的推动力。除此之外，世界贸易组织框架下的关于服务贸易和知识产权的多边规则有利于降低服务贸易的交易成本从而有利于推动服务外包的进程。二是各国对服务外包业务发展的优惠政策。从发包国家来看，尽管一些舆论与学者的研究表明服务外包可能会给发包国家的就业带来负面影响，但经济的全球化和开放式经济发展已成为全球经济发展的不可逆转的趋势，各主要发包国仍然高度重视发展服务外包产业，制定有针对性的政策推动服务外包产业稳步发展，尽力发挥其对经济发展的积极作用。例如，美国在20世纪60年代初率先实行“生产分享项目”计划，通过特殊免税措施，鼓励企业将生产工序拆分到其他国家进行生产，从而带动美国通过加工贸易和外包，利用国际和全球资源应对经济结构升级的挑战。从承接国来看，因为多数为发展中国家，承接来自发达国家的服务外包，其经济利益更为明显，因此，多数承接国积极制定优惠政策鼓励和支持发展服务外包产业。印度是当前国际上最大的服务外包承接国。印度从20世纪90年代初开始大力实行经济自由化和开放改革，其中一个重要内容就是对印度企业承接软件和信息技术服务外包给予非常优惠的税收政策。随着承接服务外包的成效逐渐显现，印度在这一领域的鼓励政策不断完善，到20世纪末21世纪初，印度已经形成以税收、补贴、鼓励外资、知识产权保护等内容为重点，以软件技术园和经济特区为载体的系统性政策支持体系。这些强力扶持措施与印度人力资源在语言、技术训练等方面的优势禀赋条件相配合，推动了印度在承接国际服务外包领域取得举世瞩目的成就。

综上所述，服务外包的产生与发展是经济全球化与劳动国际分工的产物，是企业内部经济利益和外部客观条件等综合因素共同推动的。企业对国际服务外包经济利益的追求同时也对一国就业带来相应的影响。而企业转移服务业务或流程的普遍化活动，则在宏观上改变着一国的经济结构与劳动分工，进而给一国的就业带来影响。

第四节　国际服务外包的特征

国际服务外包是国际外包领域的新现象，除了在本质上表现出与传统的制造业外包、国际服务贸易以及服务业对外直接投资的不同外，国际服务外包的发展自身表现出一些特征。

一、国际服务外包的对象特征

国际服务外包对象特征表现在两个方面:一是服务外包对象所涉及后产业部门多;二是服务外包对象所涉及的具体内容知识含量、技术含量以及价值含量不断上升。

(一)服务外包对象所在产业部门特征

服务外包依据其对象所在产业部门的差别分为两种基本形态,但涉及的部门较广泛。

一是以服务品作为核心产出的生产系统中,部分非核心生产性服务工序和流程由内部承担转移为外部提供。例如银行、保险公司把部分人事与财务的管理性服务转移给外部企业,航空公司把飞行旅途中免税品的销售业务转移给外部企业,都属于服务性企业内部服务流程外包。

二是在制造业或服务部门以外的其他产业部门中,特定产品生产过程包含的工序性和支持性服务流程由内部承担转移到外部提供。服务外包的基本对象是生产性服务流程,服务外包变革的本质在于把企业内部协调的关系转变为市场机制协调的企业之间的关系。例如,传统制造品等生产部门的保安、保洁、餐饮有可能通过外包方式提供。在当代信息技术条件下,计算机维护和维修等专门性技术型现代服务职能通过外包方式实现。另外,很多原本属于企业重要甚至关键的职能,也可以通过外包提供,这些职能包括人事、财会、物流甚至研发等。这类外包在制造业领域发生频率较高,因而通常称作制造业生产性服务流程外包。

各部门服务性生产工序发包量不断上升,根据赛迪顾问公司的统计,2008 年全球制造业服务发包量为 976 亿美元,占比 24. 8%;电信业服务发包量为 945 亿美元 ,占比 24. 0%;金融服务业发包量为 795 亿美元,占比 20. 2%。除此之外,能源业、医疗制药业、媒体娱乐业、商业服务、旅游交通业以及零售业等也有着较大的发包量。由此可以看出,国际服务外包涉及经济体各个产业部门,从而产生广泛的影响。

(二)服务外包对象内容特征

从内容上看,国际服务外包的内容在不同阶段呈现不同特征,总体上外包内容的知识含量、技术含量以及价值含量逐渐上升。

20 世纪 80 年代以信息技术外包(Information Technology Outsourcing,简称 ITO)为主。信息技术作为企业的一项重要技术,对其他各类职能都起到重要的支撑作用,因而在国际服务外包活动中,信息技术外包出现最早、发展规模大、发展模式最为成熟。信息技术外包具体内容主要包括系统操作服务、系统应用服务、基础技术服务等的外包。

20 世纪 90 年代以来国际服务外包向业务流程外包(Business Process Outsourcing,简称 BPO)发展。业务流程外包主要是指企业中的研发、采购、生产制造、营销或销售、客户服务、财务会计、人力资源和物流等各非信息技术业务职能的外包,业务流程外包主要包括企业内部管理服务、企业业务运作服务、供应链管理服务(采用商务部服务贸易司下达的《服务外包统计报表制度》中的分类)。根据赛迪顾问公司的统计,全球业务流程外包市场份额从 2006 年的 37.8% 上升到 2008 年的 39.5%;信息技术外包从 2006 年的 62.2% 下降到 60.5%;从 2009 年到 2011 年,全球信息技术外包市场规模复合增长率为 3.5%,达到 2 642 亿美元;业务流程外包的增长速度高于信息技术外包的增速,年复合增长率为 5.1%。

21 世纪以来,在业务流程外包发展的基础上,包括研发设计、金融和法律研究等知识密集型服务业在内的国际知识外包(Knowledge Process Outsourcing,简称 KPO)成为服务外包领域的新的增长点。

除此之外,服务外包的对象内容呈现多样化特征,涉及生产过程的许多环节与细节。目前服务外包的内容包括:信息技术服务外包、信息技术战略外包、水平业务流程外包与垂直业务流程外包、国际知识外包、辅助决策外包、设施管理外包、工程服务外包、金融分析外包、产品开发外包、专业产品工程人力资源、物资采购外包。

二、国际服务外包的要素特征

(一)国际服务外包的要素密集度特征

从产品要素密集度来看,服务业总体上属于劳动密集型的产业,国际服务外包意味着服务性劳动力的跨国流动。例如,承接企业为更好地为发包企业提供服务,就采取如在发包国家建立服务中心,由企业的服务人员跨国提供服务或派遣企业服务人员到发包国家学习服务技能等方法。不过,由于这种劳动力流动易受空间距离、生活成本、文化差异以及各国移民政策的限制,因此流动的规模并不大。信息技术的发展使劳动力这种跨国流动性最差的要素也可以实现非空间移动的流动,即借助信息技术向国外提供服务或学习服务技能,而不必发生服务人员的真实跨境流动。江小涓(2008)将这种劳动力的流动现象表述为"虚拟跨境流动"。国际服务外包引致的劳动力流动更多地通过信息技术而实现"虚拟跨境流动"。有两个典型例子可以对这一现象做出形象的解释。例子之一:北京有一家保安服务公司,客户是远在大洋彼岸的美国保安公司,中方公司员工在北京的办公室内,通过互联网所联结监控视频为美国社区提供保安服务,发现可疑情况立即通知对方公司。例子之二:美国得克萨斯州最大的天然气及电力企业TXU公司与大洋彼岸的广州凯基商业数据处理服务有限公司签订了长达10年的服务外包合同,TXU公司的250万用户的账单资料分析将不在美国本土完成,而是交给广州凯基商业数据处理服务有限公司的员工来完成。凯基将负责处理TXU公司包括分析账单数据错误、调度客户的上门检修申请及为一些获得退税许可的用户办理退税手续等后台客户服务工作。当美国德州的TXU用户的消费数据在进入主机系统出现故障时,或者有用户向TXU打电话抱怨自己的账单有问题时,跨洋连接的电脑系统会提示远在中国的工作人员仔细调阅系统数据,判断症结所在,并将分析结果提交给系统,进而保证远在美国的业务过程顺畅进行。在上述服务外包的例子中,虽然并没有发生服务人员的真实流动,但通过信息技术,实现了服务业务的转移,同时也实现就业岗位的转移。

(二)国际服务外包的劳动力要素特征

从劳动力要素的特征来看,国际服务外包的发展逐渐表现出对异质的人力资本要素需求增加的特征。与国际服务外包对象内容知识技术含量逐渐增加的趋势相对应,国际服务外包对能够提供高质量服务的服务性人力资本的需求则逐渐增加。人力资本与国际服务外包存在着密切的关系:一是因为服务产品的特性决定多数服务生产和消费过程都需要人的直接参与;二是因为在服务业中,人是服务技术的重要载体,同时也是服务产品生产技术的主要载体,而在制造业中,机械设备等才是生产技术的主要载体;三是知识密集型服务业是国际服务外包增长最快的产业,而人力资本和知识、专利等无形资产是企业资产的重要构成部分。

三、国际服务外包的发包地与承接地特征

在全球服务外包市场中,服务发包地主要集中于主要发达国家,服务承接地主要集中于发展中国家,并且在地域上呈现不断扩展的趋势。

(一)国际服务外包的发包地特征

国际服务外包的发包地为外包需求方集中的地区,目前主要集中于北美、西欧、日本市场。美国、西欧、日本等发达国家和地区在全球外包市场中占主导地位,是国际服务外包的主要发包地。国际服务外包的产生与发展

与工业化的发展、信息技术的进步以及生产的国际分工深化密切相关。因此,代表国际服务需求方的发包企业主要集中于发达国家与地区。美国是全球外包市场的领头羊,20 世纪 90 年代后期,外包浪潮逐渐蔓延到日本和欧洲市场。2003 年,美国的 2 600 多万家企业中,采用外包的企业达到 2/3。2008 年半数以上的欧美公司以离岸外包的方式将业务转移到海外。2007 年,在全球信息服务外包市场中,美国所占份额超过 40%,欧洲所占份额超过 30%,日本所占份额接近 8%,其他国家和地区所占份额较小(如图 2-3 所示)。2008 年,受金融危机的影响,美国市场份额有所下降,约占 1/3 的市场份额,欧洲则上升为约 1/2,日本占比上升为 11%。2009 年,美国与西欧两个市场的服务外包支出之和占全球服务外包支出的 55%,其中 75% 用于离岸外包支出。不过,来自金砖四国的国内服务需求也起着越来越重要的作用,随着这些地区的经济增长,其服务外包需求也会逐渐增加。

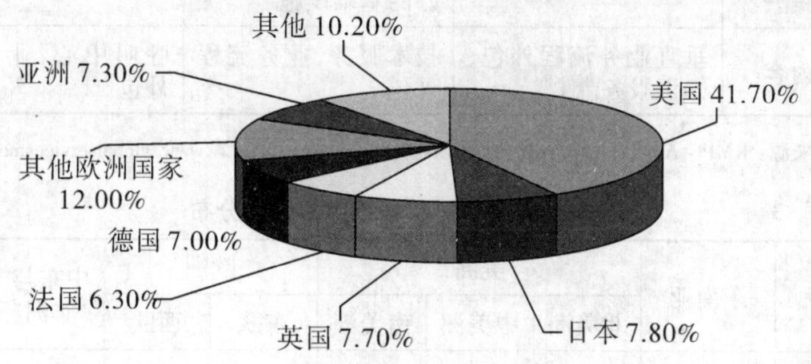

图 2-3　全球服务外包市场情况

资料来源:Digital Planel (2008):World Information Technology and Service Alliance

(二)国际服务外包承接地的特征

国际服务外包的承接地主要是服务供应集中地,主要集中于亚太地区、中东欧地区和拉美地区(如表 2-2 所示)。其中亚太地区是承接外包业务最多的地区,约占全球外包业务的 45%。根据 2010 年的相关资料显示,在亚太地区,随着全球服务外包业的日益发展和完善,印度已成为吸引发达国家制造业和服务业外包的最主要地区,在全球服务承接 100 强城市中,来自东南亚国家的城市数为 38 个(表 2-3 所示),其中来自印度的城市有 14 个。随着对服务外包业的日益重视,中国、菲律宾等 20 多个国家成为全球外包市场的主要竞争者。并且,由于地缘因素以及历史因素的影响,中国的软件公司成为日本软件业外包的主要合作对象。因为强劲的国内经济增长势头,所以亚太地区具有较强的市场潜力,除了印度与中国,菲律宾、越南等小国也具备较强的供应能力,这些市场的信息技术支出增长较快,加上信用机构、电信和制造业的发展等因素为这些市场提供了极大的增长规模。

表 2-2　　全球服务承接聚集地

变量	亚太地区	中东欧	拉美
主要承接地	印度、中国、菲律宾、马来西亚	乌克兰、罗马尼亚、捷克、波兰	巴西、智利、墨西哥、阿根廷
新兴承接地	越南、泰国、斯里兰卡、巴基斯坦	斯洛文尼亚	美国、加拿大
服务地区	全球	欧洲市场	北美市场
聚集的原因	低成本、英语技能、相对熟练的服务提供者	欧洲语言技能、教育程度高的劳动力、良好的基础设施	西班牙语言技能、与美国文化的相似性
外包内容	垂直业务流程外包、知识服务	技术服务、业务流程外包	呼叫中心、业务流程外包

资料来源:KMPG Analysis(毕马威会计师事务所的分析):http://www.globalservicesmedia.com/.

表 2-3　　全球服务外包 100 强城市的地区分布

地区	东南亚	美洲			欧洲		中东与非洲	澳洲
		北美洲	中美洲	南美洲	东欧	西欧		
城市数	38	7	5	16	17	5	11	1

数据来源:根据《Global Services》(2010)所公布的全球服务外包 100 强统计数据。

服务承接地域呈现不断演进的态势,在地域上不断地扩大拓展,并开始加速竞争的步伐。除了亚太地区,拉丁美洲、东欧、中东与非洲地区的外包市场也因为经济增长与地缘性等因素而呈现不断增长的趋势。例如:南美洲的阿根廷、智利、哥伦比亚、乌拉圭等都在争相满足客户的需求,特别是满足美国的西班牙裔人的需求。即使是服务承接大国印度,现在也有许多服务提供商在拉丁美洲、东欧建造关键服务交付中心。为增加自己的收入份额,服务供给方的策略也正在发生改变,许多供应商将自己定位为终端的服务提供商,而不仅仅是为对方节约成本的承包商,也有许多供应商进入发包地区,以支持现有的客户的本地化的需要,同时深化与客户的联系。

第五节　小结

分析国际服务外包的就业效应首先必须弄清楚国际服务外包的特性，而国际服务外包的特性主要体现在其含义、本质、产生动因与特征等方面。

国际服务外包的定义与外包、国际外包的定义之间存在着内在联系。本书认为国际服务外包是发生在企业间的以服务业务或流程为内容的超越企业边界和跨越国境的经营活动。国际服务外包的含义分为两个层次：一是微观层面的含义，即国际服务外包是企业基于利益考虑的将原先由内部完成的或从未从事但生产过程中必需的服务流程以契约的方式交由另一国服务提供商来完成的一种跨国经营活动。二是宏观层面的含义，即国际服务外包是以服务业务或流程为内容的国际劳动分工方式和特殊的跨国有偿服务交易。由此，国际服务外包对服务承接国就业的影响也表现在微观与宏观两个方面。

国际服务外包活动的对象是特殊服务业务或服务流程，涉及各个行业的中间投入性服务流程，活动范围既超越企业边界又超越了国境，因而在对象属性、活动范围以及主体三个方面与一般国际服务贸易、制造业外包以及服务业对外直接投资存在本质区别。国际服务外包的对象主要为具有可数字化、可模块化和远距离交易特征的服务业务或服务流程，同时，国际服务外包对象的交付多数为跨境交付，因此，本质上，国际服务外包属于一种特殊的服务贸易，与一般服务贸易存在显著的区别。由于国际服务外包的对象是服务业务和服务流程，并且涵盖各个行业的服务业务和服务流程，因此在对象与范围上与制造业国际外包有本质的不同。国际服务外包活动强调从本国之外的独立的服务提供商那里寻求专业化服务，因此，国际服务外包经营活动超越了企业边界和国界。服务业境外直接投资虽然也超越了国界，但仍属于企业自营式经营活动，是跨国企业国内生产一体化在国家之间的延伸，并没有超越企业边界，因国际服务外包与服务业境外直接投资之间存在本质的区别。

国际服务外包产生的动因可以从一般的交易成本理论、资源能力理论、全球价值理论和比较优势理论等理论中得到解释。不过更重要的是，在国际服务外包活动过程中，微观上发包企业和承接企业的利益驱动是国际服务外包产生的重要的内在动因，而宏观上，激烈的国际市场竞争、突飞猛进的科学技术、服务全球化以及各国贸易政策以及产业政策的推动,为国际服务外包的产生与发展提供了必要的条件。

国际服务外包在发展过程中表现出一些特征。第一,从服务外包对象来看,服务外包所在的产业部门较为广泛,既包括以服务品作为核心产出的服务业部门,又包括除服务部门之外的制造业部门和其他部门,从而使得服务外包的发展对一国经济各个部门的影响广泛而深远。国际服务外包对象内容的知识含量、技术含量以及价值含量不断上升。国际服务外包第一从简单的易于操作的信息技术外包开始,逐渐发展到基于信息技术的业务流程外包和知识外包,服务外包所涉及的对象内容随着技术进步、劳动分工、产业分工的深入而呈现多样化特征,涉及生产过程的许多环节与细节。第二,从服务外包的要素特征来看,由于国际服务外包对象为劳动力密集型的服务业务,因此,国际服务外包会引致劳动力的跨国流动,并且这种流动由于信息技术的发展并不需要真实的流动,而是一种"虚拟跨境流动",从而为服务承接国增加就业提供基础。随着服务外包对象知识、技术含量的增加,国际服务外包呈现出对异质的人力资本要素需求增加的趋势。第三,从国际服务外包的发包地与承接地的特征来看,当前国际服务外包的发包地主要集中于北美、西欧、日本市场,发包国家主要属于发达国家,而服务承接地主要集中于亚太地区、中东欧和拉美地区,服务承接国主要集中在发展中国家和地区。

本部分关于国际服务外包的含义、本质、产生动因与特征均说明,国际服务外包活动必然会对所涉及国家的就业产生较大影响。本书将在第三章分别从微观和宏观两个角度来分析就业的决定因素,从而构建本书的分析框架。

第三章　国际服务外包就业效应的分析框架

作为国际劳动分工的产物以及国际产业转移的重要方式,国际服务外包活动必然会给发包国家以及承接国家的劳动力市场和就业带来影响。在开放条件下,国际服务外包对就业决定因素而言属于外来的冲击因素,而国际服务外包如何冲击就业决定因素则是国际服务外包就业效应分析中重点要解决的问题。而要弄清这个问题,必须从理论上弄清就业的决定因素。因此,本章重点分析就业决定因素,在此基础上确定国际服务外包就业效应分析的基本框架。

第一节　就业效应相关概念界定

本书的写作目的在于研究国际服务外包的就业效应问题,而要研究这一问题,一是必须界定就业的内涵;二是本书在研究中涉及一国就业问题中的就业总量、就业结构与就业质量等主要问题,因此,还需要界定就业总量、就业结构与就业质量的内涵;最后,因为就业决定的微观基础是劳动力市场的供给与需求,因此,必须对就业与劳动力供给和需求之间的关系进行界定。

一、就业的内涵

就业(Employment)是与失业(Unemployment)相对应的概念。可以从两个角度理解就业的概念,一是统计意义上的就业,二是经济学意义上的就业。

(一)统计意义上的就业

国际劳工组织(International Labor Organization,简称 ILO)对就业人员做了以下规定,凡在特定的年龄之上,在规定的时间里,具有下列情况的,称为就业:①正在从事有报酬或有收入的职业;②有职业但临时没有工作的,例如由于疾病、事故、劳动争议、休假、旷工或因气候不良、设备故障等原因而临时停工的;③自营职业者,即雇主和个人经营者,或正在协助家庭经营企业(农场)而不领取报酬的家庭成员,在规定时期内,从事正常工作时间 1/3 以上者。根据国际劳工组织的规定,就业为参照期内从事任何一种工作以获取薪酬或利润(或实物报酬)的人员,包括在此期间因生病、休假或产生争议等理由而暂时脱离工作岗位的人员。凡在家庭企业或农场从事无薪工作满足一定时间要求的人员,也在就业统计之列。中国国家统计局把就业人员定义为从事一定社会劳动并取得劳动报酬或经营收入的人员。国际劳工组织对失业的统计定义,是指一定劳动年龄以上、有劳动能力的人,在规定的调查时间范围内没有职业或工作时间没有达到规定标准,正在寻找有报酬的工作并已在就业机构做过登记的现象。中国对失业的定义为:在一定劳动年龄内(16 周岁以上,男 60 岁以下,女 55 岁以下)有劳动能力,在调查周内未从事有收入劳动,当前有就业愿望和可能并以某种方式正在寻找职业的人员。

(二)经济学意义上的就业

就业是经济学理论中的核心概念,是指劳动年龄段内有劳动能力的人通过与生产要素相结合进行劳动,获得劳动报酬或经营收入的活动方式。与就业相对应的一个概念是失业。经济学意义上的失业是指劳动者不能与生产要素相结合进行社会财富的创造,从而也不能获得劳动报酬或经营收入的现象,是一种经济资源的浪费。在经济理论中,与就业相关的概念还包括充分就业与非自愿失业。充分就业概念是和凯恩斯提出的另一个概念——非自愿失业相联系的。根据凯恩斯的观点,非自愿失业是指劳动者虽然愿意接受现行工资水平,但由于有效需求不足,从而产品销售困难,厂商不再增加对劳动力的需求,即总就业量不能扩大而造成的失业。凯恩斯根据非自愿失业的定义引出充分就业的概念。所谓充分就业就是不再存在非自愿失业。按照凯恩斯的说法,"充分就业是一种状况,在其中,总就业量对有效需求的增加的反应已经缺乏弹性"。换言之,在充分就业的状态下,当对劳动所生产的物品的有效需求增加时,总就业量不再增加。

本书在理论分析中所使用的就业或失业概念主要指经济学意义上的就业与失业,而在实证分析时所使用的就业主要是统计意义上的就业。在涉及中国的就业统计时,使用的是中国统计局对就业的定义,而涉及其他国家的就业统计,使用的是国际劳工组织对就业的规定。

二、就业总量、就业结构与就业质量

就业总量、就业结构与就业质量是人们讨论就业问题时经常会涉及的三个重要的概念,三者构成一国就业问题的数量、结构与质量三个重要方面,成为一国就业问题的主要问题。因此,在研究国际服务外包就业效应时必然要研究其对就业的数量、结构与质量的影响。

（一）就业总量

就业总量（Total Employment）是一个数量概念，总体上指一国或某经济体就业的总体数量，其含义与就业概念的内涵相同。就业总量衡量的是一国或经济体就业的总体水平，在统计数字上表现为一国就业人数的总数。就业总量通常与一国人口总数以及劳动力总数密切相关，但特定时期内就业总量的变化则与一国宏观经济总量的变化密切相关，尤其是与经济增长水平密切相关。在西方就业理论中，经济增长是决定一国就业总量增长的重要因素。

（二）就业结构

经济学意义上的就业是指劳动年龄段内有劳动能力的人通过与生产资料相结合进行劳动，获得劳动报酬或经营收入的活动方式。因此，就业结构（Employment Structure）是指劳动者与生产资料依据不同的结合方式所形成的就业状态。

不同类型的劳动者与不同类型的生产资料相结合形成不同的就业结构。从就业的种类来看，就业结构主要包括产业就业结构、就业的地区结构、就业的城乡结构、就业的技能结构、就业的性别结构与就业的职业结构等。本书主要考察国际服务外包对产业就业结构、就业的地区结构、就业的技能结构与就业的城乡结构的影响。

（三）就业质量

就业质量（Employment Quality）的含义最早体现在国际劳工组织于1995年提出的“核心劳工标准”（Core Labor Standards）的概念中。核心劳工标准明确了劳动者的四项基本权利：结社自由并承认集体谈判权利；消除一切形式的强迫劳动；有效废除童工；消除就业歧视。后来，国际劳工组织为了应对全球化给劳动领域带来的挑战，提出了“体面劳动”（Decent Work）的概念，并把它定义为：“促进男女在自由、公平、安全和具备人格尊严的条件下获得体面的、生产性的可持续工作机会。”国际劳工组织提出的体面劳动是一个具有褒义色彩的概念，既包含就业数量又包含就业质量，但以就业质量为主。根据国际劳工组织体面劳动的概念，我们可以得出一个更为中性的就业质量概念，它是一个包含就业机会、工作环境与报酬、就业构成在内的多维的、综合性的概念。

人们对就业质量问题的关注始于20世纪90年代。在传统经济理论中，人们对就业的关注主要集中于就业数量的增加。经济学家总是强调让任何一个想要就业的公民都可以在较短的时间内找到工作岗位的充分就业状态。对充分就业的追求往往导致人们对就业率的高度关注,而忽视就业岗位上的工时长短、工资多少、劳动环境等问题。这样会导致一国可能在较低生产率和恶劣的生产环境下实现"低技能低报酬"的充分就业,这样的充分就业对一国经济发展的持续性和社会的稳定性是不利的。20 世纪 90 年代以来,欧美等发达国家随着生活变得越来越富裕,人们开始关注就业对健康和员工福利的影响。尤其是随着经济全球化进程的加快,国际贸易、国际直接投资、金融市场的全球化和国际技术的变化从根本上改变了开放国家的生产方式和资源配置模式,企业之间的竞争加剧,使得一国的收入分配状况和劳动者的生存状态出现了许多新的特点和新的矛盾。在劳动力市场上出现了较高失业率与企业招聘困难并存的现象。对于低收入国家以及发展中国家而言,劳动者的生存状态问题更为严重。在这样的背景下,人们开始关注就业质量问题。

三、劳动力供给与需求

劳动力供给与需求与就业密切相关。一国宏观意义上的就业水平是由劳动力市场上微观主体供给与需求所决定的。劳动力需求的主体是企业,而劳动力供给的主体是劳动者个体。在不考虑其他因素下,如果企业对劳动力的需求增加,意味着就业的人数增加从而一国就业总数会增加,反之就业人数减少,从而失业增加。同时,企业对不同类型劳动力需求的变化还会影响到就业的结构变化,而企业提供的包括工资、工作机会与劳动力条件的劳动环境的好坏则影响到一国就业的质量。

在竞争性劳动力市场,就业由劳动力供给和劳动力需求的相互作用所决定。就业和劳动力供给、劳动力需求之间的关系可以用下面的模型来描述:

$$l_s = emp + ump \tag{3.1}$$

$$l_d = emp + vac \tag{3.2}$$

其中,l_s 与 l_d 分别表示劳动力市场上劳动力供给水平与劳动力需求水平;emp 为就业水平,即拥有工作岗位的劳动力数;ump 为失业水平,即愿意工作而未寻找到工作岗位的劳动力数;vac 为空缺岗位,即企业需要劳动力却未找到合适人选的工作岗位。综合式子(3.1)与(3.2)则有:

$$emp = l_s - ump = l_d - vac \tag{3.3}$$

$$ump = (l_s - l_d) + vac \tag{3.4}$$

从式(3.4)可以看出,当劳动力供给与劳动力需求不相等时,劳动力市场失衡。例如,劳动力供给大于劳动力需求的时候,愿意工作而未找到工作岗位的劳动力人数(ump)会大于企业所提供的空缺岗位(即 ump > vac),从而引致失业增加。而劳动力供给与劳动力需求不相等的原因,多数情况下是由劳动力供给超过劳动力需求或劳动力供给与劳动力需求不相适应造成的,这时会产生就业减少或失业增加的现象。因此,要提高就业水平或减少失业水平,一方面可以扩大劳动力需求或减少劳动力供给来实现就业增长,另一方面,可以通过调整劳动力需求结构与范围或劳动力供给质量来扩大就业。不过,减少劳动力供给数量只是在相对意义上增加就业,并不改变就业的绝对量,但改变劳动力供给质量和扩大劳动力需求才可能带来就业的净增长。

第二节　就业决定因素的理论分析

国际服务外包主要是通过对就业的决定因素施加影响来影响就业,因此,对就业决定因素的分析是国际服务外包就业效应分析的理论基础。在西方经济理论中,就业问题一直以来是经济学家重点关注的问题,而就业问题研究的中心是围绕影响就业的各种因素寻找解决就业与失业问题的最佳途径,由此形成了不同的就业理论。本节主要对不同就业理论中的就业决定因素进行归类分析。

一、就业决定的微观因素

从微观角度分析就业决定因素的就业理论,主要包括古典就业理论与新古典就业理论以及新凯恩斯主义劳动市场理论。根据古典就业理论与新古典就业理论,劳动力市场供求以及工资是影响就业的主要因素。新凯恩斯主义劳动市场理论则考虑企业与劳动者签订的劳动合同、企业内部在岗工人与外部失业者之间的关系、效率工资等因素对就业的影响。

(一)劳动力市场供求对就业的影响

在凯恩斯经济理论诞生之前,古典与新古典经济学派从自由竞争的劳动力市场的角度来分析就业决定问题。

1. 古典就业理论中劳动力市场供求对就业的影响

19 世纪初,古典经济学派流行的时期,由于资本主义经济危机,导致失业现象严重,以萨伊为代表的经济学家开始关注失业问题,展开对失业和就业问题的研究,形成了古典就业理论。萨伊提出一个著名定律“供给创造自己的需求”,这一定律被后人称为萨伊定律。萨伊认为,生产者进行生产的目的是为了拿自己的产品和其他生产者进行交换以便得到他自己所需要的东西,因此,只要社会上存在着一种供给,就会自动地存在着一种相应的需求。社会上的一切产品都能被卖掉,不会出现过剩的现象,不仅如此,还能使生产达到最高的水平,从而达到充分就业的状态。根据古典就业理论的观点,失业是暂时的,是劳动力市场供求失衡的结果,只要工资水平是可以充分调整的,生产规模可以再扩大,失业问题就可以得到解决。具体而言,古典就业理论认为,就业或失业的决定因素包括实际工资、生产规模以及竞争状况。根据古典就业理论中的劳动市场理论,劳动力的供给与需求均受实际工资的影响。从劳动供给来看,人们从事劳动的动机是为了得到实际工资,即货币工资所能购买到的实物;而阻碍人们劳动的原因是劳动的负效应,即劳动带给人们疲劳、紧张等感受。在既定的实际工资水平下,那些认为实际工资能够补偿劳动负效应的人们都已经就业,只有那些认为实际工资不能补偿其劳动负效应的人们拒绝在现有工资水平下就业,这类人被经济学家称为自愿失业者。一般而言,劳动的供给与实际工资呈同方向变化。从劳动需求来看,由于企业生产以利润为目的,所以只有当劳动的边际产品,即劳动者在生产上能给企业家带来的利益至少等于他的实际工资时,企业家才能雇佣较多的劳动者。根据边际收益递减规律,企业对劳动的需求与实际工资水平呈反方向变化,但由于人们对产品的需求几乎是无穷尽的,所以企业一定会把产量维持在尽可能高的水平,即生产规模会得到最大限度的扩大,因此,雇佣的劳动者的数量也会增加到最大的限度。因此,只要竞争充分,工资富有弹性即具有灵活的伸缩性,企业生产规模可以最大限度扩大,劳动供求关系就会处于均衡状态。在这样的市场结构中,劳动的供给与需求取决于实际的工资水平,而只要政府和工会组织不干预劳动市场和劳资关系,就不会存在工资刚性,工人可以选择降低工资要求来实现就业,那么,市场机制的自身力量总能引导劳动力市场趋于均衡。

2. 新古典就业理论中劳动力市场供求对就业的影响

新古典就业理论是对萨伊、马歇尔、庇古、弗里德曼等人就业理论的概括。根据新古典就业理论,就业量是由劳动力的需求和供给共同决定的。劳动力的供给决定于劳动力生活、训练和维持有效劳动的费用以及劳动负效应,劳动力的需求取决于劳动的边际生产力。当劳动力市场上工资水平较低时,意味着实际工资水平低于劳动的边际生产力,企业的利益会因此增加,从而对劳动力的需求会增加,劳动力出现劳动力供不应求,从而推动工资上升;当工资水平过高时,即高于劳动的边际生产力时,企业对劳动力需求减少,出现供过于求,从而使工资水平下降;当劳动需求等于供给时,实现了均衡工资,所有想要工作的人都有工作,因而没有失业,实现了劳动力的充分就业。只要没有政府和工会组织的干预,工资可以随劳动力市场供求关系的变化而变化,市场机制就可以自动调节从而实现充分就业,失业只是暂时的现象。

从上述分析可以看出,古典与新古典就业理论尽管在具体分析工具上存在差异,但结论是相同的,即都认为在自由竞争的市场经济条件下,以工资作为劳动力市场的调节手段,可以使劳动力资源全部用于生产,从而实现充分就业。充分就业量是由均衡工资决定的,而均衡工资则决定于基于工资水平变化的劳动力供给与需求的变化。古典与新古典就业理论还认为失业是暂时的、偶然的,只要政府和工会组织不干预,市场经济就可以实现充分就业。劳动力市场不存在非自愿失业,只存在自愿失业和摩擦性失业,而这两种失业与充分就业并不矛盾。古典与新古典就业理论排除了包括政府和工会组织在内的所有干扰或影响劳动力市场的因素,从而得出经济会自动实现充分就业的结论。显然,这是不符合实际状况的,现实经济中存在许多影响就业的因素。但古典与新古典就业理论所强调的市场化就业模式以及对劳动力供求的分析方法与思路值得我们借鉴。

（二）新凯恩斯主义劳动市场理论中影响就业的微观因素

20 世纪 80 年代以来的新凯恩斯主义主要是从微观经济学的角度解释工资粘性和失业问题,是西方失业理论的最新发展。新凯恩斯主义从微观的角度对劳动力市场进行了许多探索研究,发掘出影响就业的许多其他的因素,形成多种理论。代表性的理论有隐含合同理论、长期劳动合同理论、效率工资理论、交错调整工资理论、内部人—外部人理论。

根据新凯恩斯主义的劳动市场理论,决定就业或失业的主要因素是工资粘性问题。产生工资粘性的原因在隐含合同理论、长期合同理论与交错调整工资理论中得到了解释。根据隐含合同理论,被雇佣的劳动者通常是风险厌恶(risk aversion)者,而厂商是风险中性(risk neutral)者。于是,劳资双方在确定工资时会达成某种默契或共识,即实际工资保持相对稳定而不是随经济周期波动,将工资波动的风险由工人转移到厂商,而作为转移风险的代价,工人工资要定得比较低,低于劳动市场均衡的水平。这种隐含合同的建立忽略了公众有效性的信息,从而使工资的变动不能随需求的变动而迅速做出调整,导致产生工资粘性。根据长期合同理论,由于长期合同的存在,名义工资在合同中事先已经确定,不会因为经济周期的衰退与繁荣或通货膨胀的变化及时得到调整。根据交错调整工资理论,交错调整是指劳资双方通过雇佣合同调整工资,但是在整个经济中,所有的合同不可能在同一时期结束,在任何时候都有一部分合同有待重新商定,因此,工资的调整过程缓慢,即工资不会因为失业的存在而迅速降低。

除了解释工资粘性产生的原因及其对就业的影响,新凯恩斯主义还对高失业与高工资现象进行了解释。所谓高失业与高工资现象,是指这样的一种现象:劳动力市场上存在大量愿意在现行实际工资之下就业的失业者,而内部就业不足的厂商并不降低实际工资来雇佣更多的工人。内部人—外部人理论试图对该现象背后的原因进行解释。该理论把已经在厂商就业的人称为内部人,把劳动力市场上的失业者称为外部人。内部人可以利用已经就业的优势在岗位上通过"干中学"的方式积累丰富的经验和熟练的技能,因而在工资决定上可以与雇主讨价还价,这使得外部人与内部人处在不同等的竞争地位上,厂商也因雇佣新人需要花费一定成本并且受工会组织的影响和内部人的控制而维持现有工资水平。由此,导致那些愿意接受比内部人更低工资水平的外部人不能就业,从而产生高失业与高工资并存的现象。

效率工资理论则从工资的激励作用的角度解释了厂商主动将工资维持在一个高于劳动力市场出清的水平上的原因。根据效率工资理论,高工资有利于提高企业的劳动生产率。这是因为高工资意味着较高的被解雇的机会成本,因此工人们会努力工作避免被解雇;高工资还提高了工人跳槽的机会成本,从而减少工人频繁转换工作的行为,有利于维持企业生产经营的连续性;高工资还可以吸引能力强、技术熟练的工人。当所有厂商都采取高工资来保持劳动生产率时,社会平均工资就会上升。在这种情况下,劳动市场不能达到均衡,从而出现非自愿失业,导致高失业与高工资并存的现象。

新凯恩斯主义对就业影响因素的分析,扩展了人们关于影响就业因素的认识,同时为解决就业问题提供了新的思路。新凯恩斯主义就业政策包括:更多地考虑长期失业者的利益,为他们创造更多的就业机会,降低劳动力的周转成本,以削弱在职者确定工资的权力,还可以同时提高求职者的潜在边际产品价值,以减少雇佣和解雇劳动力的成本。具体措施包括对求职者的技能培训,促使雇主采纳与生产率相关的工资契约,改变失业福利体系，鼓励失业者寻找工作，降低新企业的进入门槛，干预劳动工资合同，使工资较有弹性，以提高就业率。

二、就业决定的宏观因素

就业问题一直是宏观经济理论中的核心问题，也是一个国家保持经济持续发展和社会稳定的前提和基础。影响就业的宏观因素主要包括：经济增长、经济结构、人力资本等。对这些因素解释的经济理论包括凯恩斯的有效需求理论、新古典综合结构性失业理论、发展经济学中二元结构理论以及人力资本理论等。

（一）有效需求对就业的影响

经济增长是就业增长的基础和条件。凯恩斯从宏观的角度，考虑有效需求对一国经济增长进而对就业的影响，从而为就业理论提供了一个全新的视角。

在凯恩斯经济思想产生之前，西方经济理论把充分就业和资源的充分利用看成一种常态，把失业视为局部的和暂时的现象，在就业政策上排除政府的干预，主张让市场经济自由发挥作用。直到20世纪30年代，资本主义经济由于严重的经济危机而出现经济大萧条，从而打破了古典与新古典经济学说关于市场万能的神话，并由此催生出了政府干预经济的凯恩斯主义经济理论。

凯恩斯就业理论的核心是有效需求不足理论。凯恩斯考察了短期中社会就业的决定因素。在凯恩斯看来，短期中，社会中的总产量、总需求、国民收入和就业量是大致等价的概念。所谓短期，是指社会的技术水平和生产资料的数量大致保持不变的期间。在短期，总产量的货币价值就是国民收入，而国民收入取决于一国对产品和劳务的总需求水平；就业量则等于国民收入除以社会的平均工资。根据这些概念之间的关系，凯恩斯推出在短期平均工资不变的条件下，社会就业量或就业水平取决于国民收入或一国对产品和劳务的总需求水平。凯恩斯认为，国民收入或社会总需求由消费和投资两部分组成，因此，社会就业量取决于私人投资和消费。凯恩斯认为，资本主义国家经济危机和就业不足的根本原因在于私人投资和消费不足而造成的有效需求不足。凯恩斯认为，有效需求又决定于消费倾向和投资倾向。在消费倾向不变的条件下，就业与投资量发生同向的变化，即投资增加，就业量增加，投资减少，就业量减少。凯恩斯认为，投资倾向又取决于资本边际效率和利息率，当资本边际效率上升，利率下降时，投资倾向上升，投资增加,就业增加,反之则相反。不过,如果消费倾向下降,即使投资增加,就业也不必然增加。但一般而言,在短期,消费倾向或消费函数是稳定的,并且,投资增加会带来收入的增加,而收入的增加又带动消费的增加,从而提高消费倾向。在投资需求不足和消费需求不足而导致有效需求不足时,生产活动和规模收缩,社会就业量减少。

那么,有效需求不足情况下的就业不足又是一种什么情形呢?对此,凯恩斯提出了均衡就业量和非自愿失业概念。凯恩斯认为,一个国家在一定时期的产出总水平和就业总量是由一国这一时期内整个社会对产品和劳务的总供给价格与总需求价格相等时决定的,由此而决定的就业量称为均衡就业量。当总供给与总需求均衡所决定的均衡就业量正好等于劳动力市场由供求双方所决定的均衡就业量时,整个经济就处在充分就业均衡的状态上;否则,就会出现劳动力过剩或劳动力短缺的现象。劳动力市场的均衡就业量大于总供给与总需求所决定均衡就业量而造成的失业就是非自愿失业。非自愿失业是由于产品市场上总需求或总供给不足使劳动需求数量受到限制造成的,而并不是人们在现行工资水平下不愿意工作。因此,有效需求不足是导致劳动力市场均衡就业量小于充分就业量的根本原因。

而有效需求不足是不能通过劳动市场自发调节而消除的。根据凯恩斯的观点,失业是由于总需求不足造成的,那么在总供给有弹性的情况下,提高总需求水平无疑可以扩大就业。因此,凯恩斯提出,国家必须干预经济,实行总需求管理政策。主要措施包括:政府通过发行货币、国债等扩大财政支出,进而投资公共工程,扩大消费需求。凯恩斯的就业政策体现在用各种手段直接或间接扩大劳动需求增加就业机会上。凯恩斯尤其强调贸易对扩大就业的作用。凯恩斯主张国家干预贸易活动,鼓励出口,限制进口。通过外贸乘数作用,一国越是扩大出口,对增加本国国民收入的作用就越大,解决失业和经济危机的效果就越好,实行对外经济扩展政策有利于国内恢复繁荣和增加就业。

不过大家应看到,凯恩斯就业理论分析只是一种短期分析,没有考虑长期中就业的决定因素,并且,凯恩斯只分析了总需求对就业的决定性作用,而在现实经济社会中,劳动力的供给因素确实对就业产生了非常重要的影响。

(二)经济结构对就业的影响

凯恩斯就业理论中的通过扩大有效需求来解决就业问题的思路,一度成为治理资本主义经济危机和失业问题的一剂药方,但有效需求理论无法解决经济发展过程中的结构性失业问题。

1. 劳动力市场结构对就业的影响

劳动力市场结构对就业的影响主要体现在新古典综合结构性失业理论中。20 世纪 60 年代中期以后，主要资本主义国家经济陷入“滞胀”困境，西方主要资本主义国家出现高失业与高通货膨胀并存的现象。传统凯恩斯就业理论受到批判。以萨缪尔森、托宾、奥肯、杜贝生等为代表的新古典综合学派开始重新审视市场作用，并提出了结构性失业理论，力图用市场结构的变化来解释失业与通货膨胀并存的生成机理。

在新古典综合学派看来，影响就业或失业的关键因素是劳工市场在工种、技术水平等方面的不均衡。而劳工市场的不均衡是由一国技术结构、产业结构和地域结构所决定的。由于经济结构的变化，劳动市场上劳动力的供给和需求在职业、技能、产业、地区分布等方面各不相同，从而各类劳动市场内产生不同的劳动供求性质。这种劳工市场的不均衡和不协调而造成的失业被称为结构性失业，它表现为失业和职位空缺并存。结构性失业意味着劳动力对生产的供给与生产对劳动力的需求之间不协调，如果对一种劳动的需求上升了，对另一种劳动的需求下降了，而劳动供给又不能及时做出调整，结构性失业便会发生。结构性失业直接造成一些行业和地区工作岗位空缺与社会上失业并存的局面；而资本主义国家工会组织的强大力量使得工资水平只能看涨不能下调，这样就形成失业与通货膨胀并存的压力。新古典综合学派认为，应该从发展职业介绍机构、改进劳动力市场服务、消除制度障碍增加劳动力流动性、创造更多就业机会、增加人力资本投入、开展技术培训等劳动市场管理和人力资源政策来有效解决就业问题。

新古典综合学派关于结构性失业的分析弥补了凯恩斯就业理论的不足。新古典综合学派强调劳动力市场技术结构对就业的影响为后来关于就业问题的分析提供了一个新思路。结合劳动力市场技术结构来分析就业问题是就业理论研究上一个明显的进步，值得我们借鉴。

2. 产业部门结构对就业的影响

在经济发展过程中，一国各产业部门的发展往往并不均衡，从而会导致各产业部门就业的不均衡以及劳动力在产业间的流动，产业结构的变化会影响一国就业结构的变化。

关于产业部门结构对就业的影响主要体现在发展经济学就业理论中。发展经济学是第二次世界大战后在西方经济学体系中逐渐形成的一门新兴学科，主要集中研究和解决发展中国家工业化道路选择及其存在的问题。发展经济学的就业理论主要是关于二元经济结构发展模型下的就业与失业问题。所谓二元经济结构,是指发展中国家的经济由两个不同的经济部门组成:一是以农业部门为代表的传统部门,二是以工业部门为代表的现代部门。发展经济学的代表人物包括刘易斯、费景汉、拉尼斯和托达罗。上述代表人物对二元结构下的就业问题从不同角度进行了解释。

(1)产业部门结构的不协调对就业结构的影响

根据刘易斯的二元结构就业理论,发展中国家的就业问题在于传统部门与现代部门两大部门发展的不协调。传统部门劳动生产率非常低,劳动边际生产力为零甚至是负数,在传统部门,工资非常低并且不是由劳动边际生产力所决定,而是由制度决定,用以维持农民的生计。在传统部门存在大量的非公开失业,传统部门不存在经济剩余而是存在劳动力剩余。而现代部门的劳动生产率相对较高,因此,从业人员较少,劳动边际生产力高于工资,存在经济剩余。现代部门相对较高的工资水平可以吸引传统部门的劳动力转移过来。这意味着如果现代部门按现行工资提供就业机会,劳动力的供给是无限的,传统部门与现代部门工资的差别,也诱使传统部门的劳动力源源不断地向现代部门转移,加上资本家把利润转化为资本的行为,造成了现代部门进一步增强其吸收劳动力的能力。因此,在劳动力无限供给下,现代部门会不断扩大而传统部门会不断缩小。这暗含了通过扩大现代部门,发展现代经济,充分使用资本剩余来解决劳动力剩余的就业政策。

根据刘易斯二元结构就业理论,发展中国家传统部门与现代部门的结构差异导致了产业部门的就业差异,而随着现代部门的扩张,传统部门剩余劳动力会转移到现代部门,从而对发展中国家经济发展产生积极作用。同时,把经济增长过程与劳动力转移过程有机结合起来,突出剩余劳动力转移对经济发展的作用从而对发展中国家制定经济与就业发展战略具有较大的参考价值。

(2)产业部门的均衡发展对就业结构的影响

相对于刘易斯的二元结构就业理论,费景汉—拉尼斯劳动力流动理论强调传统农业部门与现代工业部门均衡发展对解决就业问题的作用。费景汉和拉尼斯在刘易斯模型基础上提出,现代部门发展方式不同,对劳动力的吸收作用也不同,其吸收剩余劳动力的效应并不是唯一的。农业部门如果提高劳动生产率和增加剩余,就可以促进经济顺利发展,农业部门的增长还能使现代部门与传统部门达到均衡发展。现代工业部门与传统农业部门的均衡发展对于促进经济发展,解决就业问题具有重要意义。

(3)城乡之间的劳动力流动对就业结构的影响

劳动力在城乡之间的流动会影响城乡地区就业结构差异。按照托达罗的理论模型,劳动力在城乡之间流动的根本原因是城乡之间存在预期收入差异。虽然由于城市失业的存在,使得就业率下降,但只要预期收入仍然大于劳动力从农村迁移出来的成本,迁移就会发生,在农业劳动力的边际劳动产品大于零也是如此。农业劳动者迁入城市的动机主要决定于城乡预期收入差异,这个差异越大,流入城市的人口就越多。因此,任何影响城乡预期收入差异的因素都会影响劳动力在城乡之间的流动,进而影响城乡就业的差异。

综上所述,就业的变化与产业结构变化之间存在密切关系,发展中国家可以通过协调各产业之间的均衡发展来应对就业压力或实现最大限度就业。这为广大发展中国家解决就业问题提供了新思路。

(三)人力资本对就业的影响

20世纪60年代,伴随西方新增长理论的产生发展而兴起的人力资本理论强调人力资本对就业的作用。如果追根溯源的话,人力资本理论的思想最早可以追溯到亚当·斯密对人们花费在学习与教育上的投资作用的描述。亚当·斯密指出,学习是一种才能,须受教育,须进学校,须做学徒,但所费不少。主要费去的资本,好像已经实现并且固定在学习者身上。这些才能,对于他个人自然是财产的一部分;对于他所属的社会,也是财产的一部分。亚当·斯密认为,工人只有通过学习获得才能进而所增进的熟练程度与企业的机器、工具一样是企业的固定资产。在这里人力资本的基本内涵以及获得的途径已经被用比喻的方式隐性地表达出来。20世纪60年代,以舒尔茨、加里·贝克尔等人为代表的经济学家正式提出人力资本理论。此后,以罗默、卢卡斯等人为代表的新增长理论对经济增长源泉的解释进一步推动了人力资本理论的发展。根据人力资本理论的基本思想,人力资本是体现在人身上的技能和生产知识的存量。人力资本在经济增长中的作用是不可替代的,如果单纯只增加企业的厂房、机器设备等物质投资,而不相应地增加人力资本投资,那么物资投资就不能发挥应有的效率。人力资本具有提高个人生产效率和收入的内部效应,同时还具有通过知识外溢推动技术进步的外部效应。从劳动需求来看,基于提高生产率的利益,雇主更倾向于雇佣人力资本水平较高的劳动者;从供给的角度来看,具有较高人力资本水平的劳动者所获得的劳动报酬更高:一方面是因为此类劳动者为获得知识技能所投入的资本要比普通劳动者多;另一方面是因为较高劳动生产率意味着较高的边际报酬。此外,较高人力资本水平的劳动者就业范围相对更为广泛,职业转换也更为容易。因此,社会的平均人力资本水平和人力资本投资水平是决定就业水平尤其是就业质量的要素。人力资本投资意味着劳动力质量的提高,劳动者的劳动能力由于人力投资的差别而呈现差异性。根据人力资本理论,就业政策应从以保障失业者的生活为目标转为向充分开发利用劳动力资源为目标,通过人力资本投资来解决失业与职位空缺的矛盾。人力资本形成的途径主要包括教育投资、引进先进技术、研发部门投资以及个人在生产中的学习。

综上所述,经济学家对就业决定因素的理论分析经历了古典的市场自发调节理论、凯恩斯的有效需求以及劳动市场结构与制度分析和现代劳动经济学的微观化发展等多个阶段。在这一过程中,经济学家着重从劳动市场供求、社会有效需求、经济结构和工资粘性等四个不同方面分析其对就业的影响。同时,西方就业理论不仅从总量上考察了就业问题,而且也注意到了结构性问题;既分析了发达国家的就业问题,也探讨了发展中国家的就业现象;既有对就业一般现象和问题的分析与揭示,又有一系列解决这一问题的对策建议。从研究趋势来看,西方就业理论对影响就业的因素的分析日益从宏观转向微观,从总量转向结构,从重视对劳动力的需求分析转向对劳动力供求并重。西方经济学家在解释就业理论的同时,发现许多影响就业的重要变量,这些变量包括:经济增长、经济结构、有效需求、技术进步、人力资本、工资变动等因素。同时研究重点已经逐渐转移到就业和影响就业的这些变量之间的相互关系上。

上述关于就业决定因素的理论研究成果对研究和解决就业问题具有重要的参考价值,为本书的研究提供了理论基础。

三、影响就业的经济全球化因素

(一)经济全球化的基本特征与表现

全球化是一个内涵十分丰富的概念,其中经济全球化是近10年来使用最频繁的一个经济学术语。国内外学者从不同角度对经济全球化的含义进行了解释。例如,经济合作与发展组织首席经济学家奥斯特雷认为,经济全球化主要是指生产要素在全球范围内的广泛流动,实现资源最佳配置的过程。国际货币基金组织则认为经济全球化是跨国商品与服务交易及国际资本流动规模和形式的增加,以及技术的广泛迅速的传播,世界各国经济的相互依赖性增强。国内学者王传荣认为经济全球化是指随着科技进步推动社会生产力发展而出现的全球范围内的国际分工的过程,其直接含义是国际劳动分工,其核心是生产要素的跨国流动,其载体是跨国公司。江小涓等人认为,经济全球化是世界经济发展的必然结果,是由各种生产要素不断追求最大收益的本质所决定的。通过全球化能够达到资源优化配置,促使劳动分工和市场在更大范围内得到实现。

综上所述,经济全球化的基本特征是资本、生产要素的跨国流动以及由此带来的国际劳动分工。经济全球化的主要表现包括国际贸易的发展及其自由化、服务全球化、国际资本流动加剧、跨国公司的发展、知识与信息技术越来越重要等方面。在信息技术快速发展的情况下,使得企业价值链的各个环节可以分解到不同国家进行垂直分工,在国际贸易、跨国公司、跨国投资、移民等因素的共同作用下全球化进程不断加速。生产过程中的服务环节的分化使得服务贸易得到快速发展,与此同时,不同国家都参与提供中间服务产品,使得国际服务外包成为一个新的发展潮流,演变为经济全球化的一个重要表现形式。

(二)经济全球化因素对就业的影响

经济全球化是当代世界经济发展的最重要现象,随着经济全球化的日益深入,越来越多的国家正加入到经济全球化的潮流中来,与此同时,越来越多的国家面临着日益开放的外部经济环境。

在开放的经济环境中,经济全球化成为影响一国就业的重要外部因素之一。在过去传统的国际贸易在国民经济中的比例比较小和国际生产要素基本不流动的时代,就业问题基本上属于局部的、国内发展问题,但是在开放的经济环境中,一国就业或失业势必会受诸如对外贸易、国际资本流动、金融市场的变化等这些来自本国之外的各种因素的影响。资本、生产要素的跨国流动冲击着各国的经济发展,对此,一国的国民经济必须做出相应的调整,以获得经济全球化带来的收益,同时降低经济全球化带来的风险和成本。因此,经济全球化使得本属于国内的就业问题与国际经济环境开始有了千丝万缕的关系。

在经济全球化过程中,不断出现影响就业的国际因素,主要包括:国际贸易以及各国贸易战略、国际直接投资、国际制造业外包与国际服务外包以及劳动力跨国流动等。这些全球化因素带来产品、生产的国际分工以及产业的跨国转移,从而促使劳动力资源的配置在全球范围内展开,就业机会在全球重新分配。然而,经济全球化对各国就业的影响并不均衡,发达国家与发展中国家在经济全球化过程中究竟谁是受益者谁是受损者一直以来就存在着争议。国际贸易是经济全球化过程中产生时间最早发展规模最大的现象,是影响一国就业的重要的全球化因素,同时也是经济学家研究经济全球化对就业影响时的重点研究对象,保护就业或增加就业是贸易保护主义或自由贸易的推行者争论的重要主题。随着经济全球化的深化,国际服务外包的出现与迅速发展对就业的影响同样引起学术界的争议,从而仍生出许多新的研究课题。

经济全球化对一国就业的影响主要是通过上述全球化因素对就业的影响,主要途径包括四个方面:一是商品与服务贸易通过贸易机制对东道国以及母国就业的间接影响;二是对外直接投资带来的跨国资本流动对东道国就业的间接影响;三是各国可以通过制定合适的贸易战略来创造就业机会;四是劳动力直接流动对就业的直接影响。通过上述途径,经济全球化对一国的就业产生着深刻的影响,不仅会影响就业总量、就业结构,还会影响和改变就业环境、就业机会的转移,影响就业质量。

第三节　国际服务外包就业效应的分析框架——承接国视角

国际服务外包就业效应的分析需要确定分析主题,本节结合现有研究文献的分析主题、国际服务外包微观与宏观层面的特性以及就业的决定因素来确定国际服务外包就业效应分析的主题,在此基础上建立基于承接国视角的国际服务外包就业效应的分析框架。

一、国际服务外包就业效应分析的主题

根据现有研究文献,虽然国内外学者均承认和重视国际服务外包对就业的影响,但鲜有对国际服务外包就业效应的系统论述。目前的研究文献中,国际服务外包就业效应的研究主题主要是国际服务外包对发包国家不同技能劳动力需求和工资差距的影响。

但事实上,国际服务涉及发包方和承接方两个主体,国际服务外包就业效应分析应包括国际服务外包对发包国和对承接国就业影响的两个不同主题。这是因为,国际服务外包对发包国与承接国就业的影响表现和影响途径存在差异。当前全球国际服务外包市场中,发包国主要集中于发达国家和地区,承接国主要集中于发展中国家和地区,服务发包方与承接方所在国

家和地区在人才储备、资源禀赋、产业发展水平与环境等很多方面存在着较大差异，而上述因素是影响国际服务外包就业与收入分配效应的关键因素。

因此，国际服务外包就业效应分析的具体内容与主题应包括国际服务外包对各主体所在国就业与收入决定因素的冲击途径与影响表现，即国际服务外包影响就业的机制与效应两个重要的方面。

二、国际服务外包对承接国就业效应分析的主题

根据前面的叙述，国际服务外包的就业效应分析主要包括国际服务外包对就业的作用机制及其影响两个方面的主题。从劳动力需求转移方向来看，国际服务外包引致的劳动力需求转移到承接国，承接国就业总量扩大；从对就业决定要素的影响来看，国际服务外包对承接国承接企业的经营范围与规模、产业结构变化、区域经济发展、国际服务贸易、国民收入等方面均会带来影响，从而对承接国的就业效应不仅表现在伴随劳动力需求转移的就业总量效应，还包括对劳动力市场供求以及就业结构和就业质量的影响。

因此，基于承接国视角的国际服务外包就业效应分析的主题主要包括以下几个方面：

一是国际服务外包对承接国劳动力市场供求的影响。国际服务外包直接影响承接国承接企业的经营范围与规模，而服务承接企业经营范围与规模的变化意味着服务产品供求的变化。因此国际服务外包通过企业对服务产品供求变化的调整而对承接国劳动力需求与劳动工资产生影响，如何影响以及效应的表现是需要研究的主题之一。

二是国际服务外包对承接国经济总量的影响。除了国际服务外包引致的承接国相关劳动力需求直接增加的效应，国际服务外包对承接国的经济总量的影响决定其对就业总量的影响。如何影响以及效应的表现是需要研究的主题。

三是国际服务外包对承接国经济结构的影响。国际服务外包的对象内容与属性决定其对承接国的产业结构会产生较大的影响；国际服务外包在空间分布上的特征决定其对承接国的区域经济发展会产生影响；国际服务外包对劳动力技能需求的特征则决定其对承接国的劳动力技能结构会产生影响。上述影响会引致承接国就业结构的变化，而如何影响以及如何变化是需要研究的主题。

四是国际服务外包对承接国就业质量的影响。国际服务外包通过上述对就业机会、劳动力工资、就业结构等方面，来影响承接国决定就业质量的

各种因素，从而影响承接国的就业质量。如何影响以及效应表现是需要研究的主题。

在国内外文献中，研究的主题包括国际服务外包对劳动力技能与收入分配的影响，关于国际服务外包对承接国的劳动力技能与工资或收入分配的影响则包含在上述各个主题中。

三、国际服务外包对承接国就业效应的分析层面与分析框架

本书第二章的分析表明，国际服务外包对一国就业产生影响主要因为其具有不同于其他全球化因素的本质特征，并且可以从微观与宏观两个层面理解国际服务外包现象的特性，而一国就业的决定因素也包括微观因素与宏观因素，因此，国际服务外包就业效应的分析应包括微观层面和宏观层面的分析。

从微观上来看，国际服务外包通过对劳动力市场供求的影响来影响承接国就业，其影响微观上表现为要么促进劳动力供给增加和企业劳动力需求增加，要么使企业减少对劳动力的需求或产生对劳动力的选择性需求。通过劳动力市场供求平衡机制，国际服务外包对就业的影响表现为就业创造效应或者就业替代效应以及劳动力流动效应。

从宏观上来看，国际服务外包对承接国就业总量的影响，要么是创造就业机会，即增加就业总量；要么是使原有的就业机会丧失，即减少就业总量；要么是创造的就业机会等于损失的就业机会，总就业量不变。因此，国际服务外包的就业效应最终表现为扩大效应或损失效应或零和效应。国际服务外包对就业结构的影响表现为，劳动力在产业之间、地区之间和不同技能劳动力之间的转移或结构性失业。国际服务外包对就业质量的影响表现为，人力资源的提升、就业机会增加以及就业环境的改善和报酬的提高。

因此，从承接国视角来分析国际服务外包的就业效应，其主题可以概括为国际服务外包影响承接国就业的途径或机制与就业效应的表现。

综上所述，本书认为，从承接国角度来看，国际服务外包就业效应的分析层面与框架主要包括国际服务外包影响就业的微观机制与就业效应和宏观机制与就业效应（如图 3 - 1 所示）。

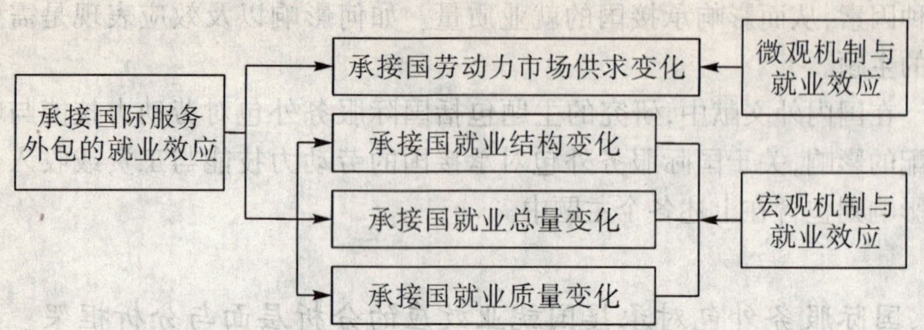

图3-1 国际服务外包对承接国就业效应的分析框架

第四节 小结

本章主要目的是建立一个国际服务外包就业效应的理论分析框架。国际服务外包的就业效应不仅仅表现在对服务发包国和服务承接国就业数量的影响,更重要的是还表现国际服务外包影响就业的机制以及由此带来对就业更深远的影响。而要分析国际服务外包对就业的影响机制及其效应,必须明确就业的含义及其决定因素。

经济学意义上的就业是指劳动年龄段内有劳动力的人通过与生产要素相结合进行劳动,获得劳动报酬或经营收入的方式。这一含义包括就业三个方面的问题:一是就业总量问题,即符合劳动年龄并具有劳动能力的劳动者就业的数量问题;二是就业结构问题,即劳动者与生产要素依据不同的结合方式所形成的就业结构状态问题;三是就业质量问题,即劳动者在工作过程中的工作环境、获得的报酬、就业机会等问题。就业问题与劳动力市场供求之间具有密切的关系。一国社会就业水平主要由该国劳动力供求所决定,而作为劳动需求主体的企业对劳动力的需求变化与作为劳动供给主体的劳动者自身劳动技能以及就业选择途径与偏好则会影响一国的就业结构与就业质量。因此,国际服务外包对服务承接国就业的影响包含对劳动力供求、就业总量、就业结构和就业质量及其决定机制的影响。

而要弄清楚国际服务外包对上述就业问题的影响与机制,必须从理论上弄清楚就业的决定因素。在西方就业理论中,就业的决定因素包括微观和宏观两个方面的因素。微观的因素主要是影响劳动力市场供求变化的因素,而影响劳动力供求变化的主要因素是工资水平。在古典与新古典就业理论中,工资作为劳动力供给的报酬和企业劳动力需求的成本起着调节劳动力供求的作用;在竞争性劳动力市场,工资对劳动力供求的调节可以使劳动力供求达到充分就业的水平。新凯恩斯主义在承认工资对劳动力供求的调节作用下强调工资的激励作用、劳动合同、工资粘性特征以及企业内部人与外部人之间的博弈等因素对工资变动进而对劳动力供求的影响。宏观的因素主要是影响就业总量、就业结构以及就业质量变化的因素,这些因素包括:有效需求、经济结构以及人力资本等等。凯恩斯的有效需求理论强调有效需求对经济增长进而对就业总量增长的影响。根据凯恩斯的思想,凡是有利于扩大有效需求并促进经济增长的因素,都存在扩大就业总量的效应。新古典综合学派的结构性失业理论和发展经济学二元结构理论则解释了一国劳动力市场结构不均衡的问题。他们认为,劳动力市场的不均衡是由一国技术结构、产业结构以及地域结构的不均衡造成的,这些因素成为影响一国就业结构的主要因素。人力资本理论认为人力资本可以促进经济增长进而增加就业机会,提高劳动力的就业能力与报酬水平,从而对就业质量产生积极的影响。在开放的经济环境中,一国的就业决定因素还包括全球化因素,理论与实际表明,像国际贸易、国际投资、金融国际化、国际外包等全球化因素通过各种途径对所涉及国家的就业均会产生较大的影响。国际服务外包是全球化的产物,必然会对服务承接国的就业产生影响。

基于就业决定因素的划分,本章认为,国际服务外包对服务承接国就业的影响机制与效应可以分为两个层次:一是微观机制及其效应;二是宏观机制及其效应。本书接下来的第四章与第五章分别从微观与宏观两个层面分析国际服务外包对承接国就业的影响。

第四章 国际服务外包对承接国就业的微观影响机制与效应：基于劳动力市场供求的分析

从前文的分析中我们可以看出，当前承接国际服务转移的国家多数为发展中国家，而转移服务业务的国家多数为发达国家。尽管所转移的服务业务并不全是技术含量高的业务，但相对承接国而言，所转移的服务业务具有较高的技术含量，并且所转移的服务技术含量呈现不断上升的趋势。因此，伴随着服务业的转移，从发达国家流入发展中国家的资本、技术等要素会通过一定的途径影响承接国的就业决定因素，进而影响承接国的就业。从微观角度看，国际服务外包活动首先是企业的一种基于自身发展需要或利益考虑的跨国经营活动。作为国际服务外包活动微观主体的企业，其按照自身利益而进行的劳动力需求决策在很大程度上会影响企业所在国家的劳动力需求水平进而影响就业。因此，本章基于劳动力市场供求分析，从微观角度考察国际服务外包对承接国劳动力市场与就业的影响。

第一节　国际服务外包与劳动力供求

劳动力供求与就业之间存在密切的关系。就业是劳动力获得有报酬工作的一种状态，就业水平是劳动力市场供求平衡的结果。就业水平的变动决定于劳动力市场供求的变化。因此，国际服务外包就业效应理论分析必须从劳动力供求出发，这是国际服务外包就业效应分析的微观基础。本节首先分析劳动力供求决定的一般原理，在此基础上构建国际服务外包对承接国劳动力市场供求的作用机理。

一、劳动力供求的一般原理

就业水平是劳动力市场供求平衡的结果，劳动力供求变动又受就业条件、就业环境的影响，二者之间相互作用。劳动力供求一般原理主要是劳动力供求变动的决定原理。

（一）劳动力需求及其影响因素

在劳动力市场，劳动力的主要需求方是企业。企业将各种生产要素，主要是劳动力和资本结合起来，生产出用于销售的产品和劳务。而企业产出规模以及资本与劳动力的组合方式，取决于其产品或服务的需求量、一定价格水平下可以利用的资本和劳动力的数量以及可以获得的生产技术。

劳动力需求是由许多因素共同决定的。其中主要的因素有：劳动力工资、企业产出水平、产品的需求量、资本的价格以及技术水平、劳动力的可获性等。

1. 劳动力工资

在其他因素不变的条件下，企业对劳动力需求取决于劳动力工资水平的高低。企业对劳动力的需求与劳动力工资水平呈反方向变化，从而劳动力需求曲线的斜率为负。短期内，工资水平的变化对企业会产生规模效应和替代效应，即如果工资水平下降，企业劳动力成本降低，短期因生产成本降低，生产规模扩大，产生规模效应，从而增加对劳动力的需求；同时，劳动力成本降低，企业会更多使用劳动力而减少对资本的使用，从而产生替代效应。规模效应与替代效应共同促使劳动力需求的增加；反之，企业对劳动力需求减少。

2. 企业产出规模

在其他因素不变的条件下，根据生产理论，通常以全部生产要素以一定比例发生变化来确定企业生产规模的变化。因此，生产规模的变化也意味着包括劳动力在内的要素变化。生产规模的扩大，会增加对劳动力的需求，反之则会减少对劳动力的需求。现实中，大型企业总是比中小企业吸纳更多的就业人员。

3. 产品的需求规模

产品的需求量是通过引致需求来影响劳动力需求。劳动力是企业的重要生产要素，劳动力市场需求直接取决于生产厂商对劳动力要素的需求，而厂商对劳动力要素的直接需求是从产品市场上消费者对产品的直接需求中派生出来的。在西方经济学中，这种劳动力需求称为派生需求或引致需求。例如，消费者购买服装，这是直接需求；而消费者对服装的直接需求引致服装生产厂商购买布匹等生产要素和雇佣劳动力去进行生产。服装生产厂商对劳动力和布匹等的需求就是派生或引致需求。企业产品需求量增加、产量增加，规模效应会增加对劳动力的需求。

4. 资本的价格与技术水平

在当劳动力工资保持不变的条件下，资本价格下降与技术水平提高，形成对劳动力的替代效应，减少对劳动力的需求。例如，信息技术的进步，使得计算机设备价值下降，并且以计算机技术为核心的信息技术进步提高了计算机及其相关设备的使用效率，从而产生对劳动力需求的替代。

5. 劳动力的可获性

前面的分析是假定在劳动力供给不变的情况下，需求变化的影响因素。

而假设其他因素不变,劳动力供给发生变化,则当劳动力供给增加时,企业对劳动力需求会发生结构性变化,而不是数量上的变化。当劳动力可获性增加,企业会增加劳动生产率较高的高技能型劳动力需求,而减少对低技能劳动力的需求。该理论在现实中表现为,企业面对众多的应聘者,会选择技能更高的劳动者。

(二)劳动力供给及其影响因素

劳动力市场的供给方是劳动者和潜在的劳动者。虽然一国的人口及其增长状况是劳动力供给的基础,但在既定的劳动力市场,人口及其增长率对于每个劳动供给者是既定的常数。劳动力供给的影响因素很多,其中主要因素包括:工资水平、劳动者已有收入水平、工作条件、环境与福利、劳动者培训状况等。

1. 劳动力工资

工资是劳动者的劳动报酬,也是劳动者收入的最主要来源。对劳动者个人来说,工资是劳动者闲暇的价格。在既定的时间内,劳动者会根据工资的高低来分配工作时间与闲暇时间,工资越高,劳动者收入越高,从而劳动供给会增加。不过,工资提高一定程度,闲暇时间不但会变得更加珍贵,而且劳动者收入带来的收入效应已达最高程度,从而劳动者工作时间减少,即会减少劳动供给。不过,从整个劳动力市场来看,在较高的工资水平上,众多单个劳动者工作时间与闲暇时间选择的交错,使得总体上劳动供给还是随着工资水平的上升而增加。因此,当某企业或行业工资水平超过劳动力市场均衡工资水平,该企业或行业会面临过剩的劳动力供给;而低于劳动力市场均衡工资的工资水平,则会导致劳动力供给不足。

2. 劳动力已有收入水平

劳动力已有收入源于过去工资收入以及其他财富的积累。一般而言,已有收入水平越高,劳动供给会减少,因为劳动力更重视闲暇;而已有收入水平越低,劳动供给会增加。一般来说,劳动者工作年限越长,收入水平相对越高;经济发展越落后的地区,劳动者收入相对水平越低。因此,劳动供给增加的人群主要是较年轻的劳动者(例如大学毕业生)以及处于经济落后地区的劳动者(例如农民)。如果对这类人群的劳动力需求没有相应的增加,则会导致这类劳动力供过于求,从而产生失业。

3. 工作条件、环境与福利

由于任何劳动力都倾向选择工作条件、环境与福利较好的就业岗位,因此,工作条件、环境与福利越好的企业或行业,劳动供给会增加;反之,则劳动供给会减少。虽然较好的工作条件、环境与福利意味着较高的就业质量，但就业质量的提高需要企业与政府共同努力。

4. 劳动者教育与培训状况

劳动者培训的状况决定劳动供给的结构与质量。一般来说，经过教育或劳动培训的劳动者拥有较高的劳动技能。如果社会以及劳动者对教育与劳动培训的投入增加，就会增加高技能劳动力的供给；反之则引起高技能劳动力供给不足。高技能劳动力供给者的劳动能力较强，为企业带来较多的产出，工资水平也较高，从而提高劳动供给与就业的质量。

（二）劳动力供求变动的调节机制

1. 劳动工资的调节机制

劳动工资的变动是调节劳动力供求的主要机制。传统劳动力市场理论认为，劳动供给与劳动需求都是实际工资（w/p）的函数，即 $L_s = f(w/p)$，$L_d = f(w/p)$。劳动供给是实际工资的增函数，劳动需求是实际工资的减函数。在市场化程度较高的劳动力市场，实际工资、货币工资以及价格都可以随着劳动供求的变化自由变动。古典与新古典经济学家认为，在完全竞争的劳动力市场，劳动力供求在实际工资的调节下达到均衡，劳动力供求相等时决定充分就业的水平。按照传统劳动力理论，解决失业问题的途径是降低货币工资；通过使货币工资下降的速度快于价格上涨水平，从而降低实际工资水平，增加企业劳动力需求，达到增加就业的目的。

凯恩斯对传统劳动力供求调节机制做了较为现实的讨论。他认为，由于存在“货币幻觉”，劳动力的供给是货币工资的增函数，而不是实际工资的增函数。凯恩斯认为，由于劳动者存在“货币幻觉”，使得货币工资富有“刚性”，降低货币工资容易遭到工人、工会等的反对，而提高价格水平来使实际工资下降倒不容易遭到劳动者的反对。凯恩斯在货币工资“刚性”和“货币幻觉”假设下，提出与传统劳动力理论所不同的解决就业的新途径，即提高价格水平。

无论是传统劳动力理论还是凯恩斯的就业理论中，工资都是调节劳动力需求的信号和手段。他们一般认为，提高价格水平使实际工资水平降低，可以增加劳动力需求，增加就业，达到解决失业的目的。不过，降低工资一般只在短期有效，长期来看，随着劳动力“货币幻觉”消失，劳动力供给数量会减少，会导致社会总产出水平降低，经济增长乏力，失业增加。

因此，许多学者提出，应该通过提高工资水平来解决就业。假定价格水平不变，提高货币工资会导致实际工资水平增加，从而增加企业生产成本，企业可能会减少对劳动力的需求。不过,从企业效率的角度看,提高工资水平则可以激励劳动者提高劳动效率、增加产出、扩大企业产出规模,而规模效应则可以降低生产成本、增加劳动力需求、从而增加就业。一方面提高工资水平还可以使企业雇佣到高技能的劳动者,增加企业的竞争力。另一方面高工资会刺激劳动力增加对自身教育与培训的投入,从而增加劳动力市场高技能劳动力的供给,改变劳动力市场的供给结构和就业结构,提高劳动力质量。

2. 劳动力流动机制

劳动力流动机制是影响劳动力供求变化的另一个重要机制。劳动力在部门之间、地区之间流动的难易程度以及流动速度会影响劳动力市场供给与需求对工资调节的反应。不过,劳动力流动的难易程度和速度与劳动力自身技能、培训时间以及各部门就业的难易程度存在着密切关系。戴维森与马图斯(2000)从以下三个方面对劳动力流动与就业之间的关系进行了解释:

第一,劳动者具有异质性。所谓异质性,是指在劳动力市场中,劳动者的技能是不同的,有些劳动者拥有较高的劳动技能,其生产能力较高;而有些劳动者劳动技能较低,其生产能力也较低。一般而言,生产能力较高的劳动者生产较多的产出,因此比能力较低的劳动者挣得较高的工资。劳动者的产出和能力的强度随着劳动部门的不同而改变。在一些部门,劳动产出对劳动能力不敏感,高能力劳动者的产出比低能力劳动者的产出高不了多少;而在另外一些部门,劳动者能力的一个较小提高会引起产出的较大幅度的增加。这些部门间的差异使不同的工人在可选择的工作职位、机会间进行决定。

第二,不同劳动者对就业路径的选择。在低技术部门,劳动者工资较低,并且由于劳动产出对劳动技能不敏感,在该部门高技能劳动者的工资也较少,也就是说,高技能劳动者在低技术部门仅能产生较小的产出增加,因此,工资也就仅有较小幅度的增加。此外,低技术部门的工作不需要给劳动者多少培训,并且就业岗位易于寻找;在较高技术部门,劳动者工资相对较高,因为高技能劳动者能产生较大的产出增加,因此,工资有较大的增加。不过,高技术部门的职位较难得的。劳动者需要耗费时间和花费昂贵的培训,才会得到高技术部门的工作职位。任何未就业的劳动者都必须决定是投资较少数量的时间和资源以求在低技术部门获得工作职位,还是投资大量的时间和资源从而试图在高技术部门获得工作职位。

假设大多数劳动者在人生的一定阶段面临一个明确的就业选择。他们可以选择接受一个低工资的部门，工作乏味但不复杂；或者选择投资于高技术，使他们在完成培训以后可以胜任具有挑战性的高工资工作职位。低工资工作职位不难获得，但它们也不会持续太久。高工资部门职位可能需要花较长的时间和努力去寻找，但它们会持续较长的时间。

第三，劳动力市场会发生动态变化。假设劳动者在选择了就业路径，完成必要的劳动力技能培训之后，经过寻找和选择，获得工作职位，进入某个部门，开始生产产出，并挣得收入。这样，一个典型的劳动者在培训、寻找、就业之间重复，工作职位的市场周转率决定在每一个活动中所花费的时间。从动态的角度，在任何时刻，劳动者总是处于就业路径选择的某个阶段，或者处于培训过程，或者处于寻找工作职位的过程，或者就业。当劳动者失业或想转换工作时，必须经过再培训才能进入寻找工作过程，或者如果他的技术能够在不同的工作职位中转换，他就可以直接进入再寻找过程。劳动者在培训、寻找和就业之间的流动速度越快，越有利于就业水平的提高，而许多因素会影响劳动者在培训、寻找和就业之间的流动速度。戴维森与马图斯认为有四个方面的因素影响劳动者就业搜寻的速度：一是预期的培训时间决定劳动者流出培训队伍并进入寻找队伍的平均速率；二是预期的失业时间决定劳动者流出失业队伍并进入就业队伍的平均速率；三是预期的工作时间决定劳动者失去他们的工作的速率；四是在一个部门从一种工作职位转移到另一种工作职位的技术工人的比重决定在失业后哪些工人需要再培训，哪些工人可以直接进入寻找队伍。除了上述影响因素之外，还有以下因素会影响就业的搜寻时间：一是劳动者自身的技能水平。一般而言，劳动者技能越高，转换工作越容易，就业搜寻时间就越短。二是就业机会。一般来说如果就业机会越多，就业搜寻时间会越短。

二、国际服务外包对承接国劳动力市场供求的作用机理与效应

企业是国际服务外包活动中的微观主体，企业经营的根本目的是追求经济利益。同时，企业也是吸纳劳动力提供就业岗位的主体，其在追求经济利益的过程中，必然会对社会就业造成影响。企业在国际服务外包过程中的生产与服务活动对承接国劳动力市场的供给与需求产生影响，从而导致劳动力供求变动，影响就业变动。其作用机理与效应如图 4－1 所示。

国际服务外包的对象为具有劳动力密集性特征的服务业务，因此，劳动力要素在国际服务外包活动中起着重要的作用。服务承接企业对劳动力要

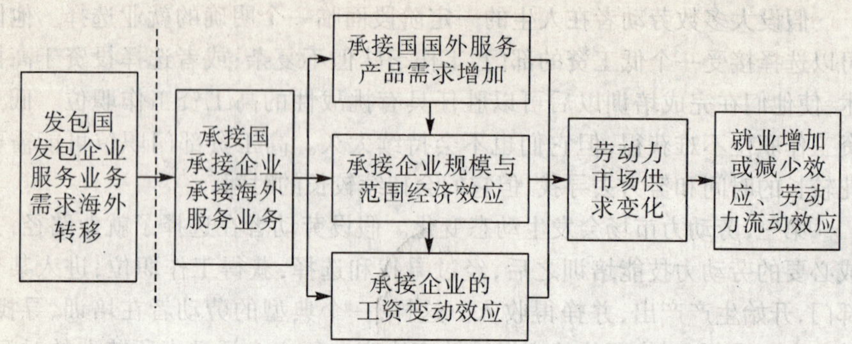

图4－1　国际服务外包对承接国劳动力市场的作用机理与效应

素需求的变化影响着劳动力需求的变化，而服务承接企业对劳动力要素的需求则首先取决于企业外部市场上服务产品的需求以及企业内部成本利益的决策。服务企业对劳动力要素的需求变化以及工资外溢效应又对劳动力市场的工资水平产生影响，通过工资调节作用，对劳动力市场的供给产生影响。在竞争性劳动力市场，劳动力供求平衡决定最终工资水平与就业水平。而就业是增加还是减少取决于新的就业水平是高于还是低于原就业水平。本章旨在建立一个分析国际服务外包影响承接国劳动力市场供求进而影响承接国就业的分析框架，并对国际服务外包影响承接国劳动力市场供求的机制与效应进行分析。

具体内容包括以下几个方面：

第一，分析国际服务外包对承接国服务产品市场供给与需求的影响。第二，分析面临国际服务外包带来的服务产品供求变化环境，服务承接企业经营规模与范围的调整及其对劳动力需求与工资的影响。第三，分析国际服务外包对承接国的劳动工资的影响及其对劳动力供求的调节作用。第四，分析在劳动力市场供求变化共同作用下的就业水平的增加或减少效应。

第二节　国际服务外包对承接国服务产品供求的影响

国际服务外包的发展对承接国而言，直接的影响是为承接国服务性企业带来巨大的市场机会。与制造业国际外包活跃了国际市场工业产品的交易和扩大工业产品交易的市场一样，国际服务外包也促进了国际市场中服务产品的交易以及扩大了服务产品交易市场，从而为服务承接企业提供了巨大的市场空间和机会。本节在分析国际服务外包与国际市场服务产品需求变化之间联系的基础上，分析了国际服务外包对服务承接国服务产品需求的影响。

一、世界服务业的发展、国际服务外包与国际服务产品需求

自从20世纪60年代开始，主要发达国家服务业占国民经济比重不断上升以来，服务产品及服务产业在国民经济中的地位与作用一直受到人们的重视。美国经济学家谢尔普(1984)在其文章《服务技术在发展中的作用》中指出："农业、采掘业和制造业是经济发展的'砖块'，而服务业则是把它们粘合起来的'水泥'"。因此，服务产品与服务业通常被称为经济发展中的黏合剂。随着人们生活水平的提升，人们对服务产品的需求也不断增加，同时，由于服务业在国民经济发展中的重要战略地位，使得世界各国纷纷致力于优化产业结构，大力发展服务业以抢占产业与生产环节的高端。在这样的趋势下，世界服务业发展迅速。20世纪90年代以来，世界经济发展的一个显著特点是服务业的快速增长，主要表现为各国服务业增加值占国内生产总值比重的增长和服务业就业占就业比重的增长。主要经济合作与发展组织国家服务部门的增加值与就业在20世纪90年代平均比重为70%，并且在继续增加。

国际服务外包与服务业发展水平存在着密切的关系。一方面服务业的发展是国际服务外包产生的重要前提。服务业的快速发展提高了企业外部专业化服务业务的可获性，促进企业生产环节的分解，从而促进了国际服务外包的发展。另一方面国际服务外包的发展形成对专业化服务的巨大需求，反过来又促进各国服务业的发展。在发包企业选择目的地考察的因素中，当地服务业发展的成熟程度成为仅次于成本因素而需要考虑的重要因素。因此，服务承接国为了更多地承接服务业会提高服务业发展水平，会促进服务产品生产的发展。

二、国际服务产品市场需求规模

国际服务产品市场需求规模可以通过国际服务外包市场规模与国际服务贸易规模来反映，并且由于国际服务外包与国际服务贸易存在着密切的联系，二者在增长规模与趋势上也趋于一致。

(一)国际服务外包市场规模

随着国际服务产品市场的日益扩大,国际服务外包规模也呈现不断增长的趋势。据各种机构统计,以跨国公司为投资主体的全球服务外包市场规模迅速扩大。2001 年为 1 500 亿美元,2003 年为 2 850 亿美元,2004 年达到 3 012 亿美元,2005 年约 3 256 亿美元,2006 年为 3 490 亿美元,2007 年为 3 727亿美元,2008 年为 3 936 亿美元。即使 2008 年受金融危机的影响,服务外包市场规模有所下降,但相对 2007 年、2008 年服务外包规模也增长了 5. 6%。另根据赛迪顾问公司的预计,未来几年,全球服务外包市场将保持年均复合增长率 7. 6%,到 2011 年,全球服务外包市场规模将突破 5 000 亿美元。其中,全球离岸外包市场规模将达到 850 亿美元,占全球服务外包市场比例约为 17%。从具体的行业来看,2000—2003 年,全球计算机信息服务业务和流程服务的出口累计增长了 31%,两类出口占服务贸易出口的比重分别为 4. 2%和 23. 4%,远远大于这一时期服务贸易和货物贸易 21%和 16%的增长速度。基于信息数字技术支持下的服务外包贸易正呈现出方兴未艾之势,2006 年,全球信息技术外包市场规模为 2 170 亿美元,同比增长 6. 1%,占服务外包比重为 62. 17%;商务流程外包市场规模达到 1 320 亿美元,同比增长 9. 1%,占服务外包比重为 37. 83%。2008 年产业份额占全球服务外包产业份额为 2 381 亿美元,占服务外包比重 60. 5%,的市场份额为 39. 5%,约 1 555 亿美元。

(二)国际服务贸易规模

随着经济全球化和服务全球化的发展,国际市场的服务产品需求也在不断增加,国际服务贸易保持了强劲的增长势头。从世界服务贸易发展速度与规模来看,根据世界贸易组织《年度报告》和联合国《统计月报》的数据表明,1981—1996 年,国际服务贸易的年均增长率为 7. 75%,比同期的商品贸易增长率 6. 60% 高 1. 15 个百分点。20 世纪 70 年代,全球服务贸易规模与商品贸易相比相当小。到了 20 世纪 80 年代,二者比例由过去的 1 : 10 变为 1 : 6(1981 年的世界服务贸易额为 8 250 亿美元,世界商品贸易额为 40 124 亿美元);进入 20 世纪 90 年代后该比例,则升为 1 : 5(1991 年分别为 17 038 亿美元、25 251 亿美元)、1 : 4(1996 年分别为69 583. 81亿美元,104 601. 25 亿美元)。

进入 21 世纪,国际服务贸易规模继续保持快速增长的势头,2000—2007 年间服务贸易年增长率为 12%,赶上货物贸易的增长速度;并且,在 2007 年,服务贸易年增长率为 18%,超过同期货物贸易增长的 3 个百分点(如表

4－1 所示）。

表 4－1　　2000—2007 年世界服务贸易与货物贸易的增长情况（按名义价格计算）

贸易种类	年增长率（%）			
	2000—2007 年	2005 年	2006 年	2007 年
货物贸易	12	14	16	15
服务贸易（总）	12	12	12	18
运输	11	13	9	18
旅游	9	7	9	14
其他商业服务	14	14	15	19

资料来源：根据中国商务部网站（http://tradeservices. mofcom. gov. cn/inder. shtml? method）提供的世界服务易发展数据整理而得。

在服务贸易中，其他商业服务是世界服务贸易中贸易额最大、增长最快的类别，在过去七年中持续快速增长，目前已占世界服务贸易出口总额的一半以上。其他商业服务主要包括通信服务、建筑服务、保险、金融、计算机和信息服务、专有权利使用和特许、咨询、会计、法律、广告、医疗及文体娱乐服务等，其中计算机和信息服务领域新兴业务类型不断增加。进入 21 世纪以来，其他商业服务逐年增长，呈现快速增长的趋势。而其他商业服务的内容同时也是国际服务外包的主要对象，这意味着其他商业服务的快速增长与国际服务外包活动的发展存在着相互促进作用，二者共同促进国际服务产品市场的扩大。

三、承接国服务产品供求变化的经济学分析

（一）服务承接前后产品市场的供求变化分析

国际市场服务产品需求增加对服务承接国服务产品市场的影响可以通过简单的服务产品供求模型进行分析。

假设 A 国服务产品市场为封闭市场，国内服务性企业所提供的服务仅满足来自国内的服务需求，在既定的服务产品价格条件下，国内服务产品的均衡情况如图 4－2 所示。

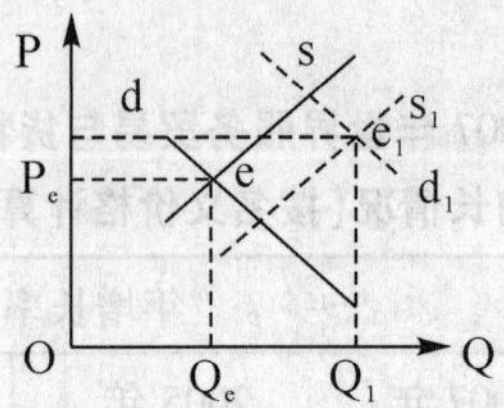

图4-2　服务承接国服务产品市场供求变化

在图4-2中,A国服务产品在服务价格为P_e时达到供求均衡,均衡的服务需求量与供给量为Q_e。

不过,上述均衡情况是在服务产品市场封闭情况下一种完全理想化的假设。随着经济全球化和世界贸易自由化进程的发展,许多国家服务产品市场逐渐放开。因此,假设在现实经济中,A国服务产品市场是面临全球市场的开放市场,那么,随着服务全球化以及由此而产生的国际服务外包活动对服务需求的增加,A国服务产品市场必然受到来自国际市场服务需求的冲击。假如由于A国在服务产品的提供方面存在成本比较优势,资本的趋利性使得大量来自国外的服务产品需求以及投资进入A国。因此,A国服务产品市场需求扩大,在图4-2中表现为服务需求曲线向右上方移动。此时,由于服务产品需求增加(Q_1),服务产品价格上升(P_1),同时存在服务产品供求缺口。

(二)国际服务外包对承接国产品市场供求冲击的效应与制约条件

1. 服务产品市场供求增加效应

国际服务外包会引致承接国服务产品市场供求增加。原因有两个方面:

一是外部需求的增加会促使服务承接企业扩大经营范围与规模以提高服务产品的供给水平。如果企业承接的业务越多或承接的企业越多,那么承接国服务产品供给水平就会显著提高。

二是更多的企业进入服务业行业,从而增加服务产品的供给。承接服务业务带来的利益会吸引更多的企业开展服务承接业务,从而使得原有服务业行业的规模扩大,而随着服务行业规模的扩大,承接国服务产品的供给规模会进一步扩大。

2. 服务产品市场供求增加的幅度及可能性条件

上述两种原因引起的承接国服务产品市场供给规模扩大均可以产生范围经济效应与规模经济效应。不过,服务供给增加的幅度及产生的可能性取决于服务承接国服务产业规模扩大的难易程度。

产业规模扩大的难易程度存在着资本要素、劳力要素与技术要素的规模扩大与行业进入壁垒的约束。但与制造业行业相比较，服务业企业规模的扩大以及行业进入壁垒要小得多。

(1)服务业企业规模的扩大不需要投入大量的实物资本

服务产品具有无形性以及生产与消费的同步性特征，服务产品的生产投入既不需要耗费大量的实物资本，服务产品也不需要太大的空间储存。因此，服务业企业在扩大规模时，不需要投入诸如厂房、原材料等这样的实物资本。由于多数服务产品的消费和使用与生产具有同步性，所以规模扩大所增加的服务产品也不存在额外的大量的储存费用。尽管由于信息技术的发展，诸如信息技术服务以及软件服务等这样在消费使用与生产不是严格同步的服务产品，其储存空间相对于实物产品是非常小的，因而费用也比较小。

(2)服务业行业进入壁垒相对较小

服务业行业进入壁垒相对较小主要是基于以下两方面的原因：一方面是由于服务业行业进入不需要大量的实物资本，企业进入与退出比较自由，因此，一些中小企业都可以进入服务业行业。另一方面是由于多数服务业行业属于劳动密集型行业，其所投入要素中，劳动力投入比例比较大。例如餐饮、物流配送、客服中心、销售服务等服务业虽然所需劳动力要素比较多，但是所需劳动力技能要求不高。更多的企业进入该行业，有利于提高服务业对劳动力的吸纳能力。因此，各国对于企业进入服务业行业一般采取积极支持的政策。

(3)服务业行业转换成本较低

这主要是因为服务业固定投入相对比较小，例如，传统服务业行业转向现代服务业行业相对比较容易。另外，制造业转向服务业相对于服务业转向制造业来说更容易。有一些制造业企业通过剥离制造业业务而转入服务业行业。例如，万国商业机器公司(IBM)曾经是以生产计算机为主的传统制造业企业，信息技术服务只是其计算机制造过程中的一项辅助性服务流程，随着竞争环境的改变以及国际市场上信息技术服务需求的日益增加，公司发现信息技术服务实际上是其具有动态意义上的核心竞争力。于是，已经积累了丰富信息技术服务经验的 IBM 开始剥离其制造业务，实现其由制造业向服务业转型战略。IBM 将其个人计算机业务出售给中国联想集团就是其一个重要举措。目前，IBM 的服务收入已经成为其最重要的收入来源。

因此,理论上,国际服务外包对服务承接国服务产品市场需求的冲击会引致服务供给较大幅度的增加,前面的图 4 -2 中的服务供给曲线也会向右上方移动,而且如果承接国服务业发展水平越高,服务供给增加的幅度会越大。但在实际中,服务产业规模的扩大可能会受承接国产业发展政策的影响。

3. 服务产品供求变化对服务产品价格的影响

在上述服务产品市场供求变动过程中,显然,承接国服务产品的价格会发生变化。价格变化幅度主要受承接国服务供给能力的影响。一般而言,在短期,服务承接国服务业水平变化较慢,从而供给的规模可能会小于需求的规模,因此在新的均衡点,服务产品价格高于原均衡价格。不过,在长期,随着服务供给幅度的扩大,服务产品价格可能会上升较缓慢或者下降。

第三节 服务承接企业的范围经济效应和规模经济效应

上文分析表明,国际服务外包引致的国际服务产品市场规模的增长与扩大会促进服务承接国服务产品的市场供求规模增加,服务承接企业的市场范围则从国内市场扩展到国际市场。以追求经济利益为目标的企业,为应对市场供求的这一变化,必然扩大经营范围和经营规模。本节主要分析企业扩大经营范围与经营规模带来的效应及其对劳动力要素需求的影响。

一、服务承接企业的范围经济效应分析

在国际服务外包活动中,发包企业对服务的需求从国内向海外转移,对服务承接企业来说,国际服务外包意味着来自海外的服务需求增加,企业的服务对象从国内扩展到国外;企业对服务业务的承接意味着企业服务产品供给的增加,从而促使承接企业扩大经营范围与生产规模,从而产生范围经济效应与规模经济效应。

(一)国际服务外包活动中的范围经济

根据微观经济理论,范围经济(Economies of Scope)指一个企业以同一种资源(或同样的资源量)生产一种以上的产品时,由于生产活动维度的增加(即生产范围在横向上的扩展)所带来的效益增进(或利润上升,或成本节省)的现象。换句话说,如果一个企业生产两种或更多产品,且其成本低于

由不同企业分别生产这些产品的成本之和,则表示存在范围经济,否则称为范围不经济。

从服务发包的角度看,国际服务外包意味着企业经营业务的“归核化”,即经营范围的集中或生产活动维度的缩小,从这个意义上讲,国际服务外包对发包企业并不存在范围经济。不过,从服务承接的角度来看,国际服务外包意味着企业经营业务和生产活动维度的增加,经营的空间范围从国内扩展到国外,在这个过程中,如果企业获得效益增进,承接企业就存在着范围经济。

(二)服务承接企业范围经济的表现

对于服务承接企业来说,国际服务外包意味着企业经营范围从市场的地理空间范围转到产品的种类范围的扩大。服务承接企业的范围经济表现在两个方面:一是生产成本的节约;二是联合生产的资源的协同作用。

1. 成本节约

先考虑一个只提供一种服务产品并且只为国内市场服务的企业。设C(q)为企业提供q产量的总成本,并且是企业决策最优化后的总成本,即C(q)是为生产q单位产品的一组投入品的最低成本。假定成本函数在零点外是二阶可导数的,则有:

$$C(q)=\begin{cases}F+\int_0^q c'(x)dx & \text{当 } q>0\\ 0 & \text{其他情形}\end{cases} \tag{4.1}$$

这里,F≥0为提供服务的固定成本,c′(x)为边际成本,$\int_0^q c'(x)dx$实际上就是可变成本。对于上式,对所有可能出现的产出量q,如果$c''(q)<0$,那么边际成本严格递减。

如果在既定生产规模与生产技术条件下,企业存在不同的产出q_1与q_2,且对所有的q_1与q_2都满足$0<q_1<q_2$,且$c(q_2)/q_2<c(q_1)/q_1$,那么,平均成本就是严格递减的。假设企业成本是“次可加”的,对于产量q_1,q_2,……,q_n,即有:

$$\sum_{i=1}^{n}c(q_i)>c\left(\sum_{i=1}^{n}q_i\right) \tag{4.2}$$

公式(4.1)表明当存在不同的产出时,存在成本节约的好处。而不同的产出源于不同的经营范围,随着生产范围的扩大,显然,如果企业生产的产品不止一种,那么,产出也不止一种,q_i就代表产品i的产量。公式(4.2)说明范围经济的存在,即对于该企业而言,在一个有限的产量变化范围内,共同生产一组产出量的总和会比分别生产它们更节约成本。

不过,如果企业只生产一种服务产品,在既定生产规模与生产技术条件下,产出可能只有一个,那么,就不会存在(4.1)公式所代表的成本节约的好处和(4.2)公式代表的范围经济效应。因此,企业总是会在既定生产规模与生产技术条件下,尽可能扩大经营范围。而在国际服务外包活动中,承接企业可以通过承接外包的服务业务,延伸服务环节,增加服务产品种类,扩大经营范围从而增加产出的种类,享受范围经济带来的成本节约效应。

2. 联合生产的资源协同作用

范围经济的存在主要因为联合生产的资源协同作用。一般来说,承接企业所承接的海外服务业务与其在国内所提供的服务相同或者相近。如果服务承接企业在承接海外服务业务之前提供一种服务产品,并只为国内服务需求方提供服务,其经营范围就只局限在国内。在承接海外服务业务之后,由于所增加的服务业务与以前的业务在生产程序上并没有本质的不同,那么其先前投入的生产资源就会得到充分利用。换言之,承接海外服务业务意味着承接企业投入相同的资源可以同时生产一种以上的服务产品。尤其是当生产出的两种或两种以上的服务产品在技术上是相互依赖的时候,资源的协同作用更明显。资源协同作用可以为承接企业带来范围经济,具体表现在以下方面:

第一,承接的海外服务业务与国内服务业的生产过程是相互联系的,可以带来成本的节省。例如,一家国内的信息技术服务中心,既可以为国内客户服务,如果有来自海外的业务,又可以同时利用现有资源为海外客户服务,不仅可以节省重建公司的成本,而且会增加企业的海外收入。

第二,承接海外业务,意味着承接企业可以同时满足多种不同的服务需求,这可以利用需求上的互补性而提高效益。例如,信息技术服务中心同时可以提供软件开发服务,二者在需求上可以实现互补。

第三,从管理的角度来看,承接企业经营范围的扩大,有利于调动企业内部的经理与管理人员的积极性。如果企业只生产和经营一种产品,当外部遇上风险,企业利润受到随机干扰时,对企业经理的绩效就难以做出准确评估。而如果企业从事多种生产服务活动,各种风险由"大数定律"的作用会互相抵消一些,企业的经营风险均值就会小得多,这有利于股东对管理人员的业绩做出正确的评估,从而有利于提高相关管理人员的效率。

二、服务承接企业的规模经济效应分析

（一）国际服务外包中的规模经济

在西方经济学中，一般认为，规模经济是指在技术水平和要素价格不变的条件下，当所有的投入要素都按同比例变动时，生产产量会出现递增的现象。规模经济主要表现为生产要素投入的增加与产量的递增。从成本的角度来看，规模经济最大的好处是平均成本的降低，即随着产量的增加，平均成本逐渐降低。企业可以通过扩大一定时期的产量来实现降低成本的目标。

国际服务外包对发包企业与承接企业的规模经济效应存在不同的含义。

从发包企业的角度来看，如果发包企业的生产过程有多道工序或多个生产环节，每个生产环节的成本属性派生出各自最佳规模水平的差异。假设其中某个生产环节的最佳规模决定了企业的整个生产过程的最佳规模，那么，其他生产环节可能会在偏离最佳规模的成本上进行生产。通过国际服务外包，发包企业可以选择最佳生产规模的生产环节，而将那些偏离最佳生产规模的生产环节外包出去，从而在最佳生产规模的生产环节上实现降低成本，提高生产效率的规模经济。因此，规模经济对于发包企业意味着潜在成本的节约和由生产效率提高而带来的利益。从扩大规模的方式来看，发包企业更多地表现为一种内涵式的规模扩大，即主要不是通过增加要素投入来扩大规模，而是通过外包非核心业务以提高生产技术来实现规模经济。

从承接企业的角度看，在承接国际服务业务之前，由一定要素投入规模决定的生产规模只能满足国内市场需求。而现有的生产规模往往无法满足国际服务外包带来的国际市场需求的增加。在竞争市场中，承接企业必然需要调整经营规模，在比以前更大的生产规模上来满足国内外市场服务的需求。从扩大规模的方式来看，承接企业更多地表现为一种外延式的规模扩大，即主要通过增加要素投入来扩大规模。如果说，对发包企业来讲，是通过“瘦身”来提高效率实现规模经济，而对承接企业来说，则是通过“壮体”来实现规模经济。规模经济对于服务承接企业而言，意味着更高的生产水平和收入水平。

在国际服务外包活动的实践中，许多大型的外包企业既是服务外包企业又是服务承接企业，这些企业会同时实现服务外包发展带来内涵式和外

延式规模扩大的好处。例如IBM公司在服务外包市场上,既是外包企业又是承接企业。IBM公司将其传统的信息产品制造业务和基础信息技术服务外包出去,同时又利用在信息技术服务方面积累的经验,为客户提供从战略咨询到软硬件整合的一整套解决方案的服务,从而成为全球最大的信息技术外包服务提供商。

(二)服务承接企业规模经济效应的表现

国际服务外包促进了国际服务产品需求的增长,对承接企业则意味着市场扩张,而市场扩张则促使企业规模的扩展。服务承接企业规模扩展的最主要利益就是服务的专业化以及由此带来的平均生产成本的降低。

1. 服务专业化水平的提升

一方面服务的特性决定服务产品较难以标准化,服务承接企业在为客户推出服务产品时,往往需要根据客户的反馈不断地对其产品进行调整,不断对产品进行改进完善直到客户的需求趋于稳定。由于服务产品的质量及客户满意度不同,客户服务需求量也变化较大,所以承接企业只有在为多个企业提供服务的过程中实现需求互补,调节需求峰谷,才能达到规模经济。而承接企业必须具备足够的规模,才能够更好地为多个企业服务。

另一方面,承接企业只有具备足够的规模,才能提供更专业化的服务。只有达到足够的规模,才能够使用更先进的设备和聘用专门人才,用低成本提供更好的更专业化的服务。例如,产品的研发服务、新技术新产品的开发服务涉及诸多技术环节,每个环节必须有专门的技术科研人员、专门的设备和软件等,并且每次研发活动需要的特定技术及相应人才不同。服务承接企业要满足客户的需求,必须投入大量专业化程度很高的员工和专业的设备与软件,组合成为客户最满意的服务团队。因此,服务外包会提高服务承接企业的服务规模与专业化程度。

2. 平均服务成本降低

一般来说,规模的扩大意味着投入要素与产量的同时扩大。在其他因素不变的条件下,当产量扩大的比例大于要素投入的比例时,会产生规模经济,规模经济意味着平均成本的降低。从要素投入的边际成本来看,只有在增加要素投入时实际投入的边际成本很低,才可能带来平均成本降低的好处。

而国际服务外包活动中的服务业务主要是包含高度熟练劳动的知识密集的服务业务,这类服务业务相对于初始的固定成本,具有很低的边际成本,同时又具有较高的边际产出,从而存在显著的规模报酬递增效应。服务承接企业则通过这种规模报酬递增的效应获得平均成本降低的利益。

三、服务承接企业的范围经济效应与规模经济效应对劳动力供求的影响

范围经济与规模经济是两个既有区别又有联系的概念范畴。企业在扩大经营范围时往往又伴随生产组织规模的扩大,在扩大生产组织规模的同时,往往伴随着经营范围的扩大。但对企业而言,有规模经济不一定有范围经济,而有范围经济又不一定有规模经济。然而,范围经济与规模经济带来的效应尤其是对要素投入的影响则具有一致性,即随着经营范围和规模的扩大,必然会增加对投入要素的需求。因此,本书在具体分析二者对劳动力供求影响时,只分析规模经济效应。

规模经济对劳动力需求的影响主要取决于服务承接企业扩大规模的方式,同时,服务承接企业的组织规模特征与技术性质也会影响规模经济对劳动力需求的影响。

(一)服务承接企业扩大规模的方式与劳动力需求变化

假设代表性服务企业只生产一种服务产品,可能性产量为 Qs,投入要素为资本 K 和劳动力 L。可能性产量 Qs 是资本 K 和劳动 L 的函数,如果考虑要素效率的话,那么代表性企业的生产函数为:

$$Qs = F(ekK, elL) \tag{4.3}$$

其中 el = e(w),为劳动的效率系数,它是工资 w 的函数;ek = e(r),是资本的效率系数,它是资本价格 r 的函数。一般来说,工资越高,劳动者的努力程度越高,劳动效率越高;资本价值越高,技术含量越高越先进,其生产效率越高。

在生产理论中,企业的经营规模通常以产量来表示。从公式(4.3)中可以看出,企业的生产规模(Qs 产量的大小)由资本 K 及其效率、劳动力 L 及其效率所决定。因此,企业调整经营规模的途径主要包括两种:一是增加资本 K 和劳动力 L 的投入;二是提高资本以及劳动力要素效率。这两种途径相互之间又存在着密切的联系。例如,增加先进设备的购买和增加对高技能的劳动力的雇佣,既意味着资本 K 与劳动力 L 的投入增加,同时又意味着要素效率的提高。而规模经济的产生正是因为要素增加与要素效率之间具有密切的关系。

1. 要素投入增加下的劳动力相对需求变化

在假定短期内,资本要素与劳动力要素价格不变,服务承接企业服务成

本既定。由于国际服务外包引致国内外服务产品市场供求增加，所以服务承接企业为应对市场供求的这一变化，必然扩大经营规模。如果服务承接企业通过扩大要素投入来扩大规模，其对劳动力需求的影响就存在以下几种情况。

(1)只增加资本投入。在只增加资本投入的情况下，服务承接企业劳动力需求可能不变，也可能会因为资本对劳动力的替代作用而减少。

(2)只增加劳动力投入。在只增加劳动力投入的情况下，很显然，服务承接企业的规模经济会引致劳动力相对需求的增加。

(3)同时增加资本投入与劳动力投入。在这种情况下，劳动力相对需求增加的多少则受资本与劳动力增加的比例大小的影响。假设企业为扩大规模同时增加资本 K 与劳动力 L 的投入，增加的资本投入量为 ΔK，增加的劳动力投入量为 ΔL，令 λ 为增加的资本与劳动力的比例，则 $\lambda = |\Delta K / \Delta L|$，$\lambda > 0$。如果资本的增量大于劳动力的增量，即 $\lambda > 1$ 时，显然企业对资本的需求大于对劳动力的需求，劳动力相对需求增加会较小；如果资本增量小于劳动力增量，即 $0 < \lambda < 1$ 时，企业对劳动力的需求大于对资本的需求，劳动力相对需求增加会较大。

上述三种情况表明，通过扩大要素来取得规模经济，其对劳动力需求的影响主要取决于服务承接企业对资本和劳动力这两种要素的偏好，在资本要素与劳动力要素成本不变的情况下，这取决于资本要素与劳动力要素对于国际服务外包活动的重要性。

在国际服务外包活动中，劳动力要素相对于资本要素，显得更为重要。主要有以下两个方面的原因：

第一，国际服务外包的内容特征决定了劳动力要素尤其是异质性的高技能劳动力要素在国际服务外包中起着重要作用。国际服务外包的对象内容属于劳动与知识密集的服务业务，主要包括信息技术服务外包、商务流程外包以及最近的知识外包。服务外包内容的知识含量、技术含量以及价值含量逐渐上升，相应地，国际服务外包对能够提供高质量服务的服务性人力资本的需求逐渐增加，在提供服务业务的过程中，人是服务技术的重要载体，这一点与制造业外包以机械设备为生产技术载体有着很大的不同。

第二，相对资本要素，承接企业更容易获得劳动力要素的比较优势。国际服务外包活动产生的一个基本前提是发包企业与承接企业之间的要素成本差异。在资本全球化背景下，资本可以自由流动，资本要素差异较小，并且对于发达国家而言，资本是具有比较优势的生产要素；而劳动力要素是唯一不能完全自由流动的要素,并且具有较大的差异性,对于发展中国家的服务承接企业,劳动力是具有比较优势的生产要素。多数发包企业在选择服务外包目的地时,低成本高技能的劳动力要素是影响决策的重要因素之一。

因此,在成本既定的情况下,承接企业在资本要素方面并不存在显著的成本优势,劳动力要素相对更具有成本优势从而更为重要,服务承接企业必然会较多地投入到其具有比较优势的要素,即劳动力要素,从而服务承接企业规模经济最终会引致劳动力相对需求较大幅度增加。

2. 要素效率提高下的劳动力相对需求变化

要素效率提高的途径有两个:一是提高劳动要素的效率;二是提高资本要素效率。根据前文分析,劳动力要素对于服务承接企业更为重要,因此,假定服务承接企业除了增加劳动力要素投入之外,还需要通过提高劳动力要素效率来获取规模经济。事实上,劳动要素效率的提高也会在一定程度上提高资本要素的效率。企业劳动要素效率的提高可以通过两个途径获得:一是提高工资水平;二是提高劳动者技能。这两个途径是密切联系的。

(1)工资水平的提高会引致服务承接企业增加对高技能劳动力的需求。根据效率工资理论,劳动生产率是工资的增函数,即较高的工资可以调动劳动者的积极性,从而提高劳动效率。不过,效率工资往往只在短期具有一定的作用。长期来看,当工资提高到一定水平后,工资对劳动生产率的促进作用达到极限,如果超过这个极限水平,必然使企业成本上升,利润下降,企业就会减少对劳动力的需求。为了消除效率工资在长期中的消极影响,企业往往在提高工资水平的同时,就会要求劳动者具备相应的较高的劳动技能。具备较高劳动技能的劳动者能够带来更多的产出,从而一定程度上消除高工资高成本的消极影响,因此,服务承接企业会增加对高技能劳动力的需求。

(2)服务承接企业提高劳动力技能不同的途径对劳动力需求的影响不同。企业提高劳动者技能的途径主要有两个:一是雇佣高技能劳动力;二是对现有就业人员进行职业培训。企业在承接外包服务的活动中,如果选择引进高技能劳动力,就会使劳动力市场中的高技能劳动力的需求增加,而使低技能劳动力的需求减少,在企业内部甚至会出现高技能劳动力对低技能劳动力的替代;如果企业选择对现有劳动力进行技能培训,就对劳动力市场中的需求影响较小。显然,服务承接企业通过提高要素效率来扩大规模对劳动力需求的影响取决于企业在引进人才还是培训现有就业人员之间的决策。

在其他因素不变的条件下，服务承接企业是引进人才还是培训现有就业人员则受劳动力市场人才资源禀赋的影响。如果劳动力市场中高技能人才资源比较丰富，那么，企业就可以用较低的成本就可以获得高技能人才，从而对高技能人才的需求增加，相应对低技能劳动力需求减少；如果劳动力市场高技能人才比较缺乏，高技能劳动力获得成本较高，企业就会增加对现有劳动力的培训投入，而减少对劳动力市场中低技能劳动力的需求。

通过上述分析，我们可以得出结论，无论是通过提高工资还是提高劳动者的技能，服务企业通过提高劳动力要素效率所获得的规模经济对劳动力市场中高技能劳动力的需求会产生较大的影响。尤其是，如果高技能劳动力越丰裕，国际服务承接引致的劳动力需求增加越大，并且主要增加对高技能劳动力的需求。

（二）服务承接企业组织规模特征、服务技术性质与劳动力需求的变化

服务承接企业通过国际服务外包可以获得规模经济，规模经济的大小则受服务承接企业的组织规模特征、服务技术的限制。不同组织规模、服务技术的承接企业对劳动力需求会产生不同的影响。

相对制造业企业，服务业企业规模一般较小。以美国为例，美国工业企业中员工人数在250人以下的企业占50%，而在服务业企业中则占70%。企业的规模是由多种因素决定的，既有技术因素也有制度因素，其中技术因素起着更为重要的作用。可以根据服务业企业服务技术特征，将服务业分为标准化服务业、差异化服务业以及过程化服务业。

1. 提供标准化服务业的企业规模经济与劳动力需求

标准化服务业是指客户在使用企业所提供的服务产品时没有个性化要求的服务业。这类服务业差异化不明显，服务技术可以实现标准化。例如金融服务、信息技术服务、软件服务、商务流程服务、办公后台服务、交通运输与通讯服务、批发与零售服务等。这类服务生产与消费过程具有一定程度的可分性，其生产具有商品生产的性质，市场扩展能力大。从事此类服务业的企业可以通过扩大规模取得较大的规模经济，发挥规模经济效应。

在标准化服务业中，部分服务业（例如金融服务、信息技术服务、软件服务、商务流程服务等）属于资本与技术密集型服务，生产这类服务的企业规模一般较大，甚至可以超过某些大型工业企业的规模。虽然从事标准化服务业的企业劳动的资本替代性强，但由于在国际服务外包活动中，劳动力要素尤其是异质性的人力资本要素相对资本要素而言更为重要，所以，此类服务承接企业规模的扩大必然会增加对劳动力要素尤其是高技能劳动力要素

的需求。标准化服务业中另外一部分属于劳动力密集型服务(例如办公后台服务、交通运输与通讯服务、批发与零售服务)，技术含量较低，生产这类服务业的企业规模一般相对较小，其资本的劳动力替代较弱，从事此类服务承接的企业规模的扩大会增加对较低技能劳动力的需求。

2. 提供差异化服务业的企业规模经济与劳动力需求

差异化服务业是指客户在使用企业所提供的服务产品时具有个性化要求的服务业。这类服务差异性较明显，服务技术难以实行标准化。例如医疗服务、咨询服务、设计服务、产品研发服务、营销与销售服务、建筑服务等。这类服务资本的劳动替代性较弱，主要属于劳动与知识密集型服务。这类企业一般规模较小，对劳动的专业性要求较高，部分服务业可以实现生产与消费的可分性，其市场扩展能力相对标准化服务业较小，规模经济效应也相对较小，其规模的扩大会增加对专业化的服务性劳动力的需求。

3. 提供过程化服务业的企业规模经济与劳动力需求

过程化服务业是指服务的生产与消费主要依赖服务提供的过程的服务业。例如，娱乐服务、保安服务、警察服务、餐饮与住宿服务等。这类服务的生产与使用在空间与时间上一般难以分开。这类服务的需求虽然往往个性不强，但生产技术难以标准化，属于劳动密集型技术含量较低的服务，其规模的扩大会增加对较低技能劳动力的需求，但提供过程化服务的企业一般规模较小，难以获得较大的规模经济，因此对劳动力的需求影响较小。

根据国际服务外包活动实践，外包服务主要属于服务技术标准化的服务，因为这类服务可以实现生产与消费的时空分离，从而可以进行远距离交易。据高德纳咨询公司、弗雷斯特研究公司统计预测，美国向海外转移工作岗位最多的服务行业是计算机服务，其次是办公支持、企业管理与管理岗位。另据印度软件和服务业企业行业协会的统计，印度直接就业岗位增加较多的领域也主要是信息技术与商务流程外包产业。通过国际服务承接，印度的信息技术与商务流程外包产业规模增长很快，2009 年该产业的总产值为 717 亿美元，其中出口额达 473 亿美元，直接就业数量达 223 万人，间接就业岗位达 800 万个。由此可以看出，国际服务外包对提供标准化服务的服务承接企业存在较大的规模经济效应，从而对劳动力需求影响较大。换而言之，从劳动力所在的行业来看，国际服务外包主要对承接国从事标准化服务的劳动力需求产生较大影响。

第四节　国际服务外包对承接国劳动工资的影响

在开放的环境下,经济学家对国际贸易、国际投资等活动对东道国劳动工资的影响讨论较多,而对国际服务外包对承接国劳动工资的影响及作用机制的研究较少。在国际服务外包理论研究文献中,关于国际服务外包对不同技能劳动力工资影响的研究较多,并得出较为一致的结论:即国际服务外包会带来发包方高技能型劳动力相对工资的增长(见费恩斯特与汉森,1996)。不过多数研究集中于国际服务外包对发包国高技能劳动力与低技能劳动力工资差距的影响,关于国际服务外包对承接国劳动工资尤其是整体劳动工资的影响研究较少。根据前文分析,劳动工资水平的变化对劳动力供求变化起着重要的调节作用,因此,考察国际服务外包对承接国劳动工资水平的影响具有重要的意义。

国际服务外包主要通过技术溢出效应与工资溢出效应来影响承接国劳动工资。国际服务外包本质上是企业的一种经营战略与经营行为,国际服务外包首先通过技术溢出效应来影响服务承接企业的工资水平,服务承接企业工资变化通过工资溢出效应影响到整个服务行业以及其他行业的工资水平。如果考虑国际服务外包对承接国价格水平的影响,国际服务外包对承接国实际工资就会带来不同的影响。

一、国际服务外包的技术外溢效应与承接国劳动工资的变化

在关于国际贸易、国际投资等经济全球化活动对东道国经济影响的研究中,技术外溢(Technology Spillovers)效应得到广泛的讨论。事实上,作为知识与技术含量更高的国际服务外包活动,其对承接国的技术外溢效应更为明显。喻美辞(2008)在内生经济增长模型的基础上,建立了一个包括最终产品生产部门、中间投入品生产部门和研发部门的开放分散三部门经济的模型,从理论上论证了国际服务外包对承接国存在技术外溢效应。王晓红(2008)则通过对中国80家设计公司承接国际服务外包的实证分析,证实国际服务外包对服务承接企业存在显著的技术外溢效应。

(一)国际服务外包对服务承接企业技术外溢的途径

国际服务外包对服务承接企业的技术外溢途径主要来自以下几个

方面：

一是范围经济效应与规模经济效应带来的服务技术研发投入的增加。虽然增加研发投入是企业提升服务技术的重要手段，但是，对于较小规模或经营范围的服务性企业，研发投入往往非常有限。在国际服务外包活动中，服务承接企业通过与发包企业合作，仅可以获得部分研发所需要的资金，更重要的是，服务承接带来的范围经济效应与规模经济效应还为服务承接企业带来成本节约和较高的利润，为服务承接企业研发投入提供了后备资金，为提高服务技术水平创造了可能。

二是"干中学"与人才培养机制带来人力资本的提升。一方面国际服务外包对服务承接企业的员工存在学习效应或经验效应，即服务承接企业的员工在为外包企业提供服务的过程中通过"干中学"积累服务性知识与技能，从而提高服务承接企业员工的总体技术水平。另一方面在服务承接过程中，作为发包企业的跨国公司通常要对服务承接企业进行服务技能的培训，以满足自身的技术标准、管理与质量要求。这种培训直接提高了服务承接企业人员的技术素质、管理素质，同时也为服务承接国服务产业发展培养了人才。恩戈·范农(2005)的研究认为，服务业离岸外包可以产生外溢效应使东道国竞争企业获益，主要是通过外包企业对低工资国家雇员培训而带来的。通过模型分析，恩戈·范农(2005)发现，外包企业基于降低成本和战略考虑，将产业价值链高端业务，如研发、设计等外包到劳动力成本低的国家，为了使产品符合质量、规格的要求，通常需要对承接企业的雇员进行培训。

三是人才流动带来的技术外溢。服务承接企业倾向聘用掌握较高技能的优秀的服务人才，这样当地与国外的优秀人才可能会流入服务承接企业。而当地的服务人才在与国外的服务人才共同工作中，会接触国际上先进的知识与服务技能。而随着掌握先进研发能力和管理技术的优秀人才从一家企业流动到另一家企业之后，他所掌握的科学技术和管理经验无形中就随之转移，从而促进先进的服务技术在整个服务行业扩散。

四是示范与关联效应。通常是当一家或某一地区服务承接企业成功地为外包企业提供服务，并从中获得了范围经济效应与规模经济效应的好处，或者跨国服务提供商的进入提供新产品、新技术和新的商业服务时，就会有许多企业进入服务外包产业，从而产生较强的示范效应。同时，由于外包服务多数属于中间投入的生产性服务，而生产性服务通过前向关联和后向关联影响着上游或下游的服务性企业或生产性企业，所以产生技术溢出效应。

（二）技术外溢对劳动工资的影响

从企业的角度看，劳动工资水平决定于企业的生产率水平与收益水平。如果不考虑其他因素，企业的劳动生产率水平与收益水平越高，劳动工资水平就会越高。技术进步通常被认为是促进生产率提高的重要手段，而在开放的环境下，技术外溢则是企业获得技术进步的重要途径。显然，开展国际服务外包活动是承接国获得外源性技术进步的重要途径之一。国际服务外包通过上述各种途径的技术外溢效应，对于劳动工资变化的意义在于其提高了包括服务承接企业在内的所有企业的劳动生产率水平与收益水平，从而提高了企业的劳动工资水平。并且，技术溢出效应越大，对劳动工资提高的促进作用越大。

二、国际服务外包的工资外溢效应与承接国劳动工资的变化

（一）国际服务外包对承接国的工资外溢效应

"工资外溢效应"的概念主要出现在关于对外直接投资对东道国劳动工资影响的讨论中，其含义是指由于对外直接投资企业向劳动者支付了高于东道国当地企业的工资而引起东道国本地企业工资水平变化的现象。德里菲尔与泰勒(2006)指出，由于对外直接投资企业支付了高于市场均衡状态的工资水平，限制了劳动力向支付了较低工资的当地企业的劳动供给，同时会造成劳动力的大量流动，由此对东道国劳动工资产生重大影响。

那么，国际服务外包是否存在工资外溢效应呢？根据工资外溢的含义，我们可以推断，只要服务承接企业劳动工资水平高于当地其他企业的工资水平或者劳动力市场均衡状态的工资水平，就会产生工资外溢效应。国际服务外包的理论研究表明，发包企业选择服务承接地的一个重要考虑因素是劳动力成本，这意味着如果服务承接企业提高劳动工资则可能会失去竞争优势。然而，国际服务外包主要发生在发达国家与发展中国家之间，而发达国家与发展中国家劳动工资差距悬殊较大，由于经济发展水平差距的局限，即使服务承接企业提高工资水平，在短时期内仍然不会超过发达国家的劳动工资水平。而在竞争性的服务产品市场，服务承接企业为吸引更多的服务人才以提供更好的服务，必定会提高劳动工资水平，尤其是在服务人才缺乏的国家，为争夺有限的服务人才，服务承接企业必然会将工资水平提高至高于平均工资的水平。而根据前文的分析，国际服务外包的技术溢出效应也会促使服务承接企业提高劳动工资水平。因此，服务承接企业的工资水平必然高于其他企业的工资水平，从而产生工资外溢效应。

（二）国际服务外包对承接国工资外溢的途径

国际服务外包对服务承接国工资外溢出主要通过两个途径：

一是服务承接企业对其他服务性企业的工资外溢效应。根据前文的分析，由于技术溢出效应，服务承接企业工资水平会提高，由此使得服务承接企业的工资水平高于本土其他服务性企业的工资水平，从而会吸引包括服务人才的劳动者流入工资较高的服务承接企业。而其他服务性企业由于争夺服务性人才而竞相提高工资水平，竞争的结果导致整个服务行业工资水平上升。随着服务行业工资水平的上升，服务行业的劳动力供给会增加，增加的劳动力需求和供给共同决定新的服务行业工资水平，这一新的工资水平的高低取决于劳动力需求与供给各自增加的幅度。在现实经济中，发展中国家由于服务人才总储备量较低，加上其他条件的限制，短期内，服务人才供给规模有限，相对服务人才的供给，服务人才需求增加较多，因此，服务行业新的工资水平将高于原来的工资水平。

二是服务行业工资对其他行业工资的溢出效应。如果不考虑制度因素与政府的干预，服务行业平均工资水平的上升，就会导致劳动力向服务行业流动，在劳动力供给不变的情况下，其他行业的劳动工资必然也会上升，因为不提高工资水平就无法激励现有员工的就无法吸引到高技能的劳动力。这种行业间工资溢出效应会随着服务行业与其他行业工资水平差距增加而增加。

三、国际服务外包对承接国不同技能劳动力工资的影响

国际服务外包通过技术外溢与工资外溢途径对承接国服务承接企业的劳动工资产生提升效应，这意味着服务承接企业劳动工资水平要高于其他企业与行业的工资水平。服务承接企业所承接的服务业务相对国内服务业水平技术含量较高，其雇员劳动技能相对较高，从而意味着服务承接国高技能劳动力的工资也得到提高。

服务承接地企业对高技能劳动力需求的增加会在一定程度上提升高技能劳动力的工资水平。在竞争性服务产品市场，服务承接地企业为提升竞争力和减少劳动力成本，倾向于雇佣高技能劳动力，因为高技能劳动力具有较高的生产能力，从而给服务承接地企业带来较高的产出水平，从而在一定程度上抵消向高技能劳动力支付较高工资引致的劳动成本上升。

但上述分析的假设条件是劳动力供给禀赋不变，即承接国高技能劳动力与低技能劳动力比例不变。国际服务外包引致高技能劳动力需求的增加，必然会提升高技能劳动力的工资水平而使得低技能劳动力工资水平相

对降低。不过，如果承接国劳动力供给禀赋发生改变，例如，如果高技能劳动力要素比较丰裕，那么国际服务外包对高技能劳动力工资与低技能劳动力工资的影响可能会相对较小。

四、国际服务外包对承接国实际工资水平的影响

上述分析主要讨论的是国际服务外包对承接国名义工资的影响，通过技术外溢效应与工资外溢效应，国际服务外包会引致承接国名义上的劳动工资的提高。如果考虑国际服务外包对承接国价格水平的影响，其对承接国实际工作水平可能产生什么影响呢？

根据凯恩斯的就业理论，实际工资取决于名义工资与价格水平变化的速度之比（w/p）。根据前文分析，国际服务外包意味着承接国服务产品市场需求的增加，而短期内，如果服务供给不变或者增加有限的话，服务需求增加会引起服务产品价格产生较大幅度的提升，但上升的幅度受服务承接国服务业发展水平的限制。随着服务产品价格的提高，会引致其他产品价格的上涨，从而使整个价格水平趋于上升。因此，国际服务外包对服务承接国实际工资水平的影响取决于名义工资与价格水平上涨速度之比。如果我们不考虑其他因素的影响，名义工资上涨的速度主要取决于劳动生产率增长的速度，显然，在短期内，生产率增长速度往往低于价格增长的速度，因此，在短期，国际服务外包会引致服务承接国实际劳动工资水平下降（即 $\left|\frac{\Delta w}{w}\right| < \left|\frac{\Delta p}{p}\right|$）。

第五节　承接国劳动力市场的供求与就业变化分析

综合以上分析，国际服务外包对承接国服务产品需求的冲击最终引致承接国服务产品供求规模的增加，从而产生范围经济效应与规模经济效应，同时，国际服务外包会促使承接国名义工资上升和实际工资下降。那么这些变化对承接国劳动力市场的相对供求以及就业又产生什么影响呢？本节试图通过产品市场与劳动力市场竞争性一般均衡模型分析服务承接国劳动力市场供求以及就业的变化。

一、承接国产品市场与劳动力市场的一般均衡分析

喻美辞(2008)为考察国际服务外包对承接国的技术溢出效应,在罗默(1990)研发部门模型的基础上,建立一个包含最终产品生产部门、中间产品生产部门和研发部门的三部门模型。不过,作者只考察了国际服务外包对承接国的技术溢出效应。在本章第二节简单地考察了服务承接国的服务产品市场变化及其可能对劳动力供求的影响。为进一步考察国际服务外包对承接国的劳动力需求的影响,本节建立一个包含最终产品部门与中间产品部门的两部门模型,分析国际服务外包引致的承接国国内中间投入的服务产品的需求扩大对就业产生的影响。

(一)模型假设

国际服务外包对象主要是作为中间投入的服务业务,因此,其不仅影响服务产品部门的劳动力供求,还通过关联作用影响最终产品部门的劳动力供求,从而影响整体劳动市场的劳动供求①。因此,本节进一步考察承接国的两个相关经济部门,即最终产品生产部门和中间产品生产部门,其中中间产品部门包括物质产品部门与服务产品部门。

1. 最终产品的生产函数的假定

为简化分析,假定最终产品的生产需要投入劳动力要素和中间产品投入,可以写出最终产品生产函数的形式:

$$Y = AL_Y^{\alpha}\left(\int_0^n x_i^{\beta}di + \int_0^{n^*} x_s^{\beta}ds\right)(0 < \alpha、\beta < 1, \alpha + \beta = 1) \tag{4.4}$$

其中,Y 为最终产品数量,A 为技术参数, L 为投入的劳动力的数量,x_i 为某一物质中间投入品的使用量,x_s 为以承接服务外包方式所提供的某一服务中间投入品的使用量,n 为物质产品投入的种类数,(n 的大小反映承接国物质产品生产技术水平),n^* 为服务投入品的种类数,反映发包企业对承接企业技术外溢效应的大小)。n、n^* 均为连续的非离散的数。

2. 中间产品的生产函数的假定

假定在中间投入的物质产品的生产部门,在[0,n]上分布着无数的企业,每个企业只生产一种物质产品,在中间投入的服务产品的生产部门,在

① 由于国际服务外包所涉及的服务业务为中间投入性服务业务(或称为服务产品),并且,由于这些中间服务业务属于可数字化和可模块化的业务,具备可存储备的特性,服务承接企业在向国外发包企业提供服务产品的同时,也增加了国内同类中间投入性服务产品的供给数量与种类。这正是本书所指的承接国服务产品市场供给规模与范围扩大的源泉。

$[0,n^*]$上分布无数企业，每个企业只生产一种服务产品，这些产品之间不存在替代关系或互补关系。根据物质产品与服务产品的生产特性，假设物质产品生产只投入一种要素 K，并假设生产一单位中间物质产品需要 ξ 单位的资本（K）投入，则中间投入的物质产品生产资本投入总量为 $K_i = \xi\int_0^n x_i di$。假设中间投入的服务产品生产只投入一种劳动要素，并且提供一单位中间投入的服务产品需要 δ 单位的劳动要素投入，则中间投入的服务产品生产投入的劳动总量为即 $L_s = \delta\int_0^{n^*} x_s ds$。那么，中间投入的物质产品生产函数为 $x_i = K/\xi$，中间产品投入的服务产品生产函数为 $x_s = L_s/\delta$，ξ，$\delta > 0$。

（二）均衡分析

1. 产品市场均衡分析

假设服务承接国的产品市场为竞争性市场，中间投入的物质产品部门与服务产品部门的均衡决定最终产品市场的均衡。

（1）最终产品部门利润最大化的均衡条件

在竞争性市场，最终部门通过选择中间投入 x_i 与 x_s 以及雇佣适当的劳动要素 L_Y 以获得最大利润。其利润最大化条件为：

$$\max(\pi) = p_Y Y(L_Y, x_i, x_s) - w_Y L_Y - \left(\int_0^n p_i x_i^\beta di + \int_0^{n^*} p_s x_s^\beta ds\right) \quad (4.5)$$

式中 w_Y 为最终产品部门劳动力的工资，p_i 与 p_s 分别为中间投入的物质产品的价格和中间投入的服务产品的价格，p_Y 为最终产品的价格。对（4.5）式中的 x_i，x_s 分别求导，得竞争性厂商利润最大化的一阶条件：

$$p_i = A\beta p_Y L_Y^\alpha x_i^{-\alpha} \quad (4.6)$$

$$p_s = A\beta p_Y L_Y^\alpha x_s^{-\alpha} \quad (4.7)$$

$$w_Y = p_Y \cdot \partial Y/\partial L_Y \quad (4.8)$$

（2）中间投入的物质产品部门的均衡

中间投入的物质产品部门利润最大化条件为：

$$\max(\pi_i) = \int_0^n (p_i x_i - r\xi x_i) di = \int_0^n (A\beta p_Y L_Y^\alpha x_i^{1-\alpha} - r\xi x_i) di \quad (4.9)$$

上式中，r 为物质部门资本 K 的价格。由一阶条件得到均衡产量为：

$$p_i = r\xi/\beta, \bar{x}_i = L_Y(p_Y A\beta/pi)^{1/\alpha} = L_Y(p_Y A\beta^2/r\xi)^{1/\alpha} \quad (4.10)$$

根据（4.10）可得在均衡条件下的物质产品部门的高技能劳动要素需求量为：

$$L_Y=\bar{x}_i/(p_Y A\beta^2/r\xi)^{1/\alpha} \tag{4.11}$$

(3)中间投入的服务产品部门的均衡

服务产品部门利润最大化条件为：

$$\max(\pi_s)=\int_0^{n^*}(p_s x_s-w_s\delta x_s)ds=\int_0^{n^*}(A\beta p_Y L_Y^{\alpha}x_s^{1-\alpha}-w_s\delta x_s)ds \tag{4.12}$$

上式中，w_s 服务承接企业的劳动工资。一阶条件得到均衡产量为：

$$Ps=w_s\delta/\beta,\ \bar{x}_s=L_Y(p_Y A\beta/p_s)^{1/\alpha}=L_Y(p_Y A\beta^2/w_s\delta)^{1/\alpha} \tag{4.13}$$

$$L_Y=\bar{x}_s/(p_Y A\beta^2/w_s\delta)^{1/\alpha} \tag{4.14}$$

(4)最终部门的均衡产量

结合(4.10)与(4.14)，最终部门的均衡产出为：

$$\bar{Y}=AL_Y^{\alpha}(n\bar{x}_i^{\beta}+n^*\bar{x}_s^{\beta})=AL_Y^{\alpha}[nL_Y^{\beta}(p_Y A\beta^2/r\xi)^{\beta/\alpha}+n^*L_Y^{\beta}(p_Y A\beta^2/w_s\delta)^{\beta/\alpha}]$$

$$=A^{(1+\beta/\alpha)}\beta^{(2\beta/\alpha)}[n(r\xi)^{-\beta/\alpha}+n^*(w_s\delta)^{-\beta/\alpha}]L_Y p_Y^{\beta/\alpha} \tag{4.15}$$

(三)国际服务外包对承接国劳动力市场均衡的影响

假设承接国为竞争性劳动力市场，即劳动力可以无成本地在各个部门自由流动，在工资的调节下，劳动力市场可以自动出清。同时，假设在服务承接国产品市场处于初始均衡时，相应的劳动力市场上供求也处于初始均衡状态(如图4-3所示)。

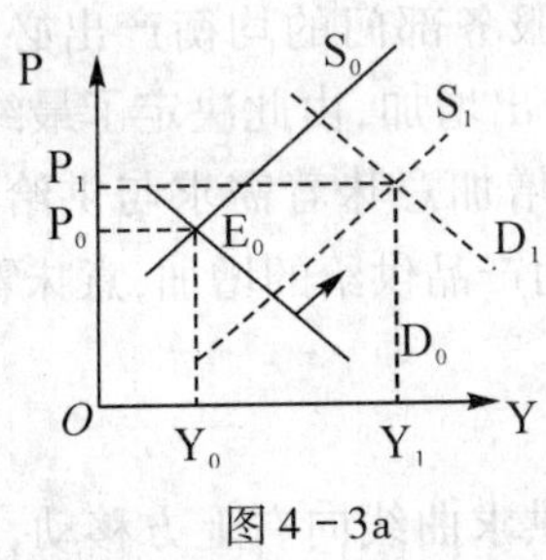

图4-3a

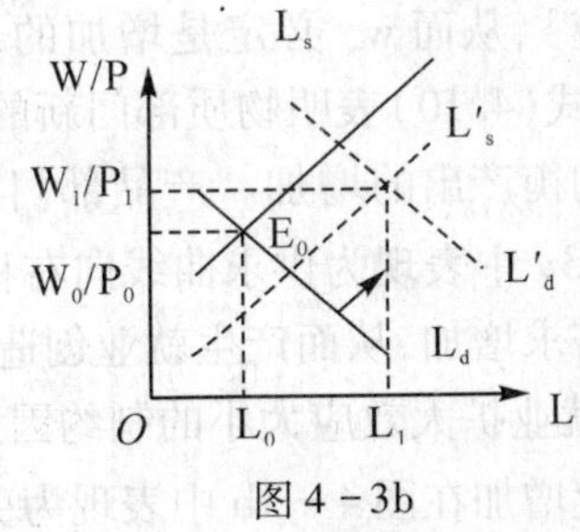

图4-3b

图4-3　服务承接国产品市场与劳动力市场均衡

图4-3a表明服务承接国产品市场初始均衡以及均衡变动的情形。初始均衡的产出水平为 Y_0，均衡价格为 P_0。但由于服务承接国企业承接外包的服务，使得各部门产品供求发生变动，最终达到新的均衡，在服务承接条件下，最终部门新的均衡产出水平由公式(4.15)给出。从公式(4.15)可以看出，均衡产出 $\bar{Y}$ 随 n^* 的数值增加而增加。n^* 表示以服务承接方式提供的

服务产品的数量，根据前文分析，国际服务外包对服务承接国存在范围经济与规模经济效应，显然 n^* 的数值会随着国际服务外包业务的增加而上升。因此，国际服务外包提高了服务承接国产品市场新的均衡产出。在图4－3a中，新的均衡产出为 $\bar{Y}=Y_1$。

图4－3 b 表明服务承接国劳动力市场的初始均衡以及均衡变动的情形。由产品市场的初始均衡价格 P_0 所决定的均衡就业量为 L_0，当产品市场新的均衡产出所决定的均衡价格为 P_1 时，均衡的就业量为 L_1。公式(4.15)表明新的均衡产出与均衡价格以及高技能劳动要素之间是同向变化的，因此，随着均衡产出的增加，意味着均衡价格以及均衡就业量的增加。

二、国际服务外包对承接国的就业效应分析

（一）就业扩大效应及其讨论

1. 国际服务外包对承接国存在就业扩大效应

理论上，任何一种产品都可以还原成相应的生产要素。服务产品也可以还原成其主要生产要素：劳动力、技术与资本。服务产品的特性决定着服务产品的生产与劳动力和技术存在着密切关系，而对资本的相对需求较少。

根据上文分析，国际服务外包对承接国服务产品市场的冲击最终结果是服务产品新的均衡产出增加，公式(4.13)中，$\bar{x}_s = L_Y(p_Y A\beta^2/w_s\delta)^{1/\alpha}$，$L_Y$、$p_Y$ 均大于初始均衡的水平；而根据前文的分析，国际服务外包存在工资提升效应①，从而 w_s 必定是增加的，因此，服务部门的均衡产出必定增加。同样，公式(4.10)表明物质部门新的均衡产出增加，由此决定了最终产品部门新的均衡产出的增加。产品部门产出的增加意味着需求与供给的增加，在图4－3a中表现为供求曲线向右移动。而产品供给的增加，意味着企业对劳动的需求增加，从而产生就业创造效应。

2. 就业扩大效应大小的制约因素

就业增加在图4－3b中表现为劳动力供求曲线向右上方移动，此时，均衡就业水平增加的幅度取决于劳动力供给情况，在图4－3b中表现为劳动力供给曲线是否向右方移动以及移动的幅度。从公式(4.14)可以看出，均衡就业量 L_Y 取决于中间投入的服务部门产出水平($\bar{x}_s$)、最终产品价格(p_Y)与服务部门劳动工资(w_s)以及单位服务产品需要投入的劳动要素(δ)($w_s\delta$

① 本书模型中涉及的各部门劳动要素的工资均指名义工资。因为在实际中，企业在劳动力市场购买劳动要素时，所支付的均是货币工资。

为单位服务产品生产的劳动力成本）。

(1)服务部门的产出水平

现实经济中，有两个主要的因素会制约中间投入的服务部门产出水平：一是国际服务外包中的服务产品需求的类别。如果来自国际市场的服务产品需求是对现代服务产品的需求，因为现代服务产品的特点是“高技术含量、高附加价值、高质量”，对于服务业发展水平较低的社会，服务企业满足国际市场上服务需求的能力是有限的，其产出水平会受到限制，因而其吸收劳动者的能力也是有限的。

二是服务行业的竞争程度。一方面如果能满足国际市场服务需求的企业所在的行业具有较高的垄断性，则其他企业难以进入，从而该行业规模的扩大有限，产出水平会低于竞争性均衡水平；另一方面即使该行业工资水平较高，由于进入困难，仍然有许多劳动者被排斥在外。

(2)最终产品价格与单位中间投入的服务产品的劳动成本

根据前文分析，国际服务外包会引致最终产品价格与服务产品的劳动成本均增加，其对就业的影响取决于二者上升速度之比。在产出一定的情况下，如果价格增长的速度高于服务产品劳动成本增长的速度，那么就业增长的幅度较小（表现为$\bar{x}_s/(p_Y A\beta^2/w_s\delta)^{\frac{1}{\alpha}}$变动值较小）；如果价格增长速度低于服务部门劳动成本增长速度，则就业增长较大。

显然，服务部门劳动成本与服务劳动投入数量以及劳动工资水平密切相关。而服务劳动投入数量以及劳动工资水平受以下两个条件的限制。

第一，企业是否有提高工资水平的意愿。从企业的角度看，如果现有服务业企业仍然维持原有工资水平来雇佣劳动力的话，劳动力供给不会增加，从而在服务行业劳动力市场上存在供求缺口。反之，如果企业为了解决劳动力需求缺口，企业会通过提高工资水平来吸引劳动者，从而劳动力供给会增加。不过，企业提高工资水平可能产生两个方面的影响：一是由于工资水平的提高，会导致企业劳动力成本增加，从而会降低企业的利润，或者使得服务产品价格上升从而在国际市场中失去竞争优势。二是企业会倾向雇佣具备较高劳动技能的熟练劳动者。这是因为，工资水平是由边际劳动生产率决定的，企业在提高工资报酬的同时，必然寻找边际劳动生产率水平较高的劳动力，对于企业而言，边际劳动生产率越高越好，如果高于企业工资水平，企业从中可以获益，并且可以在一定程度上抵消因劳动力成本增加而损失的利润。而较高的边际劳动生产率意味着劳动者需要具备较高技能水平。

因此，服务承接企业倾向于增加对高技能劳动力的投入，并由此提高劳动工资水平，但结果可能会出现高技能劳动力对低技能劳动力的替代，因为企业可能会解雇低技能劳动力来削减劳动力成本。

第二，社会是否储备有足够的高技能的服务性劳动力（Skilled-service Labor）。从劳动力供给角度来看，尽管服务企业愿意提高工资水平来雇佣劳动力，但如果社会并没有储备足够的熟练的服务性劳动者，企业可能仍然不能雇佣到企业所需的劳动力。此时，企业解决劳动力需求缺口的一个重要途径，就是通过培训现有员工，提高现有员工的生产率，或者增加现代化资本投入（例如增加计算机、电话、网络等方面的投资），以资本需求替代劳动力需求。在这种情况下，由于国际服务外包引致的服务劳动力需求并不能真正增加社会就业水平，而且可能会出现资本对非熟练劳动力的替代。

（二）就业替代效应及其对就业扩大效应的影响

一般认为，就业替代表现为不同技能劳动力之间的替代以及资本对劳动力的替代。在国际服务外包活动中，还有一种就业替代是承接国的劳动力对发包国劳动力的替代，从而导致发包国失业增加。就业替代效应会影响就业水平和就业的稳定性。国内外学者对发包国家的就业替代效应考察比较多，事实上，对于承接国而言，也存在着就业替代效应，并且就业替代效应会影响国际服务外包的就业扩大效应。

1. 国际服务外包产生就业替代效应的途径与表现

根据前文分析，微观上，国际服务外包引致的范围经济、规模经济效应以及对工资的影响均会产生就业替代效应。企业在扩大经营范围与规模而转向承接相对较高技术含量的服务业务时，会增加对高技能要素的劳动力的需求，并且，劳动工资的提高，也促使服务承接企业基于提高生产效率的考虑而雇佣高技能劳动力。具体而言，国际服务外包对承接国产生就业替代效应表现在以下两个方面：

一是高技能劳动力对低技能劳动力的替代，从而导致低技能劳动力失业增加。但这种替代效应的大小主要取决于承接国社会劳动力技能结构。如果增加的劳动力供给中，劳动者的技能水平普遍较低，高技能劳动力缺乏，例如，如果增加的劳动力供给主要是农业劳动者，这些农业劳动者由于缺乏现代服务技能，可能仍然无法满足服务企业的需求。服务企业为了抵消增加的高技能劳动者的成本，有可能解雇低技能劳动者，从而产生高技能劳动者对低技能劳动者的替代，同时，还可能增加高技术含量的资本设备投入来改进服务技术（例如增加电脑设备、网络等信息化建设的投入），这样又产生资本对低技能劳动力的替代。最终结果是部分低技能劳动者失业，社会就业水平可能不会提高，反而可能会增加失业，社会就业水平可能会降低。如果增加的劳动力供给中，高技能劳动力占较高的比例，那么国际服务外包的这种高技能劳动力对低技能劳动力的替代作用会较小。

二是由于服务企业技术进步和劳动生产率的提高以及技术外溢作用而产生资本对劳动的替代效应。不过，许多学者已经证明，这种替代作用只会发生在短期，长期来看，生产率的提高与技术进步会促使生产规模扩大，从而产生规模经济效应，增加就业。即使在短期，如果承接国服务部门发展水平较高，其规模的扩大较快，则这种替代效应也会很小。

2. 就业替代效应对就业扩大效应的影响

国际服务外包引致的承接国就业扩大效应的大小以及实际中是否真正增加就业水平，需要考虑上述就业替代效应的大小。

在劳动力供给水平不变，并且存在灵活的劳动力流动机制以及存在较多的社会教育培训机会的情况下，不同技能劳动力之间的替代效应对就业水平的影响不大，因为，低技能劳动力需求的减少与高技能劳动力需求的增加只是此消彼长的关系，因此，总就业的扩大效应影响不大。不过，如果缺乏灵活的劳动力流动机制以及教育培训机会，被替代的低技能劳动力可能较长时期失业，从而会导致就业的不平衡，增加失业人数，从而影响就业扩大效应。

此外，根据上述国际服务外包对承接国就业替代效应的影响途径与表现，国际服务外包对承接国的就业替代效应还取决于承接国高技能劳动力储备状况和服务业发展水平。如果高技能劳动力储备越多，服务业发展水平越高，就业替代效应就越小，从而对就业增加效应的影响越小。

（三）劳动力流动效应及其对就业扩大效应的影响

国际服务外包可能会引致承接国劳动力在部门间以及地区间流动，主要包括未就业的劳动力流向服务部门，其他部门已就业的劳动力转换职业流向服务部门以及从服务部门流出的劳动力，包括被高技能劳动力替代的低技能劳动力。

根据劳动经济学理论，工资作为劳动价格成为引导劳动力流动的一个重要的信号。国际服务外包通过工资外溢与技术外溢机制而引致服务性企业工资水平上升，从而吸引一部分劳动力转移到服务性企业中，这种劳动力转移效应随着服务业企业在地域分布上的差异以及行业工资差异变化而变化，成为引致劳动力跨地区转移与跨行业转移的重要微观基础。一般将服务性企业所提供的岗位为“白领”岗位,尤其是涉及高技术含量高附加价值的服务性行业的岗位,是许多人向往的职业。当这些岗位工资水平提高,会吸引更多劳动力转移到这些行业。国际服务外包直接增加了承接国这些岗位的吸引力。

不过,劳动力流动过程可能会产生摩擦性失业,从而影响国际服务外包对承接国的就业扩大效应。摩擦性失业主要因为劳动力在部门间流动时存在劳动转移成本。如果服务企业愿意提高工资水平来吸引劳动者,其他部门的劳动者可能会向服务行业转移,但劳动者转移的数量与规模受劳动者转移成本的制约。劳动者在不同企业和部门之间的转移成本主要包括:教育培训成本、就业岗位的搜寻成本以及机会成本。为了能够找到理想的新工作和岗位,职业转换者往往会事先有针对性地进行自我培训,例如,英语技能培训、电脑、网络使用技能培训等。由此而产生的成本费用即教育培训成本。就业岗位搜寻成本指职业转换者在寻找新的工作岗位过程中所发生的成本费用,例如,制作求职简历的费用、职业中介所的中介费用以及其他搜寻就业岗位信息的费用等。机会成本包括职业转换者辞去现有工作岗位的损失以及寻找到新的工作岗位可能失去的其他就业机会带来的利益。一般而言,劳动者转换成本越高,劳动者转移越困难。例如,对于农村剩余劳动力以及工业部门下岗的职工而言,转移成本较高。在失业人群中,这类人群占主要部分。

第六节　小结

从微观角度看,国际服务外包本质上是企业的一种跨国经营战略,而企业是劳动力市场中的需求主体,国际服务外包的发展必然影响企业对劳动力的需求,而一国就业水平决定于劳动力市场供求平衡结果,因此,劳动力供求分析是分析国际服务外包对服务承接国就业影响的起点。企业是劳动力市场中的需求主体,有许多因素会影响企业对劳动力的需求,这些因素包括:劳动力工资水平、企业产出规模、产品的需求规模、资本的价格与技术水平、劳动力的可获性。劳动力市场的供给主体是劳动者和潜在的劳动者。在既定的劳动力市场,在人口及其增长率不变的情况下,影响劳动力供给的因素包括工资水平、劳动力已有收入水平、工作条件、环境与福利、劳动力培训状况等。在劳动力市场中,存在工资和劳动力流动的调节机制。工资水平的变化影响一定时期劳动力供求的变化方向与水平,而劳动力流动的难易程度与流动速度则影响劳动力供求的部门与地区之间的平衡。国际服务外包通过影响上述决定劳动力供求的因素与调节机制来影响服务承接国的就业。

世界服务业、国际服务贸易以及国际服务外包发展的实践表明,随着国际服务外包的发展,国际服务产品市场的需求规模与范围日益扩大。理论上,在开放的环境中,随着对外服务的承接,服务承接国的服务产品供求规模与范围也日益扩大,并且,在服务承接国服务发展水平有限的条件下,服务承接会促使服务承接国服务产品价格的上升。

国际服务外包引致的服务承接国服务产品供求规模与范围的扩大,会给服务承接企业带来范围经济和规模经济效应。服务承接企业通过发展服务外包业务,其市场范围与所经营的产品范围得到扩大,从而产生成本降低以及资源协同作用等效应,而随着市场范围的扩展,服务承接企业必然扩大其生产规模,从而产生服务的专业化与成本降低的效应。范围经济与规模经济带来的利益必然促使服务承接企业增加要素的投入和提高要素效率。国际服务外包的特征决定劳动力要素尤其是高技能的劳动力要素对于服务承接企业更为重要,并且,在成本既定条件下,劳动力是服务承接企业具有比较优势的要素资源。因此,服务承接企业会增加对劳动力要素的投入。服务承接企业会通过提高工资水平、培训现有就业人员以及雇佣高技能的劳动力来提高劳动力要素效率,最终结果会增加服务承接企业对高技能劳动力的需求。服务承接企业的组织规模特征和服务技术性质会影响对劳动力需求的规模。根据国际服务外包对服务类型的需求特征以及服务各行业的技术性质,国际服务外包主要对承接国从事标准化服务的承接企业存在较大的范围经济效应与规模经济效应,从而对从事标准化服务的劳动力需求产生较大的影响。

国际服务外包对服务承接国带来范围经济与规模经济效应的同时,还会影响服务承接国的工资水平。国际服务外包通过范围经济与规模经济效应、人力资本提升效应、人才流动效应以及示范与关联效应等途径带来技术外溢效应,技术外溢效应提高了包括服务承接企业在内的所有企业的生产率水平和收益水平,从而提高企业的工资水平。继而服务行业工资水平的上升对其他企业和行业的工资水平存在外溢效应,从而会引致整体工资水平的提高。考虑名义工资和价格上升的速度,短期内,国际服务外包可能会引致服务承接国实际工资水平的下降。这是因为,如果服务承接引致的服务供给增加有限,服务产品价格会有较大幅度上升从而带动其他产品的价格较大幅度上升,而由于名义工资上涨的速度取决于生产率增长的速度,而短期内,生产率增长速度会低于价格上涨速度,此外,服务承接企业为保持劳动力成本优势不会大幅度提高工资水平,从而导致服务承接国实际劳动工资水平的下降。

产品市场供求变化与劳动力市场供求变化之间存在密切的关系。这是因为,企业是劳动力需求的主体,而企业对劳动力需求的规模取决于企业所生产或提供的产品的供求规模与范围。在劳动力供给不变的情况下,企业所生产的产品供求规模与范围扩大,必然会引致企业增加对劳动力要素的需求。服务企业是国际服务外包活动中的微观主体,同时也是劳动力需求的主体,国际服务外包通过增加服务产品的需求规模来扩大服务承接企业的经营规模与范围,从而产生扩大劳动力需求的效应。服务承接国就业水平由劳动力市场供求平衡所决定,而国际服务外包通过影响服务承接国产品市场均衡水平而影响劳动力市场的均衡就业水平。国际服务外包引致的均衡产出、均衡价格、均衡就业量以及高技能要素的需求是同向变化的,国际服务外包对承接国服务产品市场的最终冲击结果是新的均衡产出增加,而随着均衡产出的增加,均衡价格、均衡就业量以及高技能劳动力需求增加,从而产生就业扩大效应。

本部分的分析表明,国际服务外包通过影响劳动力市场供求决定因素,给服务承接国带来就业增加效应、就业替代效应与劳动力流动效应。不过,上述效应的大小则取决于现实中的制约因素。国际服务外包引致的就业增加效应的大小决定于劳动力供给增加的幅度、服务部门的产出水平、最终产品的价格与单位服务产品投入的劳动力成本(由劳动工资决定)等因素。而上述因素受国际服务外包中的服务产品需求类别、服务行业竞争程度、服务劳动投入数量与劳动工资水平的影响。

第五章　国际服务外包对承接国就业的宏观影响机制与效应

上一章的内容主要从企业经营行为、产品市场以及劳动力市场等微观角度分析了国际服务外包对承接国就业的影响机制与效应，即国际服务外包引致承接国服务产品需求增加进而对劳动力市场上劳动力供求以及工资水平产生影响，从而产生就业扩大效应、就业替代效应以及劳动力转移效应。本章则在前文分析的基础上讨论国际服务外包对承接国就业的宏观决定因素的影响与效应。

国际服务外包对承接国就业总量的影响主要是通过促进服务外包产业的发展、促进服务贸易的增长、增加国民收入、扩大有效需求以及促进技术进步等途径来增加经济总量；国际服务外包对承接国就业结构的影响主要是通过影响承接国产业结构变动、劳动力产业间流动以及区域间流动等机制；国际服务外包对承接国就业质量的影响主要通过提升人力资源、增加就业机会、改善工作环境与提高工资报酬等途径。

国际服务外包对承接国就业的影响机制与效应的分析框架如图5－1所示。

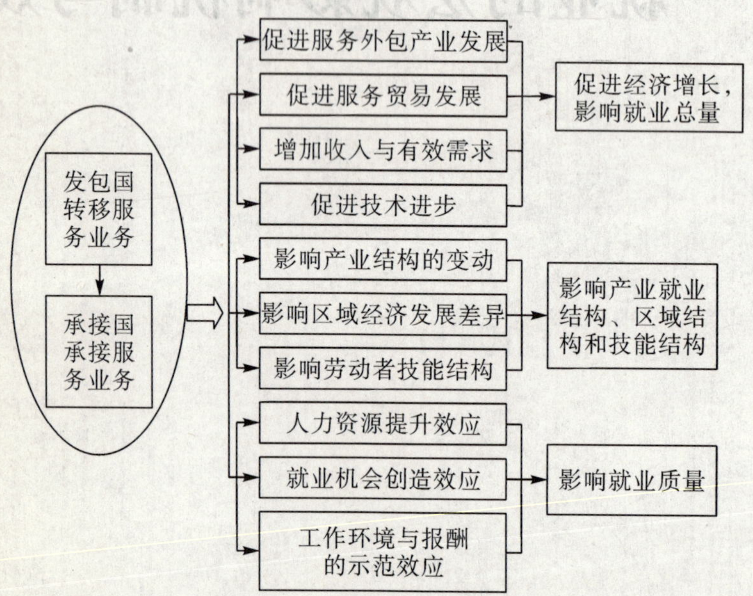

图5－1　国际服务外包对承接国就业影响的宏观机制与效应

第一节 国际服务外包对承接国就业总量的影响机制与效应分析

根据就业总量的内涵,就业总量通常与一国人口总数以及劳动力总数密切相关,但在特定时期内,就业总量的变化则与一国宏观经济总量的变化密切相关,尤其是与经济增长水平密切相关。在西方就业理论中,经济增长是决定一国就业总量增长重要因素。国际服务外包主要通过四个方面的途径影响一国经济增长:一是直接促进服务外包产业的发展;二是直接带动服务贸易的发展;三是增加居民收入以及扩大有效需求;四是促进技术进步。

一、国际服务外包对承接国服务外包产业发展的影响

(一)服务外包产业的含义

目前,关于服务外包产业并没有一个正式的定义,但一般认为,服务外包产业是随着服务外包活动而产生的具有信息技术承载度高、附加值大、资源消耗低、环境污染少、吸纳就业(特别是大学生就业)能力强、国际化水平高等特点的现代高端服务业。服务外包活动广泛存在于信息技术服务、业务流程服务等服务活动中,由此产生信息技术业务流程外包产业,以信息技术为基础的软件与信息服务外包产业发展最早,发展速度最快。

(二)国际服务外包对承接国服务外包产业发展的促进作用

国际服务外包与承接国服务外包产业的发展存在着相互促进相互影响的密切关系,主要表现在以下三个方面:

第一,国际服务外包为服务承接国新兴产业的发展提供了广阔的空间。从国际服务外包的对象内容来看,国际服务外包广泛存在于信息技术软件、信息技术服务以及基于信息技术的业务流程外包业务、金融服务、人力资源服务等众多领域,服务承接国可以根据自身要素禀赋和竞争优势选择适合本国国情的外包产业,发展新兴产业。

第二,国际服务外包有利于提升服务承接国相关外包产业的发展水平。服务承接国在承接国际服务外包的过程中,在发包企业的质量要求以及自身提高竞争力的需求下,会极力提升相应产业的发展水平,从而促进相应的服务外包产业的发展。

第三,服务承接国外包产业的发展将进一步促进其对外服务承接规模

与水平。服务外包产业的发展会在服务承接国产生产业、人才、知识、财力等高端服务要素的聚集，从而形成具有吸引力的区位优势。国际服务外包的实践表明，更多的发包企业倾向将业务外包给具有良好商业、产业、人才以及制度环境的地区。

（三）服务外包产业的发展对服务承接国经济增长和就业的影响

1. 服务外包产业成为承接国经济增长中最具有活力的部门

在服务承接的推动下，服务外包产业往往发展成为服务承接国经济增长中最具有活力的产业，在服务承接国经济增长、增加就业方面发挥着重要的作用。服务外包产业属于劳动密集型产业，同时也是高技术产业。被外包的服务业务通常是可以数字化和运用信息技术的服务业务，而随着信息技术的发展，服务外包产业的生产率逐渐提高甚至达到与制造业生产率相同的水平。此外，信息技术的发展与服务业部门存在着密切的联系，以信息技术为基础的服务外包产业的发展，对服务业行业的生产率提升具有很大的积极影响，而服务承接国服务业部门的扩张，对整个经济的生产率会产生极大的提高作用。

2. 服务外包产业促使就业转向更高生产率的部门

据国际劳工组织的统计，包括印度在内的多数服务承接国，物流业和信息技术产业的生产率与就业水平均比较高，这说明，就业被吸引到服务业部门高生产率的活动中。物流业与信息技术产业生产率的增长与制造业生产率增长水平相同，表明就业密集型服务行业的增长可以弥补制造业部门高生产率的就业损失。

在当前主要软件服务承接国家中，服务外包产业的发展对经济增长与就业增加起着重要的作用。例如，印度利用其20世纪90年代对外开放所营造的良好制度环境、自身发达的高等教育体系、低廉而高质量的劳动力等要素，顺应全球信息革命和知识经济发展的潮流，积极开展对外服务承接业务，成功地发展了以信息技术业务流程外包产业为核心的服务外包产业。随着服务外包产业的不断发展，印度软件和服务出口企业的规模、劳动生产率不断提高。据印度国家软件与服务公司行业协会（以下简称 NASSCOM）对印度服务外包产业的统计，印度软件外包产业 1990 年只有约 5 000 万美元的产值，到 2008—2009 财年，印度的服务外包产业规模突破了 700 亿美元，软件和信息服务产值约占国内生产总值的 5.8%，服务承接规模达 473 亿美元，直接就业人数达 223 万人，比上年增加就业 22.6 万人，间接创造的就业人数达 800 万人。爱尔兰曾经是欧洲最贫穷落后的国家之一，20 世纪

90年代以来,爱尔兰在承接服务外包的带动下,发展成为全球最大的信息技术服务出口国之一。爱尔兰人口少,传统产业规模较小,造成国内市场需求有限,爱尔兰较早地把发展软件产业的目光瞄准国外市场。据亚太经合组织(OECD)公布的数据,早在1998年,爱尔兰的软件出口额就已超过美国和印度,居世界第一位,成为世界软件出口大国之一。据统计,到2008年,爱尔兰的信息与通信技术产业拥有1 300多家公司,雇员人数从1993年的4.7万人增长到2006年的8.7万人。其中,制造业部门就业人数为2.86万人,服务业就业人数为5.8万人。服务承接为爱尔兰发展了广阔的国外市场空间。据世界贸易组织统计,2007年,爱尔兰软件与信息服务外包中的离岸市场规模达310亿美元,欧洲市场商业应用软件销售的60%、电脑套装软件的40%均来自爱尔兰。以色列也是全球软件外包主要目的地之一,在承接软件外包的推动下,以色列成为世界重要的科技中心之一,一些高新技术产业处于世界领先地位。1990年以来,以色列软件产业发展迅速,软件部门吸引了本国的1/3的对外直接投资,软件出口不断增加。2006年,以色列的软件出口达36.5亿美元,占全国出口总额的约10%。目前,以色列在承接软件产品的基础上,基于IT技术的服务业也发展很快,进一步拓宽了信息技术外包的业务范围。以色列全国有业务流程外包呼叫中心约500多家,其中约200家具有中等以上规模,就业人数达11 000人,其中75%是女性。

二、国际服务外包对承接国服务贸易的影响

国际服务外包与服务贸易之间的紧密联系决定国际服务外包的发展必然会推动服务承接国国际服务贸易的发展。从宏观上来看,国际服务外包的本质是发包国与承接国之间的一种特殊服务贸易,是发达国家将本国不具有比较优势的生产过程中的服务环节外包给服务成本低廉的发展中国家,由此而发生的一种跨境服务贸易形式,也可以理解为服务领域的加工贸易。在国际服务外包活动中,发包国主要是发达国家,是服务产品的进口国,而承接国主要是发展中国家,是服务产品的输出国。

国际服务外包的发展对服务承接国服务贸易的影响主要表现在两个方面:一是扩大服务承接国服务出口的规模;二是改变服务承接国服务贸易结构。

(一)国际服务外包对服务承接国服务出口的扩大效应

尽管国际服务外包在本质上表现出与一般国际服务贸易不同的特点,但国际服务外包与国际服务贸易之间存在着密切的联系。对于承接国而

言,承接国际服务外包意味着对外服务业务的输出,从而成为承接国国际服务贸易出口的重要构成部分。更重要的是,如果承接国以出口为导向来定位服务外包产业的发展,则对服务出口的促进作用更加明显。在实践中,印度在发展服务外包产业时,一开始就以出口导向为定位,不但促进了印度服务外包产业的发展,而且极大地促进了印度软件与信息服务的出口贸易。

从世界国际服务贸易发展的历史情况来看,自 20 世纪 90 年代以来,发展中国家的服务贸易的迅速发展主要归功于国际服务外包的发展。一直以来,发达国家的国际服务贸易发展比较快,所占份额比较大而发展中国家服务贸易相对比较小。进入 20 世纪 90 年代,在发展中国家,亚洲特别是东亚地区的服务贸易发展尤为迅速。促进发展中国家国际服务贸易发展一个重要原因是对国际服务的承接。由于 20 世纪 90 年代以来,以计算机技术和网络技术为核心的信息技术在发展中国家迅速渗透,信息技术带来生产方式的变革以及交易成本的降低,从而将发展中国家纳入了国际垂直分工的范围,而发展中国家尤其是一些新兴的工业化国家和地区在经济发展的过程中积累了一定的技术、资本、信息和人力资源竞争实力,并且在劳动力资源方面仍存在比较优势,成为国际服务外包的主要目的地。

从当前主要服务承接国服务贸易的发展实践来看,国际服务外包在承接国服务贸易发展中发挥了突出的作用。印度是承接服务外包最成功的国家之一,服务外包的发展极大地带动了印度服务出口的增长。根据世界贸易组织发布的国际贸易数据,1997—2007 财年间,印度服务出口额增长了 9 倍,占印度出口额的比重由 20.3% 上升到 38.2%,而同期制成品出口仅增长了 3.15 倍,占出口额的比重由 79.7% 下降为 61.8%。服务承接对印度服务出口额起着重要作用。据印度全国软件与服务公司协会的统计,2005—2009 年间,信息技术业务流程外包产业的出口增长速度不仅要高于印度总出口的速度,而且其出口额占总出口额的 14%,2009 年,印度信息技术业务流程外包产业出口收入 473 亿美元,占印度总出口从 1998 年的 4% 上升为约 16%。中国近几年软件服务外包发展较快,拉动了软件出口快速增长。据国家工业与信息化部统计,2008 年中国软件出口 142 亿美元,同比增长了 39%,其中软件服务外包出口 15.9 亿美元,同比增长了 54%。出口的快速增长促使软件出口额占行业总收入的比重不断提高。据中国软件协会统计,中国软件与信息服务出口额占软件信息服务业总收入的比重由 2001 年的 7.5% 上升到 2007 年的 12.1%,除去人民币升值因素,软件与信息服务出口的比重应更高。计算机与信息服务出口占总服务出口额的比重从 1997 年的0.8%上升为2008年的2%。

（二）国际服务外包对服务承接国服务贸易结构的优化效应

1. 服务贸易结构的概念

服务贸易结构是指各类服务行业在总的服务贸易中的比重，包括服务贸易总体结构、服务贸易出口结构和服务贸易进口结构。根据服务产品技术含量与劳动密集程度可以将服务贸易结构分为技术密集型服务产品贸易与劳动密集型服务产品贸易。一般认为旅游、运输、其他商业服务等传统服务贸易属于劳动密集型服务产品，而金融保险、信息技术服务、工业产权、咨询等现代服务属于技术密集型服务产品。

2. 国际服务外包有利于服务承接国服务贸易结构的优化

第一，从需求角度看，国际服务外包的发展使国际市场对承接国技术含量较高的高端服务的需求增加。一国出口主要取决于国外经济活动对该国出口产品或服务的需求。随着跨国企业国际垂直分工的深入，国际服务外包正从低端服务向高端服务发展。在国际服务外包的发展初期，外包企业主要是转移非核心的技术含量相对较低的服务业务。随着国际垂直分工深化，国际服务外包的业务范围不断扩展，服务外包市场中技术、知识、资金密集型项目的比例不断提高。目前，国际服务外包的市场结构正从基础的技术层面的信息服务技术外包转向高层次的业务流程外包和更高附加值的知识流程外包。许多跨国公司不仅将数据输入、文件管理等低端服务外包出去，还外包更复杂的任务，如软件开发、设计、风险管理、金融分析、建筑设计服务、税收筹划和医学分析等技术含量高、附加值大的业务。国际服务外包这一发展趋势为承接国调整服务贸易结构提供极好的机会。

第二，从供给的角度看，国际服务外包会促进承接国提高出口服务产品的国际竞争力，从而增加高端服务产品的供给能力。一国的出口取决于该国出口产品或服务的国际竞争力。在承接国际服务业务转移的过程中，承接企业与发包企业之间通过外包契约建立了基于共同利益的交流渠道和机制，这种交流渠道和机制使承接企业与发包企业能够密切接触和交流，带来了信息的交换。例如，发包企业可能会提供如何改善服务产品生产过程以及服务产品质量的建议。此外，服务承接企业迫于国际市场竞争压力而不断加大研发力度，提高生产效率，降低生产成本，提高服务产品质量。服务企业承接的服务业务越多，得到改善服务产品生产与质量的建议的机会越多，国际市场的服务需求越大，竞争压力越大，服务企业提高国际竞争力的动力也会越强。从承接国政策角度来看，为了抓住国际服务外包的机会，承接国会制定提升本国出口服务产品国际竞争力的贸易战略,从而促进承接国服务贸易结构的升级。

从国际服务贸易的发展实践来看,国际服务外包对服务承接国服务贸易结构的变化发挥了重要的作用。承接服务外包的国家主要是发展中国家,而发展中国家服务贸易的出口主要集中在传统的劳动密集型和资源禀赋优势部门上,而在技术含量和附加值较高的保险服务、金融服务、计算机和信息服务、专有权利使用费和特许费、咨询等服务贸易领域则呈现出贸易逆差。不过,随着服务承接国服务外包产业的发展以及服务承接规模的扩大,那些服务贸易持续逆差的发展中国家,服务外包产业的出口呈现出增长较快的势头,并开始出现顺差。例如,中国在1997年的计算机和信息服务有1.48亿美元的逆差,在2009年,则转为33亿美元的顺差。计算机和信息服务出口中国服务出口中所占的比重基本保持了稳定提高的走势。印度的信息技术业务流程外包产业的出口在1998—2009财年间,也从17.59亿美元增加到473亿美元,增加了约27倍,其增长速度高出印度总出口的速度,促使印度出口从传统商品出口向服务出口转移,信息技术业务流程外包出口的价值要高于传统出口商品的价值。

三、国际服务外包对承接国国民收入与有效需求的影响

国际服务外包对服务承接国的收入和有效需求的影响可以从贸易机制与收入效应两个角度来理解。

(一)服务贸易机制对收入的扩大效应

从贸易机制角度来看,由于国际服务外包会促进承接国服务贸易出口,国际服务外包可以通过贸易机制来影响承接国国民收入与有效需求。贸易机制是指在开放的经济环境中,对外贸易通过增加一国外部需求对贸易双方国家的国民收入与经济增长带来影响的机制。在开放经济环境中,根据国民收入支出核算方法,一国的国民收入可以分解为国内收入与国外收入两部分,即国内生产总值=居民消费+企业投资+政府购买+净出口$=C+I+G+(X-M)$。对外贸易通过净出口额的增减而影响国民收入。如果净出口额为正,即贸易顺差会增加一国的国民收入,反之为负,即贸易逆差会减少一国的国内收入。国际服务外包对承接国服务出口具有促进作用,随着对外服务出口的增加,必然增加服务贸易的出口收入,对于服务贸易存在逆差的发展中国家,则可以减少进出口逆差,从而改善承接国贸易收支状况和直接增加国民收入。随着国民收入的增加,国际服务外包还可以通过贸

易乘数作用增加承接国的投资需求与消费需求,从而扩大承接国国内有效需求。

(二)收入效应对承接国有效需求的扩大作用

工资收入是劳动者的主要收入来源,工资收入的增加会直接促进有效需求的扩大。从服务外包产业就业人员收入的角度来看,国际服务外包有利于增加服务承接国服务外包产业和相关产业就业人员的工资收入,有利于扩大服务承接国的有效需求。其原因主要有两个方面:一方面,国际服务外包通过技术溢出与工资溢出等途径,促进服务外包产业和相关行业工资水平的提高,从而增加服务外包产业和相关行业就业人员的工资收入;另一方面,服务承接国服务外包产业发展规模的扩大,有利于提高该行业就业人员的工资水平。通过承接国际服务外包,服务外包产业的产值以及出口收入会随着增加,从而有利于提高该行业从业人员的收入水平。

虽然印度因为劳动力成本较低而赢得国际服务承接的机会,但随着印度服务外包产业的发展,与服务外包相关的就业人员的工资则逐渐上升。1997 年,印度信息技术与软件工程师的工资在 2 200 ~ 2 900 美元,相应的美国信息技术与软件工程师的工资为 32 500 ~ 39 000 美元。2004 年,印度信息技术与软件工程师的年收入约为 20 000 美元,信息技术业务流程外包产业部门的职工年平均收入一般在 14 600 美元,虽然远低于美国同行业收入水平,但仍高于印度 600 美元的人均收入水平。从中国职工的平均工资来看,中国计算机、信息服务与软件业的职工年平均工资在 2003 年为 32 244 元,到 2008 年为 56 642 元,增长了两倍,远高于全国职工平均工资的 29 229 元水平。收入的增加会直接扩大有效需求。以印度为例,2009 年,印度仅信息技术业务流程外包产业的就业人员在不同地区的电信、医疗中心、纺织品、媒体、娱乐、耐用消费品等方面的消费开支约为 151. 8 亿美元,从而直接驱动了上述部门的消费需求增长。

四、国际服务外包对承接国技术进步的影响

(一)国际服务外包是承接国获得外源性技术进步的重要途径

经济增长的理论与实践证明,技术进步是实现可持续经济增长的源泉,而对于服务承接国来说,国际服务外包活动是获得技术进步的一个重要的外部来源。

第一,从理论上讲,在开放的经济环境中,国际服务外包的兴起为承接国尤其是广大发展中国家提供了学习外部先进服务技术与管理经验的新途

径。技术进步的来源一般有两种:一种是自创型技术进步,即主要是通过自身的技术创新不断增加技术存量,实现技术进步;另一种是获得性技术进步,即充分利用外部技术资源,通过学习和模仿,或技术外溢等途径而获得的技术进步。在开放的经济环境中,对于广大的发展中国家而言,引进外部技术,特别是借助于技术扩散、溢出效应获得先进技术,不仅可以缓解其经济发展中存在的技术瓶颈问题,缩短其赶超经济发达国家、地区的时间,而且还能有效地节约其稀缺的经济资源,降低自主创新的风险。国际间知识传播、技术扩散的途径很多,其中国际贸易和国际直接投资是最重要的两个途径,它们产生的国际技术转移(International Technology Transfer)和溢出效应也是理论和实证研究中广泛探讨的问题。大量的理论研究表明,一国通过扩大国际贸易,引进外国直接投资,既可以拓展其获得性技术进步的来源,使其不必完全依赖于自有资源进行知识积累和技术创新,又可以通过更大限度地分享国际间技术溢出和扩散的收益,来增强自身的创新能力。国际服务外包作为一种新的国际分工模式,并且主要产生在发达国家与发展中国家之间,同样成为发展中国家获得技术进步的重要外部途径。

第二,从当前国际服务外包特征的看,国际服务外包对承接国会产生较大的技术外溢效应。尽管发包国家转移的服务业务目前大多属于中低端服务业务,但随着国际服务外包的发展,所转移的服务业务呈现向高端服务发展的趋势,并且,相对广大发展中国家而言,国际服务外包所转移的服务业务属于技术含量相对较高的业务,因此,对于承接国而言,在承接国际服务外包过程中,必然会产生技术外溢效应。国际服务外包活动中通过建立学习机制、人才培养机制等途径,促进了国际服务外包对承接国的技术外溢。

(二)国际服务外包有利于承接国产业技术进步

1. 国际服务外包对服务业技术进步的影响

国际服务外包对承接国服务业技术进步会产生直接的作用。国际服务外包与传统国际贸易和对外直接投资所带来的技术进步发生的领域有所不同。传统的国际贸易与对外直接投资主要发生在制造业领域,技术进步也主要产生在东道国制造业的发展之中。在国际服务外包活动中,对于发包国家而言,发包企业所在行业的不同(即发包企业既可能是制造业企业,也可能是服务业企业),技术进步既可以发生在制造业领域,也可以发生在服务业领域;但对于服务承接国而言,由于承接服务外包的企业主要是服务业企业,所以技术进步主要发生在服务业领域,而对制造业技术进步的影响较为间接。

从当前国际服务外包的特征来看,国际服务外包对服务承接国服务业技术进步带来的直接影响会促进服务业增长。从国际服务外包的特征来看,目前,国际服务外包的发包国主要是欧、美、日等发达国家和地区,发包的主体是作为先进技术载体的跨国公司,国际服务外包的内容主要包括信息技术外包和商务流程外包,其中信息技术外包占全球服务外包市场的60%以上。信息技术外包与商务流程外包都属于技术与知识密集型服务外包,因此,国际服务外包必然带来跨国技术扩散与技术外溢。而服务外包带来的知识、技术、人才、观念管理等方面的外溢效应对服务承接国服务业产业升级以及服务业生产率增长都具有重要的意义。

从服务业特性来看,服务企业的活动属于"类似性活动"(Similar Activities),各个活动环节在企业内部形成水平分工体系,客观上促进了服务外包过程中的技术外溢效应。相对而言,制造业企业的活动属于"互补性活动"(Complementary Activities),各个活动环节在企业内部形成垂直分工体系。因此,从事制造业的跨国企业倾向于将生产的核心技术和研发活动保留在母公司,而由建立在海外的那些拥有低成本优势的子公司从事标准化的劳动密集型产品的生产,客观上抑制了技术在东道国的扩散和溢出。例如,尽管中国过去比较成功地承接了制造业的国际转移,形成了新的"世界工厂"。但是制造业技术进步的水平与速度却与预期相差较远。不过,国际服务外包带来的技术进步程度是否确实超过制造业转移,还取决于服务承接国自身对服务技术的吸收能力以及外包过程中涉及技术和知识的保护制度等诸多因素。

2. 国际服务外包对制造业技术进步的影响

从承接国的角度来看,对外承接服务业务会直接促进服务业技术进步,但对制造业技术进步的影响则比较间接。国际服务外包对制造业技术进步的影响主要是通过服务业与制造业之间的关联效应。服务外包涉及的服务业务主要是生产性服务业,生产性服务业具有与制造业相互融合互动发展的关系,生产性服务业技术进步有利于制造业的技术进步。承接国在承接国际服务外包时,国内不但也会产生服务外包的需求,而且这种需求会随着国内制造业的发展和国内服务产品的供给的增加而增加。承接国服务外包产业的发展会增加服务产品的供给,从而承接国服务外包产业引致的服务业技术进步间接地通过为制造业提供服务而促进制造业技术进步。

五、国际服务外包对承接国就业总量效应的分析

根据上述分析,国际服务外包主要通过前面提到的四个途径来影响服务承接国经济增长,而由服务承接引致的经济增长则会对就业总量产生影响。由经济增长效应引致的就业总量效应的大小主要取决于上述四个方面的作用的大小。

理论上,国际服务外包引致的服务承接国服务外包产业的发展和服务贸易的增长会对经济增长带来较大的正向作用。由于服务外包产业的发展和服务贸易的增长意味着产业规模的扩大进而影响国内供给与外部需求的增加,其对经济增长的拉动作用更为直接和显著,并且,在拉动经济增长的过程中会增加对就业的吸收。从这个意义上讲,国际服务外包引致的服务承接国服务外包产业的发展和服务贸易增长对就业总量的贡献最大。不过,实际作用大小还取决于服务承接国产业发展战略、政策以及人才储备等情况。

从国际服务外包引致的收入和有效需求增加的角度来看,二者对经济增长也存在着正向的作用,但对总就业的影响较为间接并且相对较小。因为居民收入的增加是否形成有效需求还要取决于许多其他因素,比如居民消费习惯与消费结构、社会保障制度等。

从国际服务外包引致的技术进步作用来看,由于技术进步对劳动生产率与产业增长的作用较大,所以其对经济增长存在着较大的正向作用。尽管技术进步带来服务产业劳动生产率的提升,从而会导致部分服务业就业人员失业,但随着较高劳动生产率的服务外包部门的扩展,更多的劳动力被吸引到这些服务部门,从而弥补由于技术进步带来的就业损失,总体上技术进步引致的净就业效应为正。

综上所述,国际服务外包对服务承接国经济增长影响引致的总就业总量存在扩大效应,但就业总量增加的大小取决于服务承接国产业政策、贸易政策、扩大有效需求的政策以及劳动力流动制度等因素的影响。

第二节　国际服务外包对承接国就业结构的影响机制与效应分析

就业结构是经济结构的重要构成内容,就业结构是否合理对一国经济

发展起着重要的作用。就业结构是否合理反映了一国劳动者与生产资料的结合是否合理。劳动者与生产资料结合的合理性是指劳动者与生产资料在数量上必须保持恰当的比例,在质量上必须相互适应、相互协调,在部门、行业与地区分布上要按照一定的比例分布。就业结构不合理意味着劳动者与生产资料之间的结合不合理,从而会直接影响到经济发展的方向、质量、速度和活力。因此,分析国际服务外包对服务承接国就业结构的影响具有重要的意义。

一、就业结构变动的影响因素

影响就业结构的形成与变动的要素可以从三个方面来分析。一是劳动者自身条件,主要是劳动者技能水平。劳动者技能水平决定就业的广度与深度,不同技能水平的劳动者所从事的职业不同,而不同产业对劳动者所具备的技能水平要求也存在差异。二是生产资料以及资本投资在不同产业与不同地区之间分布的状况。这主要取决于一国的产业发展政策与区域发展政策。生产资料以及资本投资在不同产业与不同地区的水平决定了产业发展水平和地区经济发展水平,从而影响产业吸纳就业的能力与就业的地区分布差异。三是由国民收入水平决定的经济发展的阶段。在经济发展的不同阶段,产业的结构往往也不同,并且随着经济发展阶段的变化,产业结构也会发生相应地变化,从而影响劳动力在产业间分布的变化。

不过对于不同类型的就业结构,具体影响的主要因素不同。从宏观的角度看,影响各产业就业结构的因素主要是产业结构的变动,影响就业的地区结构的因素主要是区域经济的发展以及产业在区域的聚集程度,影响就业的技能结构的因素主要是劳动者的技能水平以及不同产业对劳动者技能的需求差异。本书主要分析国际服务外包对产业就业结构①、就业的地区结构、就业的技能结构的影响。

二、国际服务外包对承接国产业就业结构的影响

(一)各产业部门就业与产业结构演进之间的关系

产业就业结构是指不同产业的就业比例,根据产业结构演进理论,产业就业结构与产业结构的演进之间存在着密切的关系。经济学家在研究就业

① 在多数研究文献中,就业结构仅指各产业部门的就业比例,由于本书对就业结构的类型进行了细分,为区别其他类型,将各产业的就业比例结构称为产业就业结构。

结构的决定因素时更多地关注的是劳动力在不同产业间分布以及转移的现象与原因。费雪的研究表明劳动力在不同产业间的转移是经济增长过程中各产业之间收入的相对差异造成的。在此基础上,克拉克(1951)研究了劳动力在三次产业之间转移的规律。该定律认为,在一定的发展阶段,劳动力的就业结构可能在不同的国家呈现出较大的差异,但基本趋势是:随着经济的发展即人均国民收入水平的提高,劳动力首先由第一产业向第二产业转移,当人均国民收入水平进一步提高时,劳动力便向第三产业转移;劳动力在产业间的分布状况是,在第一产业将减少,而在第二产业和第三产业将增加。由于克拉克在阐述该规律时引证了配第在1691年发现的相似规律,于是该规律被称为"配第—克拉克定律"。自配第—克拉克定律提出之后,人们逐渐认识到产业结构的演变是一个从低级向高级不断演进和转变的过程,在这一过程中,就业结构也会发生变动。配第—克拉克定律为后来的许多经济学家所证实,国内外的经济学家围绕产业结构与就业结构之间的关系做了大量的理论与实证研究,如库兹涅茨、钱纳里、富克斯等的研究。他们一致的结论是,产业结构与产业就业结构之间存在着相互促进、相互制约的关系。产业结构的演进决定了就业结构的变化,产业结构的升级会促进就业结构的优化,促进劳动力在产业间的合理配置。产业结构的发展水平决定了各产业的劳动力就业规模。而产业发展水平既体现在该产业的产值规模上,更重要的是体现在该产业吸纳就业的能力上,反过来,合理的就业结构会促进产业结构的进一步升级优化。

(二)国际服务外包对服务承接国产业结构的影响

根据经济学家对产业发展决定因素的研究,一国产业发展主要取决于以下因素:一是人均国民收入的提高。随着人均国民收入的提高,劳动力从生产率较低的部门转移到生产率较高的部门(配第—克拉克定律);二是供给因素的变化,包括人口增长、技术进步和资源比例的变动,其中技术进步更为重要。由于技术的变化会引起相对价格的变化以及制度的变化,人们对不同商品和服务的消费也会产生变化,从而影响产业结构的变化和改变就业的部门分布与劳动力的结构(库兹涅茨的现代经济增长理论);三是经济发展水平、资源禀赋和贸易结构。经济发展水平与产业结构的变动具有高度的一致性,基于资源禀赋的贸易结构对产业结构存在着稳定影响,随着资本与劳动力技能积累而产生的比较优势的变化是贸易结构进而产业结构和就业结构发生变化的基础(钱纳里的标准产业结构模型)。

根据前文的分析,国际服务外包对承接国的产业发展的决定因素均产生重要的影响。国际服务外包对服务行业工资水平的提升效应会引致劳动力向服务业流动，服务外包产业和服务贸易的发展以及服务业技术进步会促进承接国产业结构的优化和升级。

国际服务外包对服务承接国产业结构升级起着重要的作用。根据产业经济学和发展经济学理论，产业结构从第一产业为主向第三产业为主的演进能够促进经济增长，这对于发展中国家尤为重要。当前，国际服务承接国主要是发展中国家，由于发展中国家工业基础普遍薄弱，因而，利用后发优势加快工业化进程，提升产业结构，促进经济增长成为发展中国家的必然战略选择。而建立在信息化技术基础上的国际服务外包引起服务业跨国转移，同时，为发展中国家利用后发优势实现产业结构升级提供了重要的渠道，发展中国家通过承接国际服务外包可以较快地融入服务业国际分工体系，实现产业结构的升级。

从国际服务外包涉及的行业来看，国际服务外包不仅扩大了服务承接国以软件和通信服务行业为支柱的外包产业的发展，而且给其他行业带来新的运营方式，促进传统制造业的升级。国际服务外包对服务承接国产业结构升级的路径如图 5－2 所示。

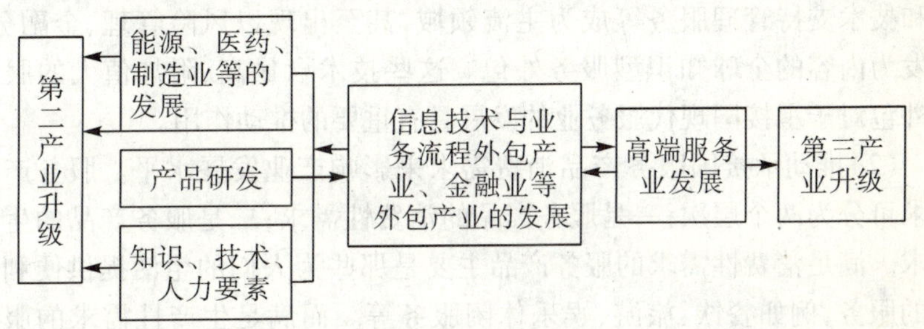

图 5－2　国际服务外包引致的承接国产业结构升级路径

（三）国际服务外包对承接国各产业就业结构的影响途径与效应

从产业就业结构与产业结构之间的关系可以看出，产业结构的变动会带来产业就业结构相应的变动，这种效应称为产业发展的就业效应。同时，根据产业就业结构与产业结构之间的关系可以推断，任何影响产业结构变动的因素，必然会影响产业就业结构变动。具体来说，国际服务外包对服务承接国产业就业结构的影响途径及效应表现在以下几个方面。

1. 推动承接国服务业发展，从而提高服务业的就业吸纳能力

国际服务外包的发展形成对承接国服务业的巨大需求，这为那些寻求

服务业发展的服务承接国提供了良好的机遇。承接外包服务,特别是承接具有出口导向特征的服务业务会给承接国服务业结构升级和产业结构优化带来巨大的利益。

国际服务外包对承接国服务业发展的推动作用主要表现在以下两个方面:

(1)推动承接国现代服务业的发展。从国际服务外包发展的特征来看,国际服务外包领域主要集中于计算机和信息技术外包等领域。邓白氏(Dun Bradstreet)协办的"企业外包全球高峰会议"(Outsourcing World Summit)发现,全球扩张最快的国际服务外包领域是电脑信息、人力资源管理、媒体公关管理、客户服务和市场营销。从国际服务外包发展的趋势来看,国际服务外包业务领域呈现逐渐从低端技术服务转向附加值大的业务流程服务的趋势。在国际服务外包发展的初期,主要业务领域为数据输入、文件管理等低端层次的信息技术外包业务,这些低端业务附加值较小。随着信息技术及网络技术的发展,服务外包所需的技术知识水平提高,以人力资源服务、财务结算、金融后台服务、呼叫中心客户服务、研发设计、现代物流等为主要内容的业务流程外包以及信息技术业务中的系统操作服务、系统应用管理服务和技术支持管理服务等成为主流领域,甚至出现以风险管理、金融分析、研发为内容的全球知识型服务外包。这些技术含量高、附加值大的服务业务外包对于承接国现代服务业的发展具有重要的推动作用。

(2)推动承接国服务产品消费需求来影响产业发展水平。服务产品的需求可分为两个层次:一是服务产品的消费性需求;二是服务产品的生产性需求。满足消费性需求的服务产品主要是那些为人们的生活提供便利或舒适的服务,例如餐饮、旅游、娱乐休闲服务等。而满足生产性需求的服务产品主要是那些为提高生产效率的服务,例如金融服务、商务服务、信息技术服务等。服务产品的消费需求主要取决于居民的收入水平。一般来说,居民收入水平越高,对服务产品的消费性需求越大。同时,国际服务外包有利于提高承接国国民收入水平,在这个意义上,国际服务外包有利于提高承接国对服务产品的消费性需求。对于服务产品的生产性需求,其决定因素主要包括其他产业的发展水平与生产性服务自身的供给质量。一般来说,工业发展水平越高,发展速度越快,对生产性服务需求越大;生产性服务质量越高,其他产业对其需求也会越大。从国际服务外包的对象内容来看,外包的服务业务类型主要是生产性服务,这也说明发包国家主要是发达的工业化国家的原因,因为这些工业化国家对生产性服务的需求会伴随着其工业的发展而不断增加。而对于主要承接国的发展中国家,国际服务外包则为其工业化发展提供相对较高质量的生产性服务,并且伴随这些发展中国家工业化的进程,对高质量生产性服务需求会越来越大。

对于承接国而言,国际服务外包通过促进现代服务业发展以及增加服务产品需求来促进服务产业的发展,增加服务业产值在国内生产总值中的比重,提升产业结构。而服务业一般被认为是吸纳劳动力比较多的行业,随着服务业的增长,其吸纳劳动力的能力会增强。

2. 推动承接国相关产业的发展,改变劳动力在产业间的分布比重

国际服务外包通过推动承接国服务业的发展而带动其他相关产业的发展,从而促进产业就业结构的改变,具体体现在以下两方面:

(1)对制造业发展的推动作用。现代服务业与制造业存在着紧密的关系。现代服务业属于知识、技术以及人力资本密集型产业,因此,必然拥有较高的劳动生产率。在国际服务外包过程中,承接现代服务业的服务企业不仅面向发包商提供高质量的服务产品,而且也可以面向国内制造业提供高质量的服务产品,因此,现代服务业对制造业生产率的提高起着重要的作用。随着制造业生产率的提高,尽管对制造业就业存在一定的负的替代效应,但制造业生产规模的扩大而产生规模经济效应,可能会在一定程度上抵消因生产率提高而产生的劳动力替代效应,并且,如果产业的规模经济效应足够大,还会扩大产业的就业总量,产生正的就业增长效应。

(2)对农业发展的影响。服务业对农业发展水平的影响主要是一种间接的关联效应。服务业发展水平主要与城市化水平和工业化水平存在密切的关系。城市化和工业化水平越高的地方,服务业越发达。而在农村地区,服务业发展水平相对较低,但由于农业与工业存在着密切关系,服务业发展而引致的工业发展会增加对农产品的需求,从而推动农业的发展。这一方面增加了农业自身对剩余劳动力的吸纳,另一方面增加了服务业与工业对农村剩余劳动力的吸纳能力。

根据上述分析,国际服务外包对承接国各产业发展水平的影响会改变各产业在国内生产总值中的比重,从而改变就业在各产业中的比重。

3. 改变承接国产业间收入分配状况来影响产业就业结构

从劳动者的角度看,收入水平的高低是劳动者在选择职业时主要考虑的因素。一般而言,劳动者总是会选择收入水平较高的职业。而收入较高的职业一般所需要的劳动技能也比较高。由于不同的产业不同职位所需的劳动力技能不同,从而收入水平在产业之间以及职位之间必然存在着差异。

产业间与职位间收入差异的变动成为劳动力流动的主要原因,劳动力流动总是表现出从低平均收入水平的产业流向高平均收入水平的行业。

从行业角度看,总体上行业平均收入水平较高的首先是服务业产业,其次是制造业,平均收入水平最低的是农业。这样的顺序符合经济学家对劳动力在产业间转移规律的判断,即劳动力的流动表现出从农业向制造业再向服务业转移的趋势。如果产业间平均收入差异顺序与劳动力的流动趋势不一致的话,那么,必然存在其他因素阻碍二者之间的吻合。

根据本书对于微观机制的分析,国际服务外包对承接国工资水平存在外溢效应。随着国际服务外包的发展,有大量的跨国企业进入承接国,在这些跨国企业集中、技术外溢充分的地区,跨国企业与国有部门之间的平均工资之比趋向于相同,呈现出明显的工资外溢效应。从承接企业来看,尽管主要承接国在国际服务外包市场竞争中的一个很重要的竞争力就是较低的工资成本,但由于跨国企业的大量进入,承接服务的企业考虑自身的竞争力和平衡企业内部在全球的工资水平,将会大幅度提高本土职员尤其是那些高技能员工的工资水平,从而促进东道国服务行业职工的总体工资水平。服务业与一般生产流水线或其他制造业相比,是典型的高收入行业,随着对外服务的承接,在跨国公司以及本土服务提供商的工资外溢效应下,服务行业的平均工资水平会呈现上升的趋势。在其他行业收入水平不变的情况下,随着服务业行业收入水平的提高,会吸引劳动力向服务业转移,从而影响产业就业结构。

综上所述,国际服务外包对承接国产业结构的优化与升级产生推动作用,从而有利于产业就业结构优化。

三、国际服务外包对承接国就业的区域结构的影响

(一)影响就业区域结构的因素

就业的区域结构是指一国内各区域就业人数的比例,影响一国就业的区域结构的因素包括以下几个方面:

1. 区域经济发展水平

就业的区域结构与区域经济发展密切相关。就业的区域结构是区域经济发展的重要内容,一般而言,如果区域就业水平越高,则表明该区域经济发展水平越高。从经济增长与就业的关系来看,区域经济增长有利于就业增长,区域经济发展越快,该区域就业增长会越快。从劳动力流动的规律来看,劳动力总是流向经济发展水平较高较快的地区。在经济发展较快的区

域,较高的收入水平、良好的基础设施、生活环境以及密集的产业为劳动力提供了良好的就业环境以及就业机会,从而吸引劳动力向区域经济发展水平较高地区的聚集。由于地理位置差异、资源要素禀赋差异、产业聚集差异等因素,对于任何国家来说,经济发展都存在区域性的差异,由此导致就业也表现出区域性的差异。

2. 区域间收入差异与产业分布的区域差异

劳动力在区域间的流动是影响就业的区域结构变化的重要因素,而决定劳动力区域间流动的因素主要包括区域间收入差异与产业分布的区域差异。在经济学理论中,地区间收入差异是导致劳动力流动的最主要的原因。劳动力总是从低收入地区流向高收入地区,如果地区间收入差异越大,劳动力流动趋势就越明显。这一特征与发展中国家劳动力在农村地区与城镇地区流动的特征相吻合。根据发展经济学中的劳动力流动理论,收入差异是导致农村劳动力向城镇迁移流动的主要原因。由于传统农业部门和现代工业部门在劳动生产率和收入水平上的差异,使得农业劳动力不断向工业部门转移,从而引起农村人口向城镇的迁移流动,只要城镇里还存在较高的预期收入,农业人口向城市迁移的过程就不会停止。

3. 区域产业聚集

根据产业聚集理论,劳动力流向某个区域或向某个区域聚集是该区域存在产业聚集效应的结果。根据马歇尔的观点,产业聚集的外部效应之一就是共享的劳动力市场。产业聚集会带来人口与劳动力,尤其是那些掌握了相同专门劳动技能的熟练劳动力的地理上的集中,由此形成区域性共享的劳动力市场并为产业聚集区域内的企业带来成本节约和报酬递增的好处。

根据克鲁格曼的观点,产业聚集具有以下就业效应:

一是由于共享劳动力市场从而降低了企业主与劳动者双方的搜寻成本。同产业的大量企业的空间聚集既节省了劳动力就业前的搜寻成本、就业中的交通成本,同时又提供了大量的就业机会从而吸引更多的劳动力流向产业聚集区域。对产业聚集区域的企业而言,劳动力的聚集尤其是熟练劳动力的聚集,降低了企业寻找熟练劳动力的信息搜寻成本、交通成本和对劳动力的培训成本。

二是产业聚集随着劳动力进入该聚集区域而形成具有专门劳动技能的"劳动池",这一方面降低了企业用工和劳动力寻找工作的时间,避免劳动力需求与供给的不确定性所带来的风险,另一方面提高了劳动力市场本身的效率,促进劳动力在聚集区内的流动。

三是产业聚集区域内共享的劳动力市场可以使企业和劳动者都获得递增收益。对于企业而言,即使劳动力市场没有出清,厂商因从"好时光"时支付的低工资中获得的收益,超过了它从"坏时光"时支付的高工资中所遭受的损失,也能从劳动共享中获得利益。对于劳动者而言,也可以从相对于非产业聚集区的较低失业率和较高的平均工资中获益。因此无论是企业还是劳动者都倾向于已有的产业区聚集和流动,这种倾向与产业聚集的就业效应之间形成良性的促进作用,既推动了产业聚集的深化,又推动劳动力在产业聚集区域的流动。

(二)国际服务外包对服务承接国就业的区域结构的影响途径与效应

根据上述分析,国际服务外包对承接国就业的区域结构影响途径主要有以下两个方面:

1. 通过影响承接国区域间收入差异来影响就业的区域结构

在国际服务外包活动中,尽管可能存在劳动成本较高的问题,但考虑服务的可获性、服务环境和相应的交易成本,作为发包方的跨国公司在选择外包目的地时总是倾向选择服务业发展水平较高的地区。事实上,多数发包国家外包的目的地最初是服务业发展水平较高的较发达的国家,例如,美国、荷兰、奥地利、意大利等国家都是国际服务外包的目的地。只是随着像印度、菲律宾等这些发展中国家服务业发展水平的提高以及服务成本方面的优势,国际服务外包的目的地才逐渐向发展中国家转移,并且主要以承接国经济发达地区作为目的地。这是因为国际服外包的对象以现代服务业为主,而现代服务一般聚集在经济发展水平以及工业化水平较高的地区,并且能够承接现代服务业的企业也主要分布在经济发展水平较高的地区。此外,经济发展水平较高的地区商业、服务业设施较为完备,服务技术水平较高,可以为国际服务外包活动的开展提供良好的外部条件。因此,国际服务外包在承接国经济发展水平较高的地区发展较快。这样带来两方面的效应:一是随着国际服务外包的发展,大量外资涌入经济发展水平本来就较高的地区,推动这些地区经济发展水平进一步提高,由此这些地区的收入水平也进一步提高,从而加剧发达地区与不发达地区之间收入差异的进一步扩大;二是随着发达地区与不发达地区收入差异的扩大,会导致劳动力向发达地区流动增加,从而改变承接国就业的区域结构,发达地区的就业比例可能要高于不发达地区。

2. 通过影响区域产业聚集程度来影响就业的区域结构

就业的区域结构还受区域内产业聚集情况的影响，这是因为，产业聚集具有较强的就业效应。产业聚集的区域往往是经济活动密集的地区，就业活动与就业机会也比较密集。而产业聚集的形成不仅取决于产业自身的特点，还受外部环境、制度背景、相关产业的发展、市场的力量以及政府的作用的影响。产业聚集包括制造业聚集与服务业聚集。一般认为，制造业具有明显的生产与劳动分工特征，生产流程与生产环节紧密结合，使得处于不同生产环节的企业可能在同一区域聚集，从而提高生产效率，降低交易成本，因此制造业具有较强的产业聚集效应。服务业聚集是建立在城市化和工业化基础之上的，因此人们对服务业聚集的关注要晚于制造业聚集。不过随着人们对服务业特征的认识的加深，发现服务业尤其是生产性服务业不仅与制造业之间存在密切关系，服务业还与人们生活便利与生活质量息息相关，因此，在制造业以及人口密集的地方，服务业也比较密集。国内学者（马风华、刘俊，2006；李文秀、胡继明，2008）研究表明，服务业聚集程度呈上升趋势，并有向制造业聚集地区聚集的趋势。国外服务业发展实践经验表明，服务业聚集对于提升服务业竞争力，提高区域就业水平具有重要作用。例如伦敦金融服务业集群、纽约曼哈顿的商业服务业集群和东京的生产性服务业集群，这些服务业聚集区域也是就业密集的区域。

国际服务外包可以推动承接国服务业聚集，而服务业聚集也会带来相关产业聚集，从而产生区域产业聚集效应，影响区域就业结构。

(1)从国际服务外包活动的空间来看

发包企业与承接企业关于服务产品交易的活动主要发生在服务业聚集的地方。国际服务外包产业发展最为迅速的区域往往是服务业聚集的区域。这主要是因为服务业聚集区域可以形成服务产品供给与需求的规模效应，既可以降低发包企业获得服务产品的交易成本，又可以降低服务业提供企业的交易成本。尽管由于现代信息技术与网络技术使得服务提供可以远距离实现，但服务在空间上的聚集可以带来人力资本聚集效应，从而为服务企业的发展提供良好的人才环境。例如，在美国的曼哈顿金融商务中心，产业、人口、交通、文化高度集中，狭小的空间内集中了数百座摩天大楼，集中了几十家大银行、保险公司、交易所及上百家大公司总部和几十万就业人口，成为世界上就业密度最高的地区之一。曼哈顿中央商务区拥有210万个就业职位，占纽约市各类经济活动就业职位的60%，其中，金融、保险、房地产就业职位占纽约市就业职位的比重高达90%。

(2)从国际服务外包的对象来看

服务外包的主要对象是现代服务业,而现代服务业具有高人力资本含量、高技术含量和高附加价值的"三高"特征,同时还具有资源依赖度低、污染排放低的"两低"特点。现代服务业的属性与特征决定其聚集发展具有低成本、高效益的特征,从而成为现代产业聚集的重要发展趋势。现代服务业的服务对象主要是现代化工业生产,现代服务业聚集可以为工业生产提供高质量低成本的现代服务业投入,使工业生产过程中的服务流程外包成为可能。因此,国际服务外包、现代服务业聚集与工业化发展之间存在着密切的关系。各国积极发展国际服务外包产业的原因之一,就是借助国际服务外包的发展来推动本国现代服务业发展与发挥现代服务业的聚集效应,推动工业化发展。

(3)从服务业聚集所需要的政策条件来看

由于各国都比较重视国际服务外包产业的发展,在政策上对服务业发展提供各种扶持政策。而推动国际服务外包产业发展的措施之一,就是建立各种形态的服务业聚集区域。服务业聚集的形态除了产生历史比较早的中央商务区,还包括各种创意产业园、科技产业园以及软件园,这些服务业聚集区域成为国际服务外包的主要基地。作为服务承接国的发展中国家,政府对服务业外包基地的建设的支持力度更大。例如,印度服务业外包产业取得举世瞩目的成就与该国政府强有力的产业扶持政策分不开。印度政府早在1986年就制定了《计算机软件出口、软件发展和软件培训政策》,明确了印度软件产业发展战略目标,并对从事信息技术外销的企业给予特别的优惠政策。在特别经济区域实行减税政策,将服务外包作为优先发展行业,对服务外包给予以各种财政支持和优惠政策。在政府强有力的政策支持下,印度"孵化"出很多较大规模的承接服务外包的企业,培育出设施优良的科技园区。自1991年,有"印度硅谷"之称的班加罗尔出现第一个计算机软件技术园开始迄今,印度已建成20多个软件园。软件园内基础设施优良,入园企业近6 000家。位于班加罗尔软件园内的印度三大外包企业之一印孚瑟斯公司,占地80平方千米,环境优美,20 000名员工(其中20%来自18个国家或地区)工作于此,并提供商务、餐饮、健身、娱乐等服务。

(4)从服务业聚集与制造业聚集的关系来看

国际服务外包在推动承接国服务业聚集的同时,会间接推动制造业聚集。现代服务业聚集具有人力资本聚集、技术聚集、知识聚集的效应,而人才、技术、知识这些要素是现代制造业发展和提升竞争力的决定因素。在现代服务业聚集的区域存在着人力资本外溢、技术外溢与知识外溢效应，企业在选址决策中，必然会选择服务业发展水平较好的服务业聚集区域。从这个意义上看，现代制造业具有向服务业聚集区域聚集的特征。

3. 国际服务外包对承接国就业的区域结构的影响

根据上述分析，国际服务外包引致的产业聚集效应会促进区域经济的发展，但国际服务外包倾向于聚集在承接国经济较发达地区，从而会扩大承接国区域经济发展的差异，进而扩大就业的区域差异。因此，国际服务外包可能会对承接国区域经济发展的平衡性带来不利的影响。

四、国际服务外包对承接国劳动者技能水平与结构的影响

（一）影响就业技能结构的因素

一国就业的技能结构表现为该国内不同技能劳动者就业比例。技能型劳动力与非技能型劳动力在就业中的比例则决定于经济发展对劳动力技能类型的需求。因此，任何影响劳动力需求类型的因素均会影响就业的技能结构。

1. 生产工序、产业技术要求

不同生产工序、不同产业对劳动力的技能需求不同，从而产生不同技能劳动者就业比例的差异。从企业生产过程来看，不同的生产环节与工序，所需要的劳动力技能要求不同。如果将劳动力分为技能型劳动力和非技能型劳动力，就与技能型劳动力相对应的应该是技能要求较高的生产工序，与非技能型劳动力相对应的是对技能要求较低的生产工序，并且将相应的产品称作技能劳动力密集型产品和非技能劳动力密集型产品。从产业特征来看，一般认为农业、传统服务业以及传统制造业对劳动力的技能需求较低，是吸纳非技能型劳动力的主要产业，而现代服务业以及现代制造业对劳动力技能需求较高，是吸纳技能型劳动力的主要产业。劳动力技能水平不同生产率也不同。高技能劳动力的生产率较高，而低技能劳动力的生产率也较低。这也是传统生产部门生产率较低而现代部门生产率较高的原因。

2. 经济发展水平

一国就业的技能结构与该国经济发展水平存在着密切的关系。由于劳动力技能的形成与积累需要一定的外部条件，一般认为，一国经济越发达，技能较高的劳动力越丰富，反之则相反。同时，一国就业中技能型劳动力比例越高，意味着该国经济发展的潜力与竞争力越高。因此，各国都致力于优化就业的技能结构，即提高技能型劳动力的比例。即使是技能型劳动力富

余的发达国家，对劳动力就业技能培训也一直是就业政策的重点内容。对于发展中国家而言，就业技能结构的优化更是提高一国经济发展质量的重要内容。

（二）国际服务外包对服务承接国就业技能结构的影响

根据亚当·斯密的分工理论，劳动者技能的提高是分工的结果。国际服务外包是国际分工的重要表现形式，所涉及的是技术含量较高的服务业务，因此，国际服务外包必然对承接国劳动者技能水平与结构产生影响。

1. 服务产业劳动力技能的高低是影响企业服务外包决策的重要因素

劳动者技能是影响产品质量的重要因素，对于服务产品来说，劳动者技能是服务产品质量的决定因素。对于工业产品与农业产品，劳动者主要是参与产品的生产过程，劳动者技能只对生产过程发挥作用。而绝大部分的服务产品的劳动者不仅要参与产品的生产过程，而且同时还要参与产品的销售与消费过程，尤其是那些需要服务提供者与消费者面对面的服务产品。因此，服务行业的劳动者技能在服务产品的生产、销售与消费过程中都发挥重要的作用。

从国际服务外包对服务产品质量以及劳动者技能的要求来看，服务产品质量是影响发包企业服务业务转移决策以及承接企业是否获得承接机会的重要因素之一，而劳动者技能是影响产品质量的重要因素。

服务产品质量是影响发包企业服务业务转移决策以及承接企业是否获得承接机会的重要因素之一。对于发包企业来说，将内部服务业务转移给外部服务提供商，或者从外部获得自己不能提供的服务业务，首要条件是外部服务提供商提供的服务产品能够满足企业的需求，发包企业总是希望获得高质量的服务产品。而对于承接服务的服务提供企业，能够提供高质量的服务产品是获得承接机会的重要前提。因此，对承接企业而言，存在提高劳动者技能的动力。承接企业可以通过两种途径提高劳动者的技能，一是对现有员工进行技能提升的培训；二是从劳动力市场中雇佣较高技能的劳动者。较高的劳动技能意味着较高的生产率进而较高的工资水平，而较高的工资水平则引致高技能劳动力供给的增加。从而劳动力市场上高技能劳动力的需求与供给均会增加，相应地对低技能劳动力的需求会减少。

2. 国际服务外包对承接国服务生产工序与产业技术的影响

国际服务外包本质上属于一种中间产品贸易，因此，我们可以借鉴费恩斯特和汉森构建的关于中间品贸易模型来解释国际服务外包对承接国劳动力需求类型的影响。在费恩斯特和汉森的模型中，并没有明确区分产业，现假设外包活动主要对服务行业产生影响。假设在国际服务外包活动中承接国为A国,发包国家为B国,并且A国和B国劳动力主要包括两种类型:技能型劳动力与非技能型劳动力。A国与B国具有不同的劳动力禀赋。其中,A国为非技能劳动力富余国,B国为技能型劳动力富余国。在A国和B国服务业产业中,均存在着技术含量较低的低端服务业(即生产区间为[0,a])和技术含量较高的高端服务业(即生产区间为[a,1]),并且从事低端服务业工作的主要是非技能型劳动力,从事高端服务业的主要是技能型劳动力。如果A国为发展中国家,B国为发达国家,显然A国的服务业发展水平整体上要低于B国,并且在B国,技能型劳动力工资水平要高于非技能劳动力工资水平,但劳动力的平均成本要高于A国。那么B国会专业化于高端服务业的生产,而将较为低端的服务业外包到劳动力成本较低的A国。在服务外包的初期,B国可能只外包区间[0,a]内的低端服务业,但随着A国服务业发展水平的提高与承接能力的提高,只要劳动力比较优势还存在,B国会将其高端服务业中技术含量相对较低的区间[a,b]的服务业外包给A国,专业化于[b,1]区间的服务业生产(在微观上表现为服务外包活动中许多企业将低端服务业务外包出去,只保留核心技术的研究与开发),而[a,b]区间的服务业在A国属于高端服务业。在短期内,由于各国劳动力资源禀赋是不变的,因此,技能型劳动力与非技能型劳动力的供给既定。这样,国际服务外包的发展对承接国A国和发包国B国劳动力需求类型的影响表现为对高端服务业的技能型劳动力相对需求增加,而对低端服务业的非技能型劳动力的相对需求减少,并且,服务业产业技术水平都得到提高。对于承接国而言,这还意味着服务业产业结构的升级。

3. 国际服务外包促进承接国就业技能结构的提升

上述分析表明,由于服务行业具有对高技能劳动力需求较高的特征,国际服务外包对承接国服务业产业中就业的技能结构会带来直接的影响。同时,由于国际服务外包对承接国经济发展水平具有促进作用,因此,从整个社会就业来看,国际服务外包对就业的技能结构会产生积极的影响。服务行业的技术特征以及国际服务外包的特性,使得国际服务外包对承接国带来技能偏向型的技术进步及其扩散效应。

此外,国际服务外包驱动了发包国家技术创新的发展,促进技能偏向型技术进步,使发包国家增加对技能型劳动力的需求,而发包国家技能偏向型的技术进步又通过外包活动扩散到承接国,使承接国增加对技能型劳动力的需求,提高技能型劳动力的工资。尽管这种技术扩散效应最先只产生在服务业产业,但随着技术进步在承接国国内扩散,其他产业的技术进步也会加快,从而整体上增加了社会中技能型劳动力的需求。

第三节　国际服务外包对承接国就业质量的影响机制与效应分析

经济全球化浪潮中,经济学家对国际贸易、国际直接投资、金融市场全球化等全球化因素对各国就业质量的影响有着广泛的讨论,但对于国际服务外包这一新的全球化因素对就业质量的影响的讨论并不多。目前,有关讨论主要围绕国际服务外包是否减少了发包国家就业机会和增加承接国的就业机会。根据本书对就业质量的界定,就业质量是一个包含就业机会、工作环境与报酬、就业构成在内的多维的、综合性的概念。因此,本书主要从国际服务外包对服务承接国就业质量决定因素的影响来分析国际服务外包的就业质量效应。

一、影响就业质量的因素

影响就业质量的因素有许多,但决定因素包括两个方面:一是劳动力供给因素;二是劳动力需求因素。从劳动力供给角度来看,决定就业质量高低的主要因素是劳动力自身素质的高低,而决定劳动力素质高低的主要因素是文化教育程度。一般而言,劳动力受文化教育的程度越高,拥有的劳动技能越高,而较高的劳动技能则意味着较高就业可能性和较高的收入以及较高的转换工作的能力。从劳动力需求角度看,就业质量的高低还取决于企业提供就业机会的多少、工作环境的好坏、工资报酬的高低、员工技能培训投入的高低、员工升职机会以及是否存在劳动力性别歧视等因素。

二、国际服务外包对承接国就业质量的影响途径与效应

与对就业数量的效应相比,事实上,国际劳动分工的任何一种形式对参与分工的双方国家就业质量的影响可能更为重要。著名国际投资理论家邓宁曾指出:“国际直接投资的流入与流出对就业的最基本的影响似乎都不在于就业数量,而在于就业的产业构成、技能组合、质量及其生产力”。作为国际劳动分工新形式的国际服务外包对承接国就业质量的效应可能更为重

要。国际服务外包对承接国就业质量的影响途径与效应主要表现在以下几个方面。

（一）国际服务外包的人力资源提升效应

国际服务外包主要通过教育培训来促进承接国人力资源水平的提升。对服务承接国来讲，企业在国际服务外包活动中对劳动力提供的技能培训、职业教育，是其国内服务型专业人才培养的重要途径。此外，通过发展服务外包产业，服务承接国可以学习国外先进的技术、成熟的管理经验，这有利于培养服务承接国在信息技术、金融、咨询、医疗等领域的具有全球化视野的专业化人才，并带动相关人才教育、培训的发展，从而有利于服务承接国人力资源整体水平的提升。发包企业或承接企业在当地对员工技能培训和职业教育上的投入，在一定程度上决定于承接国已经具备的人力资源能力。一般情况下，在一开始企业对当地员工进行低技能的培训，随着工资水平的提高和更先进技术的运用，再对当地雇员进行高技能的培训。不过需要注意的是，对于具有劳动密集型特征的服务行业，随着劳动力工资水平的提高，企业有可能将生产基地转移到劳动力成本较低的地区。因此，提高一国的教育水平和劳动力基本技能水平，是吸引国际服务外包的重要因素。此外，发包企业或承接企业对当地员工的这种人力资源开发效应通过前向关联或后向关联，在当地企业间传播，从而使承接国总体人力资源水平得到提升，有利于就业质量的整体提高。

（二）就业机会创造效应

国际服务外包对服务承接国就业机会增加具有重要作用。在国际服务外包过程中，随着分工合作的深入，从发包国家发包企业分离出的就业岗位类型较多，从而就会增加承接国相应行业的就业机会。以美国为例，据美国相关机构的调查预测数据，美国在2000—2015年间，将通过发包分离出去的工作类型包括：管理、商业与金融、计算机与数学、建筑工程、生命科学、物理与社会科学、法律、艺术、设计、娱乐、运动与媒体、销售、办公与行政等。在这些工作类型中，既包括低技能的服务工作，也包括高技能的服务工作。因此，对服务承接国而言，在承接国外包服务时，意味着相应行业新的岗位的增加。例如软件外包的承接促进了与软件设计及其工程规划有关的岗位的增加，信息服务外包的发展则促进与信息服务相关的岗位。

此外，随着服务行业就业岗位的增加使得就业机会可能会在不同产业间转移。国际服务外包引致高技术部门的出现或扩大，使承接国一部分在原有产业结构下无法找到合适工作的高技能劳动者能够获得一个与其技能相适应的职位,从而提高了这部分劳动力的边际配置效应,避免在其他产业中"技能失业"现象的产生。国际服务外包还可能会鼓励在职的同等熟练程度和专业水平的员工向外包活动所需要的新职位流动,可能导致高层次人才的流出。由就业机会变化引致的就业转移可能导致"结构性失业"和"摩擦失业",但如果对部分失业者进行再就业培训就可以实现再就业。

(三)增加女性就业机会的效应

国际服务外包有利于承接国妇女就业机会的增加。从各国人力资源的性别构成来看,对女性劳动力利用不足是一个十分现实的问题。特别是在发展中国家,更是如此。这里既有经济方面的原因,更有社会、文化传统等方面的原因。发展中国家的妇女就业主要集中在低端服务业(如数据处理、办公管理服务等)与制造业中技能不高的工作岗位,并且在这些岗位上工作的妇女基本上都被隔离在管理层之外。国际服务外包可以提高承接国整体的人力资源质量,改变承接国的就业人员构成,为妇女创造更多的就业机会,主要体现在以下两个方面:一是国际服务外包对象既包括低端服务业业务也包括高端服务业,从而为不同技能水平的女性提供了就业机会;二是在承接服务过程中,跨国公司对女雇员的技能培训和职业教育的做法对承接国妇女就业产生更为重要的间接示范效应,有助于改变承接国妇女就业观念和提高承接国妇女的就业水平。

(四)工作环境与报酬的示范效应

在国际服务外包活动中发包企业多数是国际化程度较高的跨国公司。这些企业是资本、技术和营销密集度较高的企业,劳动生产率较高,对劳动力素质的要求较高,为了激励员工往往有着完善的激励制度和较高的激励条件。承接企业在与发包企业密切接触过程中,发包企业的工作环境与报酬对承接国企业会产生示范效应。承接企业为了获得承接服务业务的机会和维护自身在国际市场的形象以及避免社会各界或有关国际机构的批评也会改善工作环境与提高员工的报酬。

此外,根据本书前文的分析,国际服务外包对承接国就业总量、劳动力技能结构、劳动力收入水平等方面也存在起着重要的作用。因此,总体上,国际服务外包对于改善和提高对承接国就业质量存在正向的促进作用。

第四节 小结

从宏观角度看,国际服务外包本质上是以国家为主体的一种特殊国际服务贸易或国际分工活动。国际服务外包的发展必然对服务承接国经济总量、经济结构与质量产生影响,从而影响一国的就业总量、就业结构和就业质量。

国际服务外包对服务承接国经济增长的影响主要通过四个方面的途径。一是国际服务外包促进了服务承接国服务外包产业的发展。服务外包产业是相对知识、技术含量较高的新兴产业。实践证明,服务外包产业的发展不仅对服务承接国经济增长作出很多贡献,而且直接和间接创造了大量的就业机会。二是服务承接国通过承接国际服务业务带动了服务贸易尤其是出口贸易的发展和服务贸易结构的提升,从而促进了经济增长。三是国际服务外包通过贸易机制和直接收入效应增加了服务承接国居民的收入水平和扩大有效需求,从而推动经济增长。四是国际服务外包活动的特征和服务业特性决定服务承接国从国际服务外包活动中获得技术进步的利益,并且这种技术进步主要体现在服务业技术进步,而服务业通过关联效应推动其他产业的技术进步。由此,国际服务外包引致的技术进步通过推动产业技术进步与增长来推动经济增长。上述各种途径引致的经济增长以及就业效应作用大小存在着一定的差异,总体上,净就业总量增加效应为正。在实践中,国际服务外包引致的服务承接国经济增长及其就业总量效应的大小还受服务承接国的产业政策、贸易政策、有效需求扩大政策以及劳动力流动政策等因素的影响。

国际服务外包对服务承接国就业结构的影响主要表现在三个方面:一是对产业就业结构的影响。国际服务外包对服务承接国产业结构升级起着重要的推动作用。国际服务外包通过促进现代服务业的发展和服务产品的消费需求来推动服务承接国的服务业的发展,进而推动制造业、农业等其他相关产业的发展。产业的发展变化会引致劳动力在产业间的流动进而改变服务承接国劳动力在产业间的分布。其中,服务业对劳动力的吸纳能力会随着服务外包产业的发展而增强,从而服务业就业比重会逐渐提高。二是对就业的地区结构的影响。如果不考虑人口及其增长率的因素,一国就业的地区分布状况，主要受地区间收入水平与产业聚集状况的影响。地区间收入水平的差异是导致劳动力地区间流动的主要因素，而产业的区域聚集为就业的区域聚集提供了必要条件。国际服务外包对服务承接国而言，存在提高区域收入水平和产业聚集水平的效应，从而影响劳动力地区间的流动和就业的地区分布结构。三是对就业技能结构的影响。由于服务发包国家主要是发达国家，因此，服务承接国所承接的服务业务的技术含量相对较高，服务承接国的服务业从低端服务业向高端服务业发展，相应地，对高技能服务人才的需求会增加。此外，为获得更多的服务承接机会，服务承接企业必然会提高劳动力技能。因此，国际服务外包会引致服务承接国对高技能劳动力的需求，并且随着劳动力技能的改变，就业的技能结构也会发生变化，其中，高技能劳动力就业机会与比例将会得到提升。

就业质量问题是一个包含就业机会、劳动报酬、工作环境等在内的综合性问题。国际服务外包对服务承接国就业总量扩大效应、工资的提升效应以及劳动力提升效应均说明国际服务外包有利于改善服务承接国的就业质量。除此之外，国际服务外包还通过提升服务承接国人力资源、增加女性就业机会、改善工作环境与提高劳动报酬的示范效应等对服务承接国的就业质量发挥着积极的作用。

第六章　国际服务外包对承接国就业效应的实证分析：以中、印为例

第四、第五章从理论上分析了国际服务外包对服务承接国就业的影响机制及效应，本章选择当前全球服务外包市场中最大和最有吸引力的两个服务承接地区——中国和印度进行实证分析。

在全球服务承接地区中，中国和印度的区位优势一直遥遥领先于其他国家和地区。据科尼尔公司全球离岸服务外包承接地竞争力与区位优势指标的评价与排名，自2004年以来，印度一直排第一位，中国排第二位。在国际服务外包承接地中，印度一直是热点地区。印度在服务运营成本、技术和语言能力、服务供应商成熟度和政策支持方面具有明显的综合优势，从而成为发达国家外包服务的首选地区。据印度企业行业协会对印度信息技术业务流程外包产业的分析，2008年印度服务外包合同价值总额为65.2亿美元，占整个亚太区服务外包市场的53.0%。印度通过承接国际服务外包成功促进了国内信息技术业务流程外包产业的发展，给印度的就业、生活水平以及教育带来很大的影响。中国服务外包产业的发展虽然落后于印度，但近几年在政府的支持下，服务承接的区位优势明显提升，承接服务外包的规模增长较快，中印之间的差距在逐渐减小。

从国际服务外包对中、印两国就业的影响来看，根据理论分析，国际服务外包必然会对两国的就业产生较大的影响。不过从两国服务外包产业的发展和服务承接实际来看，国际服务外包对中、印两国是否确实存在扩大就业的机制与效应？为回答这个问题，本章基于中国和印度服务外包产业发展以及服务承接现状，分别对国际服务外包对中国和印度就业的影响进行实证分析。

第一节　国际服务外包对承接国就业的影响：以中国为例

在国际服务外包迅速发展的背景下，中国政府近几年实施了一系列政策措施来鼓励和扶持服务业以及服务外包产业的发展，以顺应服务业国际转移的潮流并且促进服务业的发展和产业结构的升级，其对解决就业问题具有重要意义。目前，中国服务外包产业开展的主要是承接业务，所承接的离岸服务外包业务大部分来自日本、美国、英国、德国等发达国家。尽管中国服务外包产业发展起步较晚，但从20世纪90年代中后期以来，以软件与信息服务业为主要产业的中国服务外包产业一直保持稳步增长的趋势，尤其进入21世纪以来，中国国际服务承接业务规模增长迅速，中国在承接国际外包服务方面的区位优势一直位于世界前列。

国际服务外包的发展,必然对中国的经济社会以及就业产生巨大的影响。中国政府已经将发展服务外包产业确定为新世纪中国的重点发展战略。理论分析表明,国际服务外包对服务承接国存在就业扩展作用。那么,作为主要服务承接国之一,国际服务外包对中国就业产生什么的影响?是否存在就业扩展作用?为全面分析国际服务外包对中国就业的影响,本书从就业结构、就业总量以及就业质量三个方面来分析国际服务外包对中国就业的影响。

一、中国承接国际服务外包的现状

与制造业相比,我国服务领域的国际承包起步较晚,但随着产业升级加快以及国内服务业对外开放程度的提高,以软件为代表的服务业逐步吸引大量的外包活动。许多发达国家大型服务商开始在中国积极寻找合作伙伴。中国的服务外包产业与服务承接规模呈逐年扩大的态势。

(一)中国服务外包产业的发展现状

中国的服务外包产业以软件与信息服务业为主,近几年来,中国国际软件外包服务业规模、从事外包业务的企业、外包城市以及从业人员数量不断增长。

1. 软件外包规模的现状

从软件外包服务业的规模来看,2003 年以来,中国国际软件外包服务业规模逐年增加,增速较快。据赛迪顾问公司的统计显示,2003 年国际软件外包服务业产值为 4.7 亿美元,到 2008 年,上升为 46.9 亿美元,增长了约 10 倍,平均增速为 58.46% 。

2. 软件外包企业数量与规模现状

从软件外包的企业数量与规模来看,经过多年的发展,中国软件外包企业在数量和规模上快速成长。据中国工信部《2009 年中国软件与信息服务外包产业发展报告》显示,2008 年中国软件与信息服务外包企业数量达到3 600家,同比增长约 20.0%,其中软件销售收入上亿元的企业达 984 家。截至 2009 年 6 月,中国共有服务外包企业 6 673 家。在规模扩大的同时,软件外包企业本身的项目管理水平和管理能力也有很大提高。具有相当数量的企业获得了国际资质认证。截至 2008 年,中国已有 43 家软件企业获得软件能力成熟度 CMM5(含 CMMI5)级别评估,近 30 家企业获得 CMM4(含 CMMI4)级别评估,300 多家软件企业获得 CMM3(含 CMMI3)级别以上的评估。另有 2 136 家企业获得系统集成资质。从竞争力来看,中国软件企业外包20强中处于前5位的是东软集团、浙大网新、大连华信、中软国际、海辉软件。在国际服务外包活动中,这些服务外包企业规模迅速扩大,国际竞争力不断提高。据2008年5月美国《财富》杂志公布的全球外包企业排名,中国海辉软件、东软集团、浪潮和博彦科技已进入全球外包100强的行列,排名最高的海辉软件位列第20名。与一些大型跨国外包公司所采取的扩展战略一样,中国软件外包企业中也有越来越多的企业通过兼并收购来扩大自身规模,提升竞争力。例如,海辉集团就是由海辉软件、天海宏业、科森信息三家公司合并组建而成。

3. 服务外包城市现状

从外包城市来看,中国多个城市服务外包业的发展势态良好,大部分省会城市和直辖市对服务外包业的发展给予高度重视。2007年,商务部、科技部与原信息产业部共同认定了上海、西安、大连、深圳、成都、北京、杭州、天津、南京、武汉、济南11个城市为"国家服务外包基地城市"。2009年3月,国家又相继认定广州、长沙、合肥、哈尔滨、重庆等16个城市为"国家服务外包基地城市"。在上述城市中,中国的上海、北京、大连、深圳、广州、成都、西安、天津8个城市进入全球外包城市100强之列。每个城市都有相应的高新园区、经济开发区等产业聚集区,为服务外包企业的生产经营提供良好的发展环境。中国在上述城市先后建立11个国家软件产业基地和11个国家软件出口基地以及多个软件产业园区。这些服务外包城市与基地,对国内其他地区的发展起着纽带与平台的作用,推动和加强基地内企业之间的合作,引导形成集研发、生产、服务、应用为一体的软件产业体系和完善的产业链,快速形成规模优势、成本优势和技术优势,从而带动周边地区及相关产业的快速发展。

4. 服务外包产业从业人员现状

从软件与信息服务外包产业的从业人员来看,虽然缺乏历年系统的统计,但据近两年的统计数据,服务外包产业从业人员在不断增加。据工信部统计,2008年中国软件与信息服务外包产业从业人员数量达到41万人,同比增长约36.7%。2009年,从业人员为121.5万,其中,81.3%的从业人员具有大学学历,全行业从业人员超过180万。预计到2013年,中国承接服务外包业务将达到300亿美元,将新增100万个高校毕业生就业岗位。从服务外包企业的从业人员规模来看,东软集团有5 000多名员工在从事软件开发工作;浙大网新公司在2008年通过并购微软公司在华最重要的投资项目——上海微创公司,成为微软在中国最大的软件供应商,公司软件外包从业人员规模在2010年达8 000人,浙大网新旗下的网新恒天计划在未来4

年至5年内将人员扩张到4 000~5 000人。大连软件园区自2006年开始引入外资企业，这些企业规模发展很快，很多企业在两三年内就发展为2 000多人的规模，例如IBM、惠普的从业人员已经超过2 000人。总体上，服务外包产业是吸纳就业人员尤其是大学毕业生的重要产业之一。

（二）中国承接服务外包的现状

中国在承接国际服务外包方面，起步较晚，服务外包产业的发展也刚刚起步，总体水平都比较落后。不过，近几年对外服务承接规模在不断增加，例如，尽管国际金融危机造成工业品出口大幅度下降，但中国承接服务外包受到金融危机的冲击相对较小。2009年上半年，中国的服务外包合同金额达51.2亿美元，同比增长54.7%。此外，中国作为全球服务承接地首选地区之一，区位优势在不断提升。中国在市场规模、人才储备、生产成本、基础设施、配套能力、发展潜力等方面，有很大的优势，成为全球跨国公司服务外包的主要承接地之一。在科尼尔公司2009年的全球离岸服务外包承接地竞争力与区位优势排名中，中国排第二位。

1. 承接的服务类型现状

从承接服务外包的具体业务类型来看，中国承接的服务外包主要包括软件外包与商务流程（信息技术业务流程外包）和金融保险业务。其中，以承接信息技术业务流程外包服务为主。中国承接的软件外包业务是由硬件产品支持服务发展起来的，逐步扩展到软件开发、支持服务和信息技术运营服务，具体包括应用系统开发服务、软件测试服务和全球化服务以及软件产品研发外包，2006年，上述三种外包各占总收入的60%、25%和4%。2008年，中国软件外包收入203亿元，增速达100%以上。中国承接的业务流程外包业务规模较小，总规模不足10亿美元。最近几年，随着各界对业务流程外包的重视程度不断增加，产业发展环境与水平不断改善，中国业务流程外包产业进入较快的发展时期，来自美国、英国、法国、印度等国知名业务流程外包企业纷纷在中国建立合资机构或业务流程外包基地。据互联网数据中心数据，2006年，中国业务流程外包市场规模近8.6亿美元，增长25.3%。显示预计2011年底规模将为20.74亿美元，增长将达15%。国际服务外包的业务中，除了以信息技术业务流程外包为核心的外包业务发展迅速之外，金融服务外包随着20世纪90年代国际金融业前后台的服务的快速分离而发展迅猛，金融服务外包行业已成为全球外包市场的主流。在这样的背景下，中国也加入国际金融服务外包的行列，但受政策限制、内部体制、金融信息安全、法律体制和信用系统等因素制约，中国金融服务外包市场发展较为缓慢,总体上处于探索和尝试阶段。中国对外承接的金融服务主要是基于信息技术的金融信息技术外包服务。2006 年,中国金融信息技术外包服务规模达 22.43 亿人民币,同比增长了 26.2%,预计 2011 年市场规模可达 77 亿元以上。总体上,中国信息技术业务流程外包服务外包更成熟,其中信息技术外包比业务流程外包更加成熟。

2. 服务承接的市场构成现状

从市场构成来看,中国服务外包市场以日韩为主,欧美市场近几年增长较快。受地缘因素的影响,中国是日韩离岸外包的第一目的地。据美国国际数据公司数据,中国来自离岸软件外包收入主要以日韩、欧美为主。2006 年,中国成为日本最大的软件服务外包承接国,来自日韩软件外包收入 7.73 亿美元,占离岸软件外包的 55.8%,来自欧美的收入为 4.95 亿美元,占 35.8%,二者总计达 91.6%。预计 2010 年中国来自日韩外包市场的收入份额为 44.2%,来自欧美市场的份额为 49.6%,二者总计达 93.3%。

3. 国际服务贸易现状

从国际服务贸易情况来看,中国改革开放以来,服务贸易稳步发展,贸易规模迅速扩大,服务贸易在国民经济中的地位和作用日益突显。自 20 世纪 90 年代中后期以来,中国服务贸易在全球地位快速上升。中国服务贸易进出口总额从 1997 年的 522 亿美元上升为 2008 年的 3 045 亿美元,增长了约 6 倍。2008 年,中国服务贸易出口与进口在世界服务贸易中均排第 5 名。

在软件外包活动的促进下,中国计算机与信息服务贸易规模也迅速扩大。1997—2008 年间,计算机与信息服务贸易的出口从 0.84 亿美元上升为 62.52 亿美元,增加约 74 倍;计算机与信息服务贸易的进口也从 2.31 亿美元上升为 31.7 亿美元,增加了约 13 倍(如图 6 - 1 所示)。从数据上可以看出,计算机与信息服务的出口增长速度远远大于进口,而中国计算机与信息服务的出口与中国承接国际软件外包存在密切的联系。中国通过承接国际软件外包业务,带动了中国软件产业的发展,同时促进了计算机与信息服务贸易的出口的发展,而计算机与信息服务贸易的出口构成中国软件外包的重要内容。根据中国工信部统计数据分析,2010 年,中国软件出口 213 亿美元,同比增长 26.9%,增速比上年同期低 8.4 个百分点。其中,外包服务出口 41.8 亿美元,同比增长 45.7%,高于软件出口增速 18.8 个百分点(如图 6 - 2 所示)。同时,中国计算机与信息服务贸易规模在服务贸易中的比重也逐年增加,进出口总额从 1997 年的 3.15 亿美元上升为 2008 年的 94.22 亿美元,增加了约 30 倍,其比重从 1997 年的 0.6% 上升为 2008 年的 3.1%(如图 6 - 3 所示)。

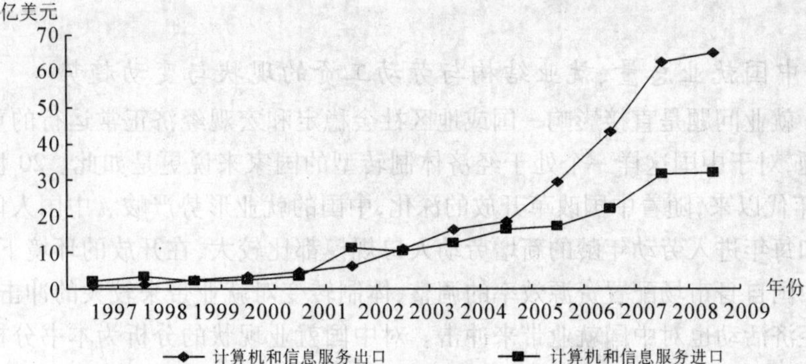

图 6-1　1997—2009 年中国计算机和信息服务进出口趋势

数据来源：商务部服务贸易司中国服务贸易统计数据。

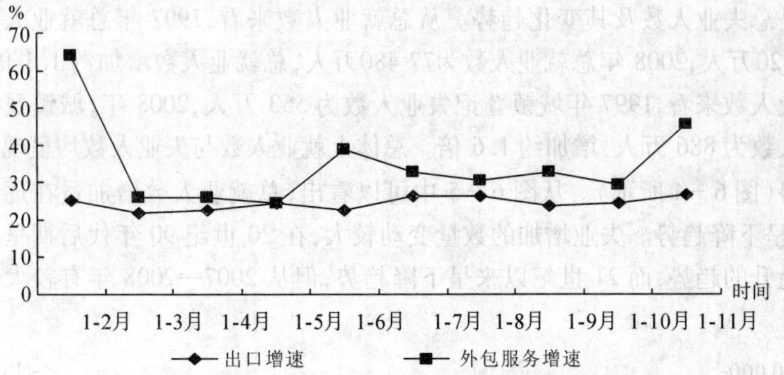

图 6-2　2010 年中国软件出口与外包服务增长情况

数据来源：中国工信部公布的 2010 年 1 月-11 月份软件业经济运行情况。

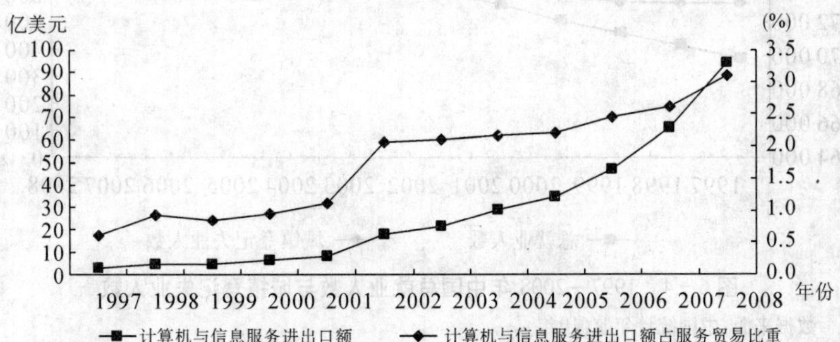

图 6-3　1997—2008 年中国计算机与信息服务进出口规模及比重

数据来源：商务部服务贸易司中国服务贸易统计数据。

二、中国就业总量、就业结构与劳动工资的现状与变动趋势

就业问题是直接影响一国或地区社会稳定和宏观经济正常运行的重要问题,对于中国这样一个处于经济体制转型的国家来说更是如此。20 世纪 90 年代以来,随着中国改革开放的深化,中国的就业形势严峻。中国人口规模和每年进入劳动年龄的新增劳动人口规模都比较大,在开放的环境下,不仅中国自身市场配置资源效率的调整、体制转变对就业带来较大的冲击,国际经济活动也对中国就业带来冲击。对中国就业现状的分析为本书分析国际服务外包对中国就业的影响提供现实基础。

(一)中国就业总量及其变动趋势

就业总量情况可以从两个方面来分析,一是总就业人数及其变化趋势;二是总失业人数及其变化趋势。从总就业人数来看,1997 年总就业人数为 69 820万人,2008 年总就业人数为77 480万人,总就业人数增加约 1.1 倍;从失业人数来看,1997 年城镇登记失业人数为 553 万人,2008 年,城镇登记失业人数为 886 万人,增加约 1.6 倍。总体上就业人数与失业人数均呈现上升趋势(图 6 - 4 所示)。从图 6 - 5 中可以看出,总就业人数增加量在逐年减少,呈下降趋势。失业增加的数量变动较大,在 20 世纪 90 年代后期呈大幅度上升的趋势,而 21 世纪以来呈下降趋势,但从 2007—2008 年有较大幅度上升。

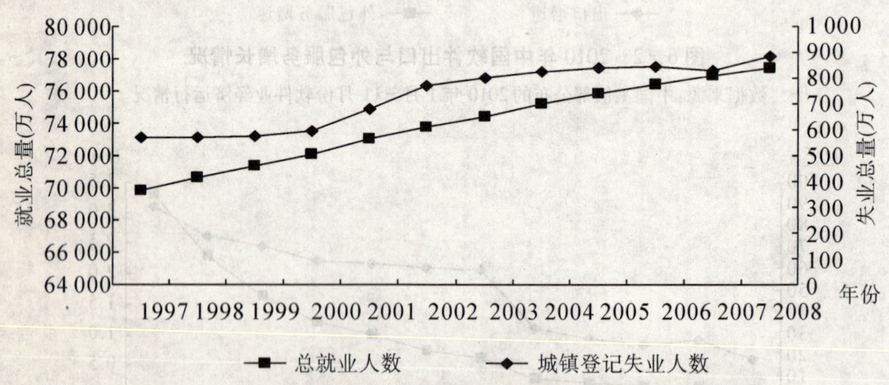

图 6 - 4　1997—2008 年中国总就业人数与城镇登记失业人数

数据来源:中国统计年鉴(历年)。

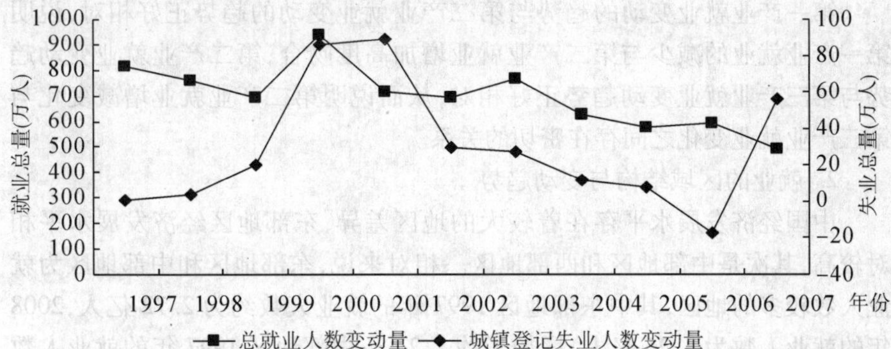

图6-5　1997—2008年中国总就业人数与城镇登记失业人数的变动趋势

数据来源：总就业与失业人数变动量根据公式 $XC_t=|X_t-X_{t-1}|$ 计算而得，其中，XC_t 为变量从 t-1 时到 t 时的变化值，其中 X_t 为变量 t 期末的绝对值，X_{t-1} 为变量 t-1 期末的绝对值。

（二）中国就业结构及其变动趋势

1. 三次产业就业结构与变动趋势

20世纪90年代中后期以来，第一产业就业人数与比重仍然要高于第二产业和第三产业，第三产业的就业人数与比重则逐渐上升并且超过第二产业。1997—2008年间，第一产业平均就业比重为47%，第二产业平均就业比重为23.6%，第三产业平均就业比重为29.7%。

从动态的角度看，第一产业就业呈现逐年下降的趋势，第二产业与第三产业的变动量呈现上升趋势。从图6-6中可以看出，在1997—2008年的期间内，2005年以前，第三产业就业变动量超过第二产业，但2005年以后（包括2005年），第二产业就业变动量超过第三产业。

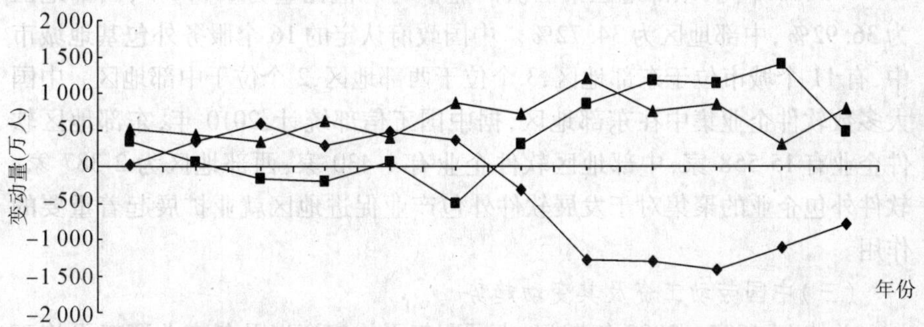

图6-6　1997—2008年中国三次产业就业人数变动趋势

第一产业就业变动的趋势与第二产业就业变动的趋势正好相对，说明第一产业就业的减少与第二产业就业增加高度吻合；第二产业就业变动趋势与第三产业就业变动趋势正好相对，从而说明第二产业就业增减变化与第三产业就业变化之间存在密切的关系。

2. 就业的区域结构与变动趋势

中国经济发展水平存在着较大的地区差异，东部地区经济发展水平相对较高，其次是中部地区和西部地区。相对来说，东部地区和中部地区为就业人数较多的地区，其中东部地区 1997 年的就业人数约为 2. 72 亿人，2008 年的就业人数为 3. 25 亿人，增加了约 1. 2 倍；中部地区 1997 年的就业人数为 1. 92 亿人，2008 年的就业人数为 2. 1 亿人，增加了约 1. 09 倍；西部地区 1997 年的就业人数为 1. 72 亿人，2008 年的就业人数约为 1. 94 亿人，增加了约 1. 12 倍。

各地区各产业就业人数也存在着较大的差异。东部地区第一产业就业人数最少，而第二和第三产业就业人数最多，西部地区第一产业就业人数最多，第二产业就业人数最少，但在 2000 年以后第三产业就业人数超过中部地区，仅次于东部地区。中部地区第一产业和第二产业就业人数介于东部和西部之间，但第三次产业就业人数在 2000 年以后低于西部地区而成为第三产业就业人数最少的地区。从各地区产业就业结构可以看出，东部地区服务业、工业的发展水平要高于其他地区，西部地区工业发展水平最低，而中部地区服务业发展水平最低。

各地区产业就业人数中，东部地区与西部地区服务业就业人数较多，这与这两个地区服务业发展尤其是服务外包产业的发展情况是一致的。1997—2008 年间，东部地区第三次产业平均产值比重为 39. 11%，西部地区为 36. 92%，中部地区为 34. 72%。中国政府认定的 16 个服务外包基地城市中，有 11 个城市位于东部地区，3 个位于西部地区，2 个位于中部地区。中国大多数软件企业集中在东部地区，据中国工信部统计，2010 年，东部地区软件企业有 15 558 家，中部地区软件企业有 1 430 家，西部地区为 2 387 家。软件外包企业的聚集对于发展软件外包产业促进地区就业扩展起着重要的作用。

（三）中国劳动工资及其变动趋势

总体上，1997—2008 年期间，中国职工平均工资以及各产业职工平均工资水平呈不断增长的趋势[①]。1997 年,中国职工平均工资为 6 470 元,2008 年为 29 229 元,增长了 5 倍。从不同产业工资水平来看,第三产业职工平均工资要高于第二产业和第一产业。2008 年,第三产业职工平均工资约为 34 335元,第二产业职工平均工资为 29 832 元,第一产职工平均工资为 12 958元。

在第三产业中,职工平均工资水平较高的行业为信息传输、计算机服务和软件业、金融业,这几个行业的平均工资均高于全国职工平均工资水平。2007 年以前,信息传输、计算机服务和软件业职工平均工资要高于金融业;自 2007 年开始,金融业职工平均工资最高;2008 年,信息传输、计算机服务和软件业职工平均工资为 56 642 元,金融业职工平均工资为 61 841 元,远远高于全国职工平均工资 29 229 元的水平。

各地区的工资水平也存在着较大的差异。东部地区职工平均工资水平最高,要远远高于中部地区和西部地区,并超过全国水平;中部地区职工平均工资水平最低。2008 年,东部地区职工平均工资为 32 812 元,中部地区为 24 533元,西部地区为 28 177 元。值得注意的是,各地区工资水平的差异与各地区服务业发展水平之间的差异较为一致。无论是从产值还是就业人数来看,东部地区服务业发展水平最高,其次是西部地区,而中部地区服务业发展水平最低。

三、国际服务外包对中国就业影响的实证分析

(一)国际服务外包测量指标与数据来源

1. 国际服务外包测量指标

国际外包的本质特征决定其与中间品进出口贸易有着密切的关系。根据现有文献,关于国际外包的理论与实证研究主要是基于国际贸易框架与内容(艾美莉与魏尚金,2005;费恩斯特与汉森,1999;汉志,等,2004)。国内外学者主要采用了五种测量国际外包的指标:进口投入占总进口的比例、进口投入占总投入的比例、进口投入占总产出的比例、垂直专业化以及产品的增加值比例。可以看出,以上五种测量指标均为从发包的角度来测量国际外包。这五种测量指标也表明,国际服务外包与国际服务贸易之间存在着

① 此处分析的职工平均工资均为没有考虑价格因素的名义工资水平。按照中国统计局的统计解释,这里的职工平均工资是指企业、事业、机关单位的职工在一定时期内平均每人所得的货币工资额。它表明一定时期职工工资收入的高低程度,是反映职工工资水平的主要指标。职工平均工资 = 报告期实际支付的全部职工工资总额/报告期全部职工平均人数。

密切的关系,国内学者李玉红(2010)也指出,可以用国际服务贸易间接衡量国际服务外包,他使用计算机与其他商务服务的进出口来衡量国际服务外包,但没有指出国际服务外包属于一种特殊的国际服务外包。

本书借鉴现有文献中对国际外包的测量方法认为,可以使用具有中间投入性质的生产性服务进出口来衡量国际服务外包。使用具有中间投入性质的服务贸易来测量国际服务外包符合国际服务外包的本质。国际服务外包属于国际外包的范畴,国际服务外包本质上是基于生产过程的国际分解,企业将中间服务业务外包给国外服务供应商提供之后再进口,对中间服务提供商而言,则意味着对发包企业的服务出口。因此,国际服务外包本质上属于一种特殊的服务贸易,其交易的主要对象是可以远距离交付的中间服务。

同时,本书从承接和发包的角度来测量国际服务外包。国际服务外包具有双向性,即国际服务外包包括对外服务承接和对外服务发包。对于服务承接国而言,对外服务承接与对外服务发包之间存在密切的关系:一是服务承接国通过承接国际服务外包,促进了国内服务外包产业以及服务业的发展,从而增加国内服务需求,二是服务承接国在承接国际服务外包时,也会看见服务外包带来的利益从而会鼓励企业对外发包;三是对于服务承接国而言,对外发包的服务业务,部分是将所承接的服务业务转包给外部服务提供商。例如,印度从欧美国家承接的服务业务转包给成本优势更大的中国或菲律宾的服务提供商。服务贸易情况来看,无论是发包国还是承接国,都存在服务贸易的进口与出口。尽管中国是主要的服务承接国,但从中国逐年增加的服务进口贸易来看,中国对外服务发包也在快速地发展。

本书根据现有文献测量国际外包的指标的特征,使用中间投入服务进口来测量国际服务外包(用 IS 表示),使用中间投入服务的出口来测量国际服务承接(用 OS 表示)。

2. 数据说明

根据现有实证研究文献,外包的数据主要通过两种方法获得:一是使用中间投入贸易数据,数据来源包括外向型加工贸易数据、中间商品贸易统计数据以及投入—产出表中的中间使用数据。二是对不同产业贸易数据进行分类,确定那些集中于中间品贸易的产业及其贸易数据。第二种方法的优点在于数据的获取较为方便且适合跨国比较,缺点在于对产业分类时存在一定的主观臆断性。国际服务外包作为离岸业务,从理论上看,实质是一种贸易现象,尽管国际服务外包从产生动因到发展过程有着自身的机制,但国际服务外包对国际服务贸易总量增长的作用是显而易见的。此外，许多分析国际服务外包的机构都使用服务外包产业中的出口收入规模来衡量对外服务承接的规模。例如，印度全国软件与服务公司协会（NASSCOM）在分析印度服务外包规模时，一个重要的指标是印度信息技术业务流程外包的出口收入。

因此，本书基于数据的可获性，采用第二种方法获取服务外包的数据。由于目前国际服务外包主要集中于基础服务中的信息技术服务和为生产与市场服务的金融服务，而信息技术业与金融业的主要服务对象是企业，信息技术服务与金融服务贸易符合中间品贸易范畴；同时，由于我国服务外包兴起于20世纪90年代中期，因此本书选取1997—2008年间中国信息技术服务与金融服务贸易数据作为考察数据。

（二）国际服务外包影响中国就业的途径检验

1. 国际服务外包对中国国内生产总值、三次产业产值增长的影响

（1）数据说明与计量模型

本书用TY表示国民生产总值，用Y1、Y2、Y3分别表示第一产业、第二产业、第三产业产值，原始数据来源于《中国统计年鉴》（各年）；用IS表示国际服务外包，用OS表示国际服务承接，原始数据来源于中国商务部网站。上述变量的数据均为1997—2008年间的数据。

计量模型为：

$$LnTY = \alpha_0 + \alpha_1 LnIS + \alpha_2 LnOS + \varepsilon \quad (6.1)$$

$$LnY_i = \alpha_0 + \alpha_{1i} lnIS + \alpha_{2i} lnOS + \varepsilon, i = 1,2,3 \quad (6.2)$$

（2）相关系数的测算

运用Eviews5.0对上述变量之间关系进行测算，为消除变量之间的相关性，当存在自相关时，采取广义差分方法进行估算。测算结果见表6-1。

表6-1 国际服务外包对中国国内生产总值、各产业产值的影响检验结果

解释变量＼被解释变量	国内生产总值（TY）	第一产业产值（Y1）	第二产业产值（Y2）	第三产业产值（Y3）
服务接包（IS） （t统计量）	0.333 124 （4.213 777）	0.254 377 （2.743 103）	0.365 664 （4.241 277）	0.331 518 （4.920 750）
服务发包（OS） （t统计量）	0.106 962 （1.310 921）	0.065 137 （0.741 493）	0.108 98 （1.248 23）	0.114 033 （1.396 264）

表6-1(续)

被解释变量 解释变量	国内生产总值(TY)	第一产业产值(Y1)	第二产业产值(Y2)	第三产业产值(Y3)
AR(1) (t统计量)	0.488 161 (1.656 121)	0.573 009 (2.083 999)	0.523 704 (2.102 718)	0.258 385 (0.631 396)
R^2	0.975 337	0.937 764	0.974 715	0.980 309
DW 统计量	1.996 149	1.985 673	2.056 246	1.835 541

根据表6-1的检验结果,各变量之间拟合优度很好(R^2 均在90%以上),说明服务承接与服务发包能在较高的程度上解释服务承接国的经济增长。各变量的相关系数为正数,说明国际服务外包对服务承接国国民生产总值以及各产业产值均存在正向的相关关系。其中,服务承接对国民生产总值与各产业产值的影响在统计上比较显著(t统计量均大于2),且相关系数均大于服务发包,说明服务承接对服务承接国经济增长的影响要大于服务发包。从国际服务外包对三次产业产值的影响来看,国际服务外包对第二产业和第三产业产值的影响要大于第一产业(第二产业、第三产业中IS和OS的相关系数均大于第一产业的相关系数),其中,服务承接对第二产业产值的影响最大(IS的相关系数约为0.36),其次对第三产业产值的影响较大(IS的相关系数为0.33),对第一产业产值的影响最小(IS的相关系数为0.25)。

(3)平稳性检验

上述分析表明国际服务外包与承接国国内生产总值、各产业产值之间存在正相关关系,而国际服务外包与上述变量之间的因果关系需要进一步进行检验。

时间序列变量之间的因果关系对变量是否具有稳定性比较敏感,因此,先对各序列数据进行稳定性检验,利用Eviews5.0软件,取5%作为显著性水平,增项单位根检验Augmented Dickey-Fuller test(以下简称ADF)结果如表6-2所示。

表6-2　　**增项单位根检验结果**

变量	检验形式	ADF检验统计量值	5%临界值
IS	(C,T,1)	-2.988 4	-4.107 8
△IS	(C,T,2)	-4.644 4	-4.246 5

表6-2(续)

变量	检验形式	ADF 检验统计量值	5% 临界值
OS	(C,T,1)	-3.276 7	-4.008 1
△OS	(C,N,1)	-2.779 3	-2.747 6
Y1	(C,T,2)	-1.045 7	-3.175 3
△Y1	(C,T,1)	-5.031 8	-4.107 8
Y2	(C,T,1)	-0.858 4	-3.259 8
△Y2	(C,T,2)	-7.821 1	-4.107 8
Y3	(C,T,2)	-0.403 3	-4.107 8
△Y3	(C,T,1)	-6.189 5	-4.107 8
TY	(C,N,2)	0.262 3	-3.259 8
△TY	(C,T,1)	-8.056 9	-4.107 8

注：检验形式(C,T,K)分别表示单位根检验方程包括常数项、时间趋势和滞后阶数；N 是指不包括 C 和 T，滞后项阶数由 AIC 和 SC 准则确定；△是指一阶差分。

从表 6-2 可以看出，各变量的 ADF 检验统计量的绝对值是小于对应的临界值的绝对值，表明这些变量是非平稳的；同时这些变量的一阶差分的 ADF 统计量绝对值均大于对应临界值的绝对值，因而一阶差分是平稳的，并且都是一阶单整序列。

(4)格兰杰因果关系检验

由于所取样本数据有限，本书选取最佳滞后长度为 2，检验结果如表 6-3 所示。

表 6-3　　国际服务外包与中国国内生产总值、各产业产值之间的格兰杰因果检验结果

零假设	F 值	P 值	结论
IS 不是 TY 的原因	17.727 5	0.005 37	拒绝
TY 不是 IS 的原因	3.586 79	0.108 11	拒绝
IS 不是 Y1 的原因	10.523 1	0.016 15	拒绝
Y1 不是 IS 的原因	2.734 59	0.157 63	不拒绝
IS 不是 Y2 的原因	5.367 23	0.056 92	拒绝

表6-3(续)

零假设	F值	P值	结论
Y2 不是 IS 的原因	1.680 00	0.276 64	不拒绝
IS 不是 Y3 的原因	4.349 01	0.080 50	拒绝
Y3 不是 IS 的原因	2.703 89	0.159 97	不拒绝
OS 不是 TY 的原因	1.893 30	0.244 27	不拒绝
TY 不是 OS 的原因	6.444 41	0.041 30	拒绝
OS 不是 Y1 的原因	3.116 62	0.132 18	不拒绝
Y1 不是 OS 的原因	1.508 45	0.307 19	不拒绝
OS 不是 Y2 的原因	4.418 58	0.078 49	拒绝
Y2 不是 OS 的原因	6.695 59	0.038 54	拒绝
OS 不是 Y3 的原因	0.495 30	0.636 43	不拒绝
Y3 不是 OS 的原因	4.150 59	0.086 64	拒绝

根据表6-3的检验结果,服务承接与国内生产总值增长之间互为因果关系,与各产业产值增长之间存在单向的因果关系,即服务承接是各产业产值增长的原因。而服务发包与国内总产值之间存在单向的因果关系,国内生产总值增长是服务发包的原因,而服务发包不是国内生产总值增长的原因。服务发包是第一产业增长的原因,但第一产业增长不是服务发包的原因。服务发包与第二产业增长互为因果关系,服务发包不是第三产业增长的原因,但第三产业增长是服务发包的原因。

(5)结果分析

上述检验结果表明,服务承接对中国国内生产总值与各产业生产总值均存在正向的促进作用,服务承接的作用要大于服务发包的作用。总体上,服务承接与服务发包对第二产业增长的影响较大,这与1997—2008年期间,中国国内生产总值、各产业产值增长趋势相吻合。在1997—2008年期间,中国国内生产总值、各产业产值增长都呈现较快增长趋势。国内生产总值从1997年的78 973亿元增加到2008年的300 670亿元,12年内增长了3.8倍;第一产业产值从1997年的14 441.9亿元增长到2008年的34 000亿元,增长了2.4倍;第二产业产值从1997年的37 543亿元增长到2008年的146 183.4亿元,增长了3.9倍;第三产业产值从1997年的26 988.1亿元增长到

2008年的120 486.6亿元，增加了4.5倍。尽管第三产业产值增加的幅度最高，但从1997—2008年期间三次产业产值构成来看，第二产业产值比重最高，其平均比重为46.75%，其次是第三产业的39.26%和第一产业的13.97%。

2. 国际服务外包对劳动生产率的影响

(1)数据说明与计量模型

本书使用人均产出水平来衡量劳动生产率。人均产出水平与生产过程中投入的劳动力数量与劳动生产率之间存在着直接的关系。一般来说，在劳动投入数量不变或者增加的情况下，人均产出增加意味着劳动生产率的提高。不过在劳动力投入数量减少的情况下，人均产出增加则可能意味着劳动生产率的提高也可能意味着劳动生产率不变（这种情形下劳动生产率不会下降，因为如果劳动投入与劳动生产率均下降的话，人均产出则不可能增加）。

本书用RY表示人均国民生产总值，用RY1、RY2、RY3分别表示第一产业、第二产业、第三产业的人均产值[①]，原始数据来源于《中国统计年鉴》（各年）；IS表示国际服务外包，用OS表示国际服务承接，原始数据来源于中国商务部网站。上述变量的数据均为1997—2008年间的数据。

计量模型为：

$$LnRY = \alpha_0 + \alpha_1 LnIS + \alpha_2 LnOS + \varepsilon \qquad (6.3)$$

$$LnRY_i = \alpha_0 + \alpha_{1i} lnIS + \alpha_{2i} lnOS + \varepsilon, i = 1, 2, 3 \qquad (6.4)$$

(2)相关系数的测算

运用Eviews5.0对上述变量之间关系进行测算，为消除变量之间的相关性，当存在自相关时，采取广义差分方法进行估算。测算结果如表6-4所示。

① 国内人均产值的计算公式为：国内人均产值=总产值/总就业人数；各产业人均产值=各产业总产值/各产业就业人数。

表 6-4　　国际服务外包对中国国民人均产值、各产业人均产值的影响检验结果

被解释变量 / 解释变量	人均国民产值(RY)	第一产业人均产出(RY1)	第二产业人均产出(RY2)	第三产业人均产出(RY3)
服务接包(IS) (t统计量)	0.320 192 (4.108 705)	0.322 929 (2.706 853)	0.255 799 (5.398 917)	0.261 462 (4.228 657)
服务发包(OS) (t统计量)	0.101 770 (1.283 756)	0.079 504 (0.725 127)	0.110 698 (1.981 175)	0.072 761 (1.016 843)
AR(1) (t统计量)	0.504 611 (1.774 966)	0.624 663 (2.683 534)	0.176 249 (0.478 827)	0.346 980 (0.849 566)
R^2	0.974 122	0.935 161	0.986 791	0.972 997
DW 统计量	1.996 149	1.918 546	2.208 658	1.755 344

根据表 6-4 的检验结果,各变量之间拟合优度很好(R^2 均在 90% 以上),说明服务承接与服务发包能在较高的程度上解释服务承接国的劳动生产率增长。各变量的相关系数为正数,说明服务承接和服务发包对国民人均产出以及各产业人均产出存在正向的相关关系。从相关系数的大小来看,服务承接对人均国民产值与各产业人均产值影响要超过服务发包的影响。而服务承接对第一产业人均产值的影响最大(系数为 0.32),其次为第三产业(系数为 0.26),对第二产业人均产值影响最小(系数为 0.25),但服务发包对第二产业人均产值影响最大(第二产业的系数为 0.11,第一产业与第三产业的系数分别为 0.079 和 0.072)。

(3)稳定性检验

上述分析表明国际服务外包与承接国国内人均产值、各产业人均产值之间存在正相关关系,而国际服务外包与上述变量之间的因果关系需要进一步进行检验。

时间序列变量之间的因果关系对变量是否具有稳定性比较敏感,因此,先对各序列数据进行稳定性检验,利用 Eviews5.0 软件,取 5% 作为显著性水平,ADF 单位根检验结果如表 6-5 所示。

表 6-5　　ADF 检验结果

变量	检验形式	ADF 检验统计量值	5% 临界值
IS	(C,T,1)	-2.988 4	-4.107 8

表6-5(续)

变量	检验形式	ADF检验统计量值	5%临界值
△IS	(C,T,2)	-4.644 4	-4.246 5
OS	(C,T,1)	-3.276 7	-4.008 1
△OS	(C,N,1)	-2.779 3	-2.747 6
RY1	(C,T,2)	-0.456 2	-3.933 3
△RY1	(C,T,1)	-3.556 5	-3.515 0
RY2	(C,N,0)	2.714 7	-3.175 3
△RY2	(C,T,3)	-11.076 0	-4.450 4
RY3	(C,T,0)	-0.447 2	-3.933 3
△RY3	(C,T,1)	-5.179 5	-4.107 8
RY	(C,T,2)	-0.897 1	-4.107 8
△RY	(C,T,1)	-5.065 5	-4.107 8

注:检验形式(C,T,K)分别表示单位根检验方程包括常数项、时间趋势和滞后阶数;N不包括C和T,滞后项阶数由AIC和SC准则确定;△是指一阶差分。

从表6-5可以看出,各变量的ADF检验统计量的绝对值是小于对应的临界值的绝对值,表明这些变量是非平稳的;同时这些变量的一阶差分的ADF统计量绝对值均大于对应临界值的绝对值,因而一阶差分是平稳的,而且都是一阶单整序列。

(4)格兰杰因果关系检验

本书选自最佳滞后期为2,格兰杰因果检验结果如表6-6所示。

表6-6 国际服务外包与中国人均产值、各产业人均产值之间的格兰杰因果检验结果

零假设	F值	P值	结论
IS不是RY的原因	4.786 8	0.068 94	拒绝
RY不是IS的原因	3.480 39	0.112 99	拒绝
IS不是RY1的原因	3.411 35	0.116 31	拒绝
RY1不是IS的原因	0.999 35	0.431 40	不拒绝
IS不是RY2的原因	1.230 61	0.367 62	不拒绝

表6-6(续)

零假设	F值	P值	结论
RY2 不是 IS 的原因	21.426 1	0.003 53	拒绝
IS 不是 RY3 的原因	0.126 23	0.884 13	不拒绝
RY3 不是 IS 的原因	15.795 5	0.006 90	拒绝
OS 不是 RY 的原因	0.328 16	0.734 66	不拒绝
RY 不是 OS 的原因	2.984 08	0.140 31	不拒绝
OS 不是 RY1 的原因	2.561 56	0.171 45	不拒绝
RY1 不是 OS 的原因	0.823 41	0.490 78	不拒绝
OS 不是 RY2 的原因	0.407 18	0.685 76	不拒绝
RY2 不是 OS 的原因	5.236 99	0.059 35	拒绝
OS 不是 RY3 的原因	0.117 31	0.891 69	不拒绝
RY3 不是 OS 的原因	4.386 99	0.079 39	拒绝

根据表6-6的检验结果,服务承接与国内人均产出存在互为因果的关系,与第一产业人均产值存在单向的因果关系,服务承接是第一产业人均产值提高的原因,而第一产业人均产值的提高不是服务承接的原因。服务承接与第二、第三产业人均产值之间均存在单向的因果关系,即服务承接不是第二、第三产业人均产值提高的原因,而第二、第三产业人均产值的提高是服务承接的原因。服务发包与国内人均产值和第一产业人均产值之间不存在显著的因果关系,但服务发包是第二、第三产业人均产值提高的原因。

(5)结果分析

上述结果表明,国际服务外包尤其是对外服务承接有利于中国整体上的劳动生产率提高,但对各产业劳动生产率的影响存在着差异。承接国际服务外包对于中国第二、第三产业劳动生产率的提升具有正向的作用,但并不是显著的原因。服务承接对第一产业劳动生产率影响较大,但结合各产业就业人数变化,服务承接对第一产业的影响可能是引致劳动力向其他产业转移的原因,即服务承接引致第一产业劳动力向第二、第三产业转移。因为国际服务外包引致的第二、第三产业劳动生产率变化较小而第一产业劳动生产变化较大的情况下,而第一产业就业人数呈现下降趋势,而减少的就业人数被第二、第三产业所吸收。

上述检验结果与各变量的变化趋势较为吻合。总体上，1997—2008 年间，国内人均产出与各产业人均产出在逐年增加，其中第二产业人均产出水平最高，其次是第三产业，第一产业的人均产出水平最低，低于全国人均产出水平（如图 6－7 所示）。同时，国内人均产出与各产业人均产出变动均呈上升趋势。国际服务外包与人均产出之间的正向相关关系说明，国际服务外包对人均产出的变动存在正向的影响。1997—2008 年期间，中国就业总人数和第二产业与第三产业就业人数逐年增加，在就业人数增加的情况下，国际服务外包引致人均产出增加意味着促进劳动率的提高。

第一产业就业总人数逐年减少，并且近几年减少幅度增加，国际服务外包与第一产业劳动生产率之间的显著相关性有两种可能原因：一是国际服务外包确实促进了第一产业劳动生产率的提高，二是促使第一产业劳动力向其他产业的转移。

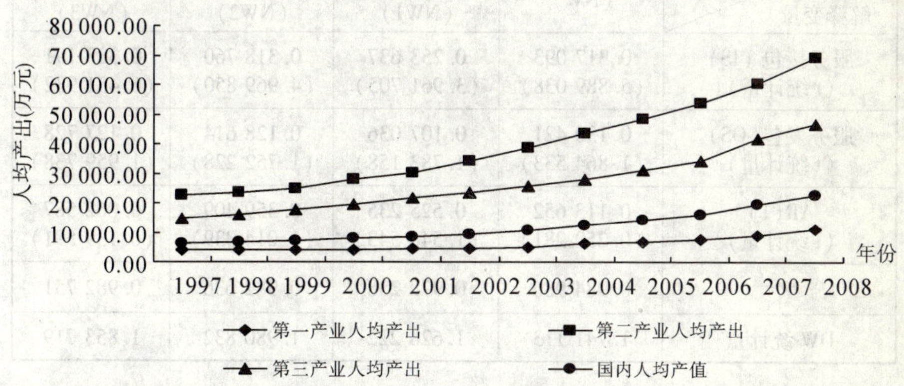

图 6－7　1997—2008 年中国国内人均产值与各产业人均产值水平

数据来源：根据历年统计年鉴中按行业分职工平均工资数据计算而得。

3. 国际服务外包对中国工资水平的影响

本书分别从名义工资与实际工资水平两个角度考察国际服务外包对中国工资水平的影响。其中，名义工资为中国统计局公布的历年职工平均工资水平，本书考察全国的职工平均工资和各产业职工平均工资水平①，实际工资水平为扣除通货膨胀因素后的平均工资水平。

名义上的全国平均工资水平用 NW 表示，第一、二、三产业名义工资水平分别用 NW1、NW2、NW3 表示，实际工资水平分别用 RW、RW1、RW2、RW3

① 此处职工平均工资水平与前面所分析的中国劳动工资变化中的职工平均工资一致。

表示，实际工资的计算公式为：$R_W = N_W/(1+R_i)$，其中 R_i 为通货膨胀率。

（1）国际服务外包对名义工资的影响分析

计量模型为：

$$LnNW = \alpha_0 + \alpha_1 LnIS + \alpha_2 LnOS + \varepsilon \quad (6.5)$$

$$LnNW_i = \alpha_0 + \alpha_{1i} lnIS + \alpha_{2i} lnOS + \varepsilon, i = 1,2,3 \quad (6.6)$$

运用 Eviews5.0 对上述变量之间关系进行测算，为消除变量之间的相关性，当存在自相关时，采取广义差分方法进行估算。测算结果如表 6－7 所示。

表 6－7　国际服务外包对中国全国和各产业名义工资的影响检验结果

被解释变量 / 解释变量	全国名义工资（NW）	第一产业名义工资（NW1）	第二产业名义工资（NW2）	第三产业名义工资（NW3）
服务接包（IS）（t 统计量）	0.317 093（5.889 038）	0.253 637（3.961 705）	0.318 760（4.969 850）	0.323 191（6.451 932）
服务发包（OS）（t 统计量）	0.130 421（1.864 533）	0.107 036（1.783 158）	0.128 614（1.752 228）	0.127 728（1.959 738）
AR(1)（t 统计量）	0.113 652（0.259 281）	0.525 235（1.546 543）	0.359 409（1.014 339）	0.062 587（0.139 591）
R^2	0.984 986	0.978 238	0.982 636	0.982 751
DW 统计量	1.741 113	1.628 222	1.980 832	1.853 719

根据表 6－7 的检验结果，各变量之间的拟合优度较高（基本上在 98% 以上），说明国际服务外包对全国和各产业名义工资水平的增加解释度较高，国际服务外包与中国名义工资水平的变化存在较高的相关关系。各变量的相关系数均为正，说明国际服务外包与中国名义工资水平之间存在正向的相关关系，国际服务外包可能会促使中国名义工资水平的上升。其中，服务承接对中国名义工资水平的影响要大于服务发包，并且非常显著（IS 的系数均大于 OS 的系数，t 统计量值均大于 3）。从对各产业名义工资的影响来看，服务承接对第三产业平均工资水平的影响（系数为 0.32）要显著大于第一产业（系数为 0.25）、第二产业（系数为 0.318）以及全国（平均水平系数为 0.317）。

(2)国际服务外包对实际工资的影响

计量模型为:

$$LnRW = \alpha_0 + \alpha_1 LnIS + \alpha_2 LnOS + \varepsilon \quad (6.7)$$

$$LnRW_i = \alpha_0 + \alpha_{1i} lnIS + \alpha_{2i} lnOS + \varepsilon, i = 1, 2, 3 \quad (6.8)$$

在上式中,RW 表示全国实际工资水平,RW_i 表示各产业实际工资水平。实际工资水平为名义工资水平扣除通货膨胀率后的工资水平,其中历年通货膨胀率数据来源于中国统计局历年国民经济和社会发展统计公报。运用 Eviews5.0 对上述变量之间关系进行测算,为消除变量之间的相关性,当存在自相关时,采取广义差分方法进行估算。测算结果见表 6-8。

表 6-8 **国际服务外包对中国全国和各产业实际工资的影响检验结果**

被解释变量 / 解释变量	全国实际工资(RW)	第一产业实际工资(RW1)	第二产业实际工资(RW2)	第三产业实际工资(RW3)
服务接包(IS) (t 统计量)	-2.233 284 (-4.123 643)	-2.293 094 (-4.127 593)	-2.212 409 (-4.083 116)	-2.231 064 (-4.147 328)
服务发包(OS) (t 统计量)	2.187 379 (3.632 160)	2.145 660 (3.460 016)	2.167 286 (3.586 468)	2.187 848 (3.660 944)
AR(1) (t 统计量)	0.212 819 (1.585 526)	0.208 283 (1.484 191)	0.203 868 (1.480 399)	0.214 715 (1.608 293)
R^2	0.792 531	0.813 305	0.796 196	0.793 121
DW 统计量	2.017 218	2.005 229	2.001 492	2.045 232

根据表 6-8 的检验结果,各变量之间的拟合优度相对较低(基本上为 79%),说明国际服务外包对中国实际工资水平的影响不如对名义工资水平的影响明显。从各变量系数的符号来看,服务承接对全国和各产业实际工资水平的相关系数均为负,系数值均较大并且较显著(系数值均超过 -2.2,t 统计量的绝对值均超过 4),说明服务承接与中国实际工资水平之间存在着显著的负相关关系。服务发包则对全国和各产业实际工资水平的相关系数均为正,系数值较大并且较显著(系数值均在 2.1 以上,t 统计量均超过 3),说明服务发包与中国实际工资水平之间存在显著的正相关关系。

(3)稳定性检验

上述分析表明国际服务外包与承接国名义工资、实际工资之间存在着相关关系，为进一步说明国际服务外包与上述变量之间的因果关系，需要进行因果检验。检验之前，先对各序列数据进行稳定性检验，利用 Eviews5.0 软件，取5%作为显著性水平，ADF 单位根检验结果如表6－9所示。

表6－9　　　　ADF 检验结果

变量	检验形式	ADF 检验统计量值	5%临界值
IS	(C,T,1)	−2.988 4	−4.107 8
△IS	(C,T,2)	−4.644 4	−4.246 5
OS	(C,T,1)	−3.276 7	−4.008 1
△OS	(C,N,1)	−2.779 3	−2.747 6
NW1	(C,T,2)	−0.302 3	−4.107 8
△N1	(C,T,3)	−6.391 5	−4.450 4
NW2	(C,N,0)	−1.341 6	−3.933 3
△N2	(C,T,0)	−3.823 9	−3.460 7
NW3	(C,T,0)	−0.915 9	−3.933 3
△N3	(C,T,1)	−3.345 8	−3.212 6
NW	(C,N,0)	2.102 8	−3.175 3
△NW	(C,T,0)	−3.647 6	−3.460 7
RW1	(C,T,0)	−0.864 1	−1.988 1
△R1	(C,N,2)	−4.769 6	−3.320 9
RW2	(C,N,2)	−0.694 6	−1.988 1
△R2	(C,T,2)	−4.596 3	−4.246 5
RW3	(C,N,2)	−0.651 4	−1.988 1
△R3	(C,T,2)	−4.343 1	−4.246 5
RW	(C,N,2)	−0.656 1	−1.988 1
△RW	(C,T,2)	−4.328 0	−4.246 5

注：检验形式(C,T,K)分别表示单位根检验方程包括常数项、时间趋势和滞后阶数；N 是指不包括 C 和 T，滞后项阶数由 AIC 和 SC 准则确定；△是指一阶差分。

从表6－9可以看出，各变量的 ADF 检验统计量的绝对值是小于对应的临界值的绝对值，表明这些变量是非平稳的；同时这些变量的一阶差分的ADF统计量绝对值均大于对应临界值的绝对值，因而一阶差分是平稳的，并且都是一阶单整序列。

(4)格兰杰因果检验

本书采取格兰杰因果检验法，选取2为最佳滞后长度，分别对国际服务外包与名义工资和实际工资水平之间的因果关系进行检验，检验结果见表6－10、表6－11所示。

表6－10　国际服务外包与中国全国和各产业名义工资因果关系的检验结果

零假设	F值	P值	结论
IS不是NW的原因	5.271 63	0.042 70	拒绝
NW不是IS的原因	4.089 2	0.060 83	不拒绝
IS不是NW1的原因	9.085 93	0.835 91	拒绝
NW1不是IS的原因	0.185 82	0.021 63	不拒绝
IS不是NW2的原因	3.466 37	0.113 65	拒绝
NW2不是IS的原因	6.139 64	0.045 04	拒绝
IS不是NW3的原因	26.593 9	0.002 16	拒绝
NW3不是IS的原因	0.682 70	0.546 84	不拒绝
OS不是NW的原因	0.959 97	0.443 78	不拒绝
NW不是OS的原因	5.919 02	0.048 05	拒绝
OS不是NW1的原因	0.783 99	0.505 65	不拒绝
NW1不是OS的原因	4.202 89	0.084 96	拒绝
OS不是NW2的原因	1.153 97	0.387 20	不拒绝
NW2不是OS的原因	8.767 07	0.023 19	拒绝
OS不是NW3的原因	0.846 80	0.482 25	不拒绝
NW3不是OS的原因	9.294 69	0.020 68	拒绝

根据表6－10的检验结果，服务承接是第一、第三产业名义工资变化的单向原因，是全国与第二产业名义工资是双向原因，名义工资水平是服务发包的单向原因。

表 6 - 11　　国际服务外包与中国全国和各产业实际工资因果关系的检验结果

零假设	F 值	P 值	结论
IS 不是 RW 的原因	7. 788 61	0. 023 53	拒绝
RW 不是 IS 的原因	4. 030 90	0. 079 56	不拒绝
IS 不是 RW1 的原因	10. 989 2	0. 010 62	拒绝
RW1 不是 IS 的原因	3. 912 61	0. 083 30	拒绝
IS 不是 RW2 的原因	8. 291 35	0. 020 53	拒绝
RW2 不是 IS 的原因	4. 228 59	0. 073 78	拒绝
IS 不是 RW3 的原因	7. 663 84	0. 024 36	拒绝
RW3 不是 IS 的原因	4. 019 87	0. 079 90	拒绝
OS 不是 RW 的原因	5. 310 08	0. 050 13	拒绝
NW 不是 OS 的原因	0. 698 00	0. 427 70	不拒绝
OS 不是 NW1 的原因	6. 698 29	0. 032 21	拒绝
RW1 不是 OS 的原因	0. 987 46	0. 349 47	不拒绝
OS 不是 RW2 的原因	5. 242 15	0. 051 30	拒绝
RW2 不是 OS 的原因	0. 828 01	0. 389 44	不拒绝
OS 不是 RW3 的原因	5. 251 83	0. 051 13	拒绝
RW3 不是 OS 的原因	0. 690 98	0. 429 94	不拒绝

根据表 6 - 11 的检验结果，服务承接是全国和各产业的实际工资水平变化的双向原因，服务发包是实际工资的变化的单向原因。

(5)结果分析

上述检验结果说明，中国对外服务承接促进了名义工资水平的提高，但促使实际工资水平下降，而对外服务发包则对名义工资与实际工资水平均存在正向的促进作用。因果关系检验进一步说明服务承接是名义工资与实际工资变化的原因。服务承接对中国的名义工资的提升具有促进作用，而名义工资水平的上升是服务发包的原因。同时，全国总体工资水平是服务承接的原因，这说明尽管服务承接可能促进中国名义工资上升，但总体工资水平对于承接服务业转移仍然具有优势。

（四）国际服务外包对中国就业影响的检验

由于数据可获性的限制，本书只对国际服务外包对中国就业总量、产业就业结构和就业的地区结构的影响进行分析，所使用数据为1997—2008年间的相关数据，原始数据见本书附录中的附表。

1. 基本模型

根据就业理论，一国就业与劳动力需求存在密切关系，因此，对就业的测量主要是确定劳动力需求函数。宏观上，一国总量生产函数中投入的劳动力构成劳动力的需求，因此本书根据总量生产函数来推导劳动力需求模型。根据经济增长理论与模型，一国经济增长是该国劳动力和资本等投入要素的函数；反过来，劳动力需求也是一国经济增长、资本投入的函数。经济增长模型如下：

$$Y = AK^{\alpha}L^{\beta} \tag{6.9}$$

根据增长理论，经济增长除了源于要素投入的增长，技术进步也是重要的源泉。在开放的经济环境中，国际服务外包对总量生产函数的影响主要是通过促进技术进步。国际服务外包存在技术外溢效应，因此必然会改变总量生产函数中的技术参数。因此在(6.9)式中令 $A = \lambda(IS)^{\eta}(OS)^{\xi}$（IS表示对外服务的承接，OS代表对外服务的发包），此外，(6.9)式中L为劳动投入数量，其他变量均为价值形式，因此将劳动投入数量也转换为价值形式，则价值形式的劳动投入为 $l = NWL$（NW为劳动的平均工资，这里指名义工资），将A与l代入(6.9)式，然后两边取对数，得到(6.10)式：

$$\ln Y = \lambda + \eta\ln IS + \xi\ln OS + \alpha\ln K + \beta\ln L + \beta\ln NW \tag{6.10}$$

由(6.10)式可得劳动力需求模型：

$$\ln L = \alpha_0 + \alpha_1\ln IS + \alpha_2\ln OS + \alpha_3\ln K + \alpha_4\ln NW + \alpha_5\ln Y \tag{6.11}$$

考虑资本投入K与产出Y有着直接的相关性，因此，在计量模型中，将不考虑资本投入的影响。因此，将(6.11)式变为：

$$\ln L = \alpha_0 + \alpha_1\ln IS + \alpha_2\ln OS + \alpha_3\ln NW + \alpha_4\ln Y \tag{6.12}$$

理论上，国际服务外包通过促进承接国服务外包产业的发展直接增加就业吸纳能力，由此而产生的对就业的影响称为直接就业效应，而服务外包产业的发展对其他就业影响因素的影响而产生的就业效应为间接就业效应。根据本书基本模型的含义，可以通过劳动力需求模型分析近似地估算国际服务外包的直接就业效应和间接就业效应。其中，服务承接与服务外包的系数可以大致反映国际服务外包的直接就业效应，而国内生产总值与平均工资水平的系数可以大致反映国际服务外包的间接效应。

2. 国际服务外包对总就业和失业的影响

(1)影响系数的估算

根据计量公式(6.12),国际服务外包对总就业影响系数的估算公式为:

$$\ln L = \alpha_0 + \alpha_1 \ln IS + \alpha_2 \ln OS + \alpha_3 \ln NW + \alpha_4 \ln TY \qquad (6.13)$$

国际服务外包对失业人数影响系数的估算公式为:

$$\text{Ln}UEM = \alpha_0 + \alpha_1 \ln IS + \alpha_2 \ln OS + \alpha_3 \ln NW + \alpha_4 \ln TY \qquad (6.14)$$

在(6.13)、(6.14)式中,L 为总就业人数,UEM 为失业人数,IS 为对外服务的承接,OS 为对外服务的发包,NW 为名义的职工平均工资,TY 为总产值。运用 Eviews5.0 对上述变量之间关系进行测算,测算结果如表 6-12 所示。

表 6-12　国际服务外包对中国就业总量和失业总量的影响检验结果

解释变量 \ 被解释变量	就业总量(L)	失业总量(UEM)
服务接包(IS) (t 统计量)	0.005 776 (1.095 936)	-0.020 479 (-0.249 103)
服务发包(OS) (t 统计量)	0.002 698 (1.021 987)	0.132 520 (3.218 285)
平均工资(NW) (t 统计量)	0.106 577 (3.948 932)	1.082 271 (2.570 955)
总产值(TY) (t 统计量)	0.059 426 (3.449 943)	-0.971 956 (-3.617 640)
R^2	0.997 050	0.972 503
DW 统计量	1.391 464	1.887 368

根据表 6-12 的检验结果,各变量之间的拟合优度很高(国际服务外包与就业总量之间的拟合优度为 99.7%,与失业总量之间的拟合优度为 97.2%),无论服务承接还是服务发包,对就业总量和失业总量的变化均具有较高的解释度。服务承接和服务发包对就业总量均存在正向的影响,但服务承接对总就业的影响略大于服务发包(相关系数分别为 0.005、0.002)。名义工资与国内生产总值均对就业总量存在显著的正向相关关系,但名义工资对就业的影响要大于国内生产总值(系数分别为 0.10、0.05)。从对失业总量的影响来看,服务承接与失业总量之间存在负的相关关系(系数

为-0.02),而服务发包与失业总量之间存在正向相关关系(系数为0.13),总体上服务发包会导致失业增加(因为对失业总量的影响系数大于对就业总量的影响系数)。平均工资与失业总量之间也存在着正向的相关关系(系数为1.08),总体上平均工资增加会导致失业增加(因为对失业总量影响系数要大于对就业总量的影响系数)。总体上国内生产总值增加有利于就业总量增加和失业的减少。

(2)稳定性检验

时间序列变量之间的因果关系对变量是否具有稳定性比较敏感,因此,先对各序列数据进行稳定性检验,利用Eviews5.0软件,取5%作为显著性水平,ADF单位根检验结果如表6-13所示。

表6-13 ADF检验结果

变量	检验形式	ADF检验统计量值	5%临界值
IS	(C,T,1)	-2.988 4	-4.107 8
△IS	(C,T,2)	-4.644 4	-4.246 5
OS	(C,T,1)	-3.276 7	-4.008 1
△OS	(C,N,1)	-2.779 3	-2.747 6
L	(C,T,2)	1.625 6	-4.107 8
△L	(C,T,2)	-9.261 8	-4.246 5
UEM	(C,T,1)	-2.775 3	-4.008 1
△UEM	(C,T,0)	-1.737 3	-1.601 1
NW	(C,N,0)	2.102 8	-3.175 3
△NW	(C,T,1)	-3.647 6	-3.460 7
TY	(C,N,2)	0.262 3	-3.259 8
△TY	(C,T,1)	-8.056 9	-4.107 8

从表6-13可以看出,各变量的ADF检验统计量的绝对值是小于对应的临界值的绝对值,表明这些变量是非平稳的;同时这些变量的一阶差分的ADF统计量绝对值均大于对应临界值的绝对值,因而一阶差分是平稳的,而且都是一阶单整序列。

(3)因果关系检验

为进一步检验国际服务外包与就业、失业之间的因果关系,本书采取格兰杰因果检验法,选取 2 为最佳滞后长度,对上述变量进行因果关系检验。检验结果如表 6-14 所示。

表 6-14 国际服务外包与中国就业总量和失业总量因果关系的检验结果

零假设	F 值	P 值	结论
IS 不是 L 的原因	25. 148 4	0. 038 49	拒绝
L 不是 IS 的原因	5. 299 51	0. 162 84	拒绝
IS 不是 UEM 的原因	1. 862 12	0. 368 11	不拒绝
UEM 不是 IS 的原因	2. 087 53	0. 340 13	不拒绝
TY 不是 L 的原因	1. 632 92	0. 020 53	不拒绝
L 不是 TY 的原因	4. 370 84	0. 401 63	拒绝
TY 不是 UEM 的原因	2. 634 26	0. 287 09	不拒绝
UEM 不是 TY 的原因	5. 950 03	0. 147 26	拒绝
OS 不是 L 的原因	0. 699 61	0. 633 58	不拒绝
L 不是 OS 的原因	15. 777 9	0. 060 19	拒绝
OS 不是 UEM 的原因	0. 132 13	0. 932 73	不拒绝
UEM 不是 OS 的原因	4. 707 98	0. 180 16	拒绝
W 不是 L 的原因	8. 104 49	0. 111 82	拒绝
L 不是 W 的原因	0. 641 80	0. 656 48	不拒绝
W 不是 UEM 的原因	46. 850 4	0. 020 97	拒绝
UEM 不是 W 的原因	4. 884 35	0. 174 63	不拒绝

根据表 6-14 的检验结果,服务承接是就业总量变化的双向原因,服务承接与失业变化之间的因果关系不显著。就业总量是产值变化的单向原因,失业总量是产值变化的单向原因,名义工资变化是就业总量和失业总量变化的单向原因。服务发包不是就业总量和失业总量变化的原因。

(4)结果分析

上述检验结果说明服务承接是就业总量变化的原因,二者之间具有正相关关系,说明服务承接对就业总量具有正向促进作用。服务发包对就业与失业的影响不大。同时，服务承接引致的名义工资变化对就业总量的具有正向的促进作用，但也会导致失业增加，服务外包引致的产值变化对就业总量影响较小，不是就业变化的显著原因。

3. 国际服务外包对就业结构的影响

根据本书第五章分析，就业结构包括产业就业结构、就业的地区结构以及就业的技术结构。由于产业就业结构在很大程度上可以反映就业技术结构的变化，因此，本书只检验国际服务外包对产业就业结构变动和就业的地区结构变动的影响。

(1)国际服务外包对各产业就业变动影响系数的估算

① 影响系数的估算

本书考察的是国际服务外包对各产业就业变化量以及总就业变化量的影响，因此，将公式(6.12)进一步变为：

$$\ln|L_i| = \alpha_0 + \alpha_{1i}\ln IS + \alpha_{2i}\ln OS + \alpha_{3i}\ln W_i + \alpha_{4i}\ln Y_i + \varepsilon \quad (6.15)$$

各产业就业结构变化总值与各解释变量之间关系的模型为：

$$TC = \ln\sum|L_i| = \beta_0 + \beta_1\ln IS + \beta_2\ln OS + \beta_3\ln\sum W_i + \beta_4\ln\sum Y_i + \varepsilon \quad (6.16)$$

其中$|L_i|$表示i(i=1、2、3)产业就业变动的绝对值，α_{1i}是服务接包程度对第i产业就业变动的影响系数，α_{2i}表示服务发包程度对第i产业就业变动的影响系数；α_{3i}表示第i产业职工平均工资变化量的影响系数，α_{4i}表示i产业产值变化量的影响系数；$\sum|L_i|$为总变动值(用TC表示)，β为各解释变量总变化值对就业总变动的影响系数①。上述各变量的影响系数若为正值，表示该解释变量对就业结构的变动具有正向的作用，若为负值，则表示该解释变量对就业结构的变动具有负向的作用。

运用Eviews5.0对上述变量之间关系进行测算，测算结果见表6－15。

---

① 各产业就业变动量是根据1997—2008年间历年三次产业就业人员数(年底数)计算而得；各产业职工平均工资变动量根据1997—2008年间历年分行职工平均工资数据按照三次产业划分标准将各行业数据加总然后再进行平均计算而得；各产业产值的变化量根据1997—2008年间历年三次产业按当期价格计算的产值计算而得，上述数据均来自《中国统计年鉴》(2009)；对外服务承接数据和对外服务发包数据均根据中国商务部公布的1997—2008年间中国国际服务贸易分行业数据以及历年人民币与美元中间汇率数据计算而得。

表 6－15　国际服务外包对中国各产业就业变动的影响检验结果

被解释变量 解释变量	第一产业就业变化量(L1)	第二产业就业变化量(L2)	第三产业就业变化量(L3)	就业结构总变化量(TC)
服务接包（IS） （t统计量）	1. 895 863 （3. 234 076）	0. 760 616 （1. 140 404）	0. 720 395 （1. 569 469）	0. 700 916 （0. 854 579）
服务发包(OS) （t统计量）	－0. 539 432 （－0. 791 928）	1. 159 439 （2. 118 543）	0. 505 686 （1. 573 413）	0. 120 136 （1. 041 663）
平均工资变化量(W) （t统计量）	－1. 597 452 （－1. 423 788）	－2. 633 979 （－2. 155 226）	－1. 175 991 （－1. 246 402）	－0. 037 462 （－0. 245 595）
产值变化量(Y) （t统计量）	－0. 028 684 （－0. 093 990）	1. 010 740 （1. 859 350）	－0. 707 229 （－1. 166 316）	0. 092 771 （0. 522 088）
R^2	0. 762 749	0. 837 654	0. 512 685	0. 723 449
DW 统计量	2. 452 475	2. 176 795	2. 354 055	1. 914 462

从表 6－15 可以看出，总体上国际服务外包对三次产业就业变化以及就业结构总变化的净效应为正。其中，对于第一产业和第三产业而言，对外服务承接对就业变化的影响（系数分别为 1. 895 863、0. 720 395）要大于对外服务发包的影响（系数分别为 －0. 539 432、0. 505 686）；对第二产业而言，服务发包对就业变化的影响（系数为 1. 159 439）要大于服务承接对就业变化的影响（影响系数为 0. 760 616）；对外服务承接对就业结构总变化的影响（系数为 0. 700 916）要大于对外服务发包（影响系数为 0. 120 136）。平均工资变化对三次产业就业变化以及总就业变化均具有较大的负向作用，从绝对值来看，平均工资对第二产业就业变化的影响最大。除了第二产业，第一产业与第三产业产值的变化对就业变化均具有负向作用，但总产值的变化对总就业变化具有正向作用。

②稳定性检验

时间序列变量之间的因果关系对变量是否具有稳定性比较敏感，因此，先对各序列数据进行稳定性检验，利用 Eviews5. 0 软件，取 5% 作为显著性水平，ADF 单位根检验结果如表 6－16 所示。

表 6－16　ADF 检验结果

变量	检验形式	ADF 检验统计量值	5% 临界值
IS	（C，T，1）	－2. 988 4	－4. 107 8
△IS	（C，T，2）	－4. 644 4	－4. 246 5

表6-16(续)

变量	检验形式	ADF 检验统计量值	5%临界值
OS	(C,T,1)	-3.276 7	-4.008 1
△OS	(C,N,1)	-2.779 3	-2.747 6
L1	(C,N,0)	0.560 9	-1.977 7
△L1	(C,T,0)	-4.170 1	-4.008 1
L2	(C,N,1)	0.892 2	-1.982 3
△L2	(C,N,0)	-6.144 7	-1.982 3
L3	(C,N,1)	0.080 5	-1.982 3
△L3	(C,T,1)	-6.436 6	-4.008 1

从表6-16可以看出,各变量的ADF检验统计量的绝对值是小于对应的临界值的绝对值,表明这些变量是非平稳的;同时这些变量的一阶差分的ADF统计量绝对值均大于对应临界值的绝对值,因而一阶差分是平稳的,而且都是一阶单整序列。

③因果关系检验

为进一步检验国际服务外包与各产业就业结构变动之间的因果关系,本书采取格兰杰因果检验法,选取2为最佳滞后长度,对上述变量进行因果关系检验。检验结果如表6-17所示。

表6-17 国际服务外包与中国各产业就业结构变动因果关系的检验结果

零假设	F值	P值	结论
IS不是L1的原因	2.907 76	0.126 55	不拒绝
L1不是IS的原因	0.159 36	0.700 19	不拒绝
IS不是L2的原因	13.239 8	0.006 60	拒绝
L2不是IS的原因	0.000 39	0.984 72	不拒绝
IS不是L3的原因	1.491 42	0.256 76	不拒绝
L3不是IS的原因	0.041 04	0.844 52	不拒绝
OS不是L1的原因	4.719 65	0.061 58	拒绝

表6-17(续)

零假设	F值	P值	结论
L1不是OS的原因	1.144 45	0.315 93	不拒绝
OS不是L2的原因	8.925 53	0.017 40	拒绝
L2不是OS的原因	0.177 31	0.684 78	不拒绝
OS不是L3的原因	0.467 88	0.513 29	不拒绝
L3不是OS的原因	0.037 55	0.851 18	不拒绝

根据表6-17的检验结果,服务承接是第二产业就业结构变动的单向原因,与第一产业、第三产业就业结构变动之间的因果关系不显著。服务发包是第一产业、第二产业就业结构变动的单向原因,但与第三产业就业结构变动之间的因果关系不显著。

② 结果分析

相关性检验与因果检验的结果说明,服务承接对第一产业和第二产业就业结构的变化影响最大,从而说明,国际服务外包的发展,虽然促进了中国第一产业劳动力向第二产业转移,但对第三产业劳动力的吸纳能力的影响还没有充分发挥出来。

(2)国际服务外包对中国就业的地区结构的影响

①国际服务外包对各地区就业总量的影响

分别用DL、ZL、XL表示东部地区、中部地区和西部地区就业总量,则服务承接和服务发包对各地区就业影响的回归方程式为:

$$LnDL = \alpha_0 + \alpha_1 LnIS + \alpha_2 LnOS + \varepsilon \quad (6.17)$$

$$LnZL = \alpha_0 + \alpha_1 LnIS + \alpha_2 LnOS + \varepsilon \quad (6.18)$$

$$LnXL = \alpha_0 + \alpha_1 LnIS + \alpha_2 LnOS + \varepsilon \quad (6.19)$$

运用Eviews5.0对上述变量之间关系进行测算,测算结果如表6-18所示。

表6－18　国际服务外包对中国东、中、西地区就业总量的影响检验结果

被解释变量 解释变量	东部地区 就业总量 （DL）	中部地区 就业总量 （ZL）	西部地区 就业总量 （XL）
服务接包（IS） （t统计量）	0.101 551 （5.519 766）	0.038 026 （3.902 681）	0.035 223 （3.460 785）
服务发包（OS） （t统计量）	－0.014 093 （－0.790 953）	－0.001 016 （－0.100 291）	0.014 026 （1.371 004）
AR(1) （t统计量）	0.539 218 （4.476 592）	0.415 920 （2.152 703）	0.527 863 （2.373 304）
R^2	0.966 443	0.949 092	0.964 195
DW统计量	2.696 685	2.410 455	2.444 589

从表6－18的检验结果可以看出，各变量之间的拟合优度均较高（94%以上），说明服务承接和服务发包对各地区就业量变化的解释程度较高，尤其对东部地区和西部地区的解释度较高（东部地区的拟合优度为96.6%，西部地区的拟合优度为96.4%）。服务承接对各地区的就业变化存在显著的正向相关关系（各系数为正值，t统计量显著），其中对东部地区的就业影响（系数为0.101 551）要大于中部系数为（0.038 026）与西部系数为（0.035 223）。服务发包对东部地区和中部地区就业存在负向的作用（系数为负值），而对西部地区的就业存在正向的作用，但在统计上均不显著（t统计量较小）。

②稳定性检验

时间序列变量之间的因果关系对变量是否具有稳定性比较敏感，因此，先对各序列数据进行稳定性检验，利用Eviews5.0软件，取5%作为显著性水平，ADF单位根检验结果如表6－19所示。

表6－19　ADF检验结果

变量	检验形式	ADF检验统计量值	5%临界值
IS	（C,T,1）	－2.988 4	－4.107 8
△IS	（C,T,2）	－4.644 4	－4.246 5
OS	（C,T,1）	－3.276 7	－4.008 1

表6－19(续)

变量	检验形式	ADF 检验统计量值	5% 临界值
△OS	(C,N,1)	-2.779 3	-2.747 6
DL	(C,N,0)	1.725 3	-1.977 7
△DL	(C,T,2)	-3.950 5	-3.590 4
ZL	(C,N,0)	1.319 3	-1.977 7
△ZL	(C,N,0)	-7.215 8	-3.212 6
XL	(C,T,1)	-1.427 7	-4.008 1
△XL	(C,T,0)	-5.128 0	-4.008 1

从表6－19可以看出,各变量的ADF检验统计量的绝对值是小于对应的临界值的绝对值,表明这些变量是非平稳的;同时这些变量的一阶差分的ADF统计量绝对值均大于对应临界值的绝对值,因而一阶差分是平稳的,并且都是一阶单整序列。

③因果关系检验

为进一步检验国际服务外包与各地区就业变动之间的因果关系,本书采取格兰杰因果检验法,选取2为最佳滞后长度,对上述变量进行因果关系检验。检验结果如表6－20所示。

表6－20 国际服务外包与中国各地区就业变动因果关系的检验结果

零假设	F值	P值	结论
IS不是DL的原因	9.062 25	0.021 74	拒绝
DL不是IS的原因	1.040 54	0.021 74	不拒绝
IS不是ZL的原因	2.430 70	0.183 05	不拒绝
ZL不是IS的原因	0.904 54	0.462 06	不拒绝
IS不是XL的原因	4.625 46	0.072 92	拒绝
XL不是IS的原因	1.725 47	0.269 25	不拒绝
OS不是DL的原因	4.129 11	0.087 34	拒绝
DL不是OS的原因	0.110 59	0.897 44	不拒绝
OS不是ZL的原因	1.670 90	0.278 15	拒绝
ZL不是OS的原因	2.089 45	0.219 00	不拒绝

表6－20(续)

零假设	F值	P值	结论
OS不是XL的原因	1.936 97	0.238 31	不拒绝
XL不是OS的原因	0.884 86	0.468 81	不拒绝

根据表6－20的检验结果，服务承接是东部地区和西部地区就业变化的单向原因，与中部地区就业变化之间的因果关系不显著。服务发包是东部地区就业变化的单向原因，与中部和西部就业变化之间的因果关系不显著。

④结果分析

根据相关性和因果检验分析，国际服务外包对东部地区就业增加的存在显著的正向促进作用，而对中部和西部地区就业增加的影响相对较小，尤其是对中部地区就业增加的影响较小。

⑤国际服务外包对各地区产业就业结构影响的比较

分别用DSL、ZSL、XSL表示东部地区、中部地区和西部地区第三产业就业，DIL、ZIL、XIL表示东部地区、中部地区和西部地区第二产业就业，DAL、ZAL、XAL表示东部地区、中部地区和西部地区第一产业就业。运用Eviews5.0分别对服务承接(IS)和服务发包(OS)与各地区第一产业就业、第二产业就业以及第三产业就业之间的关系进行测算，测算结果如表6－21、表6－22、表6－23所示。

表6－21　　国际服务外包对中国东、中、西部地区第一产业就业的影响检验结果

被解释变量 解释变量	东部地区第一产业就业(DAL)	中部地区第一产业就业(ZAL)	西部地区第一产业就业(XAL)
服务接包(IS) (t统计量)	−0.063 32 (−3.095 34)	−0.054 21 (−2.061 02)	−0.027 84 (−3.009 75)
服务发包(OS) (t统计量)	−0.013 04 (−0.610 03)	−0.025 41 (−1.251 17)	−0.013 88 (−1.399 24)
AR(1) (t统计量)	0.575 856 (2.613 379)	0.781 399 (5.429 405)	0.285 323 (0.702 264)
R^2	0.932 873	0.893 198	0.969 214
DW统计量	3.022 891	1.393 653	1.842 849

表 6－22　国际服务外包对中国东、中、西部地区第二产业就业的影响检验结果

被解释变量 / 解释变量	东部地区第二产业就业（DIL）	中部地区第二产业就业（ZIL）	西部地区第二产业就业（XIL）
服务接包（IS） （t 统计量）	0.098 045 （1.346 344）	0.109 179 （1.356 947）	0.124 825 （1.375 256）
服务发包（OS） （t 统计量）	0.088 87 （1.282 737）	0.072 282 （0.985 546）	0.061 593 （0.755 84）
AR(1) （t 统计量）	0.634 257 （2.678 694）	0.662 663 （2.789 982）	0.644 76 （2.310 764）
R^2	0.857 766	0.825 371	0.799 379
DW 统计量	2.016 319	1.347 42	1.829 144

表 6－23　国际服务外包对中国东、中、西部地区第三产业就业的影响检验结果

被解释变量 / 解释变量	东部地区第三产业就业（DSL）	中部地区第三产业就业（ZSL）	西部地区第三产业就业（XSL）
服务接包（IS） （t 统计量）	0.111 709 （3.938 019）	0.054 832 （1.798 016）	0.107 894 （5.852 264）
服务发包（OS） （t 统计量）	0.016 728 （0.376 472）	0.030 318 （0.925 236）	0.052 01 （1.981 198）
R^2	0.899 653	0.908 602	0.973 437
DW 统计量	1.611 863	1.347 42	1.930 834

根据表 6－21 的检验结果，无论服务承接还是服务发包，国际服务外包对各地区第一产业就业均存在负向作用。根据表 6－22 的检验结果，无论服务承接还是服务发包，国际服务外包对各地区第二产业就业均存在正向作用，但在统计上并不显著。其中，服务承接对各地区第二产业就业的影响要大于服务发包的影响（服务承接的系数均大于服务发包的系数）。服务承接对西部地区第二产业就业的影响（系数为 0.124 825）要大于中部地区（系数为 0.109 179）和东部地区系数为（0.098 045）。根据表 6－23 的检验结果，无论服务承接还是服务发包，国际服务外包对各地区第三产业就业均存在正向作用，但从统计结果看东部地区和西部地区较为显著而中部地区并不

显著。服务承接对各地区第三产业就业的影响要大于服务发包的影响(服务承接的系数均大于服务发包的系数)。服务承接对东部地区第三产业就业的影响(系数为0.111 709)要大于西部(系数为0.054 832)和中部地区(系数为0.107 894)

总体上,服务承接对东部地区第三产业就业的影响要大于对第二产业就业和第一产业就业的影响,服务承接对中部地区第二产业就业的影响要大于对第三产业就业和第一产业就业;服务承接对西部地区第二产业就业的影响要大于对第一产业就业和第三产业就业的影响。

(五)结论

本书使用1997—2008年期间的相关数据对国际服务外包影响就业的途径以及就业效应进行了实证检验,结论归纳如下。

1. 国际服务外包影响就业途径的实证检验结论

第一,总体上,服务承接对中国的经济增长、劳动生产率以及名义工资水平的提升存在正向的促进作用。实证检验结果表明,服务承接对中国国内生产总值、各产业生产总值、国内人均生产总值、各产业人均生产总值、全国平均工资水平以及各产业平均工资水平均存在显著的正相关关系,服务发包对国内生产总值、各产业生产总值、人均产出以及名义工资也存在着正相关关系,但作用要小于服务承接。服务承接对实际工资水平存在负向的作用,服务发包对实际工资水平存在正向作用,但服务发包的正向作用小于服务承接的负向作用,总体上国际服务外包对实际工资水平存在负向作用。

第二,具体来说,服务承接对就业决定因素的作用存在差异。从国际服务外包对生产总值与人均产值的影响来看,服务承接对国内生产总值的影响要超过对国内人均产值和全国名义工资水平的影响。服务承接对第二产值产值的影响最大,甚至超过对国内生产总值的影响,其次对第三产业产值的影响也较大。服务承接对第二产业和第三产业产值的影响要超过对二者的人均产值的影响,但对第一产业人均产值的影响超过对其产值的影响。这说明,服务承接对第二、三产业存在规模经济效应,而对第一产业来说,规模经济效应较小。从国际服务外包对工资的影响来看,服务承接对第三产业名义工资的影响最大并且最显著,对第一产业名义工资的影响最小,但对第一产业实际工资影响最大,而对第二产业实际工资影响最小。

2. 国际服务外包对就业影响的实证检验结论

第一,从国际服务外包对就业总量的影响来看,国际服务外包有利于中国就业总量的增加和失业的减少,并且服务承接对就业的影响要大于服务发包。本书实证检验表明：一是考虑工资水平和产出水平影响的条件下，国际服务外包对就业总量存在正向的促进作用。国际服务外包对中国的国内生产总值存在显著的正向促进作用，同时，国际服务外包对劳动生产率和名义工资水平也存在正向的促进作用。国内生产总值的增加可以促进就业的增加，但劳动生产率和名义工资水平的提升可能会产生对劳动力需求的减少，从而减少就业。二是国际服务外包对生产总值的影响要大于对劳动生产率的影响，从而会存在规模经济效应抵消劳动生产率提高对就业的负作用。三是国际服务外包对中国的实际工资水平存在着负向的作用，说明国际服务外包会导致实际工资水平下降，而企业在实际工资水平下降的情形下，会增加对劳动力的需求，从而抵消名义工资水平上升对就业的负面影响。另外，名义工资水平上升自身也存在抵消就业减少的机制，即名义工资水平上升存在着人力资本上升的效应，而人力资本的提升则会促进就业增加。因此，国际服务外包对各种就业决定因素的影响的结果，使得国际服务外包对中国总就业存在正的净效应，但实证结果表明，这种正的净效应目前还很小。

第二，从国际服务外包对产业就业结构的影响来看，国际服务外包对产业就业结构变动存在正向的影响，但对各产业就业变化的作用存在差异。实证检验结果表明，在考虑各产业工资水平和产出水平影响条件下，服务承接与服务外包均对就业结构总变化量存在正向的作用，但这种作用并不显著，总产出变化对就业结构总变化量存在正向作用，而平均工资变化对就业结构总变化量存在负向的作用。从对各产业就业变化的影响来看，服务承接对第一产业就业变化量存在显著的正向影响，并且影响最大，中国第一产业就业人数随着农村劳动力向其他产业转移而逐年减少，这说明服务承接在很大程度上促进了第一产业劳动力向其他产业转移。不过，服务发包对第一产业就业人数的变化存在负向的作用。服务承接对第二产业就业的影响要大于对第三产业就业的影响，同时，服务发包对第二产业就业的影响要大于服务承接的影响。服务承接对第三产业就业变化的影响要大于服务发包对就业的影响。考虑服务外包条件下的产值对第一、第三产业就业变化均存在负向作用，但对第二产业就业变化和总体就业变化存在正向的作用。这说明国际服务外包对第一、第三产业产值扩大效应进而就业扩大效应的作用并不显著。平均工资水平的变化对各产业就业变化均存在负向的作用。

第三，从国际服务外包对就业的地区结构影响来看，服务承接有利于各地区就业总量的增加,但具体影响存在差异。实证检验结果表明,服务承接对各地区就业总量变化均存在正向的促进作用,但对东部地区和中部地区就业总量变化影响较大,而对西部地区就业总量影响较小。在东部地区和中部地区,服务发包对就业总量增加不利,服务发包对这两个地区的就业总量均存在负向的作用,但对西部地区就业总量存在正向的作用。

第四,从国际服务外包对各地区产业就业结构来看,国际服务外包对各地区三次产业就业人数的变化存在不同的影响。总体上,服务承接与服务发包对各地区第一产业就业均存在负向的作用,对第二产业和第三产业就业存在正向的作用,说明国际服务外包有利于各地区第一产业就业转移和第二产业和第三产业就业的增加。具体而言,服务承接对东部地区和西部地区第三产业就业增加影响较大,对中部地区和西部地区第二产业就业增加的影响较大。这可能与东部地区服务业发展水平较高有关。

第五,从国际服务外包对就业质量影响来看,由于在中国缺乏具体可获数据,本书主要依据国际服务外包对影响就业质量的因素的影响,大体上推断国际服务外包对就业质量的影响。本书实证分析表明,国际服务外包对中国就业总量增加存在正向促进作用,说明国际服务外包带来的就业机会增加,而国际服务外包对平均工资水平的正向作用,说明国际服务外包有利于提高职工的平均工资,而工资收入是劳动者最主要的收入来源,工资水平的提升有助于提高劳动者生活水平,进而提高自身人力资本水平。企业与政府为发展服务外包产业而采取的培养人才的措施也有利于提高服务承接国的人力资本水平。上述影响说明,总体上,国际服务外包有利于提高服务承接国的就业质量。

第二节　国际服务外包对承接国就业的影响:以印度为例

在国际服务外包浪潮中,印度较早把握住了机遇,使其服务外包产业迅速发展。经历20多年的发展,印度的服务外包产业已成为国内经济发展中最具有活力的产业。据印度软件和服务业企业行业协会统计,2009财年①,

① 印度财政年度是指印度政府计划和官方统计使用财政年度概念,而不是自然年份。一个财政年度是指从上一年的4月初到本年度的3月底。例如,2008—2009财年是指2008年4月—2009年3月。为了表述方便,本书把2008—2009财年称为2009财年,本书其他地方的表述与此相同。

印度信息技术业务流程外包产业规模达717亿美元,占国内生产总值约5.8%,信息技术业务流程外包服务承接规模为473亿美元,直接就业223万人,比上年增加了22.6万人,间接创造的就业人数达800万人。实践表明,印度通过承接国际外包服务,促使本国服务外包产业规模扩大,通过直接与间接的途径创造了大量的就业岗位。

目前,印度是全球最大的软件外包承接国,也是全球服务外包目的地的首选区域,其承接服务外包的区位优势排名第一。印度软件外包的主要服务的国家和地区是北美、欧美和日本,主要服务对象是美国、英国、日本、德国等国家。印度已被美国认定为最可靠的软件供应国。印度政府和印度软件业预测,今后印度软件外包业将继续蓬勃发展。

在众多服务承接国中,印度在服务外包产业的发展和服务承接业务方面的成绩有目共睹。在现有国际服务外包研究文献中,许多学者对印度服务外包产业尤其是软件产业发展的成功经验进行了研究,但专门研究国际服务外包对印度就业影响的文献并不多。本节根据印度服务外包产业发展和服务承接的经验数据,对服务外包产业发展与国际服务承接对印度就业的影响进行实证分析,并在此基础上分析印度促进就业的服务外包产业发展经验与对中国服务外包产业发展的启示。

一、印度服务外包产业发展与国际服务承接的基本现状

印度服务外包产业以及对外服务承接是以其软件产业的发展为基础的。印度软件产业的发展之初其定位就以外包和出口为主。印度软件产业是出口导向型产业,以定制软件开发与发展出口为主,在软件模块设计开发方面有较强的优势。印度在发展软件产业过程中,基于低成本优势,不断致力于通过提升产品质量和服务升级增加竞争力。印度软件产业的发展促进了其服务外包产业的发展,而通过国际服务承接又进一步推动其软件产业的发展。经过20多年的发展,印度服务外包产业不仅成为印度经济发展的支柱产业,而且通过大规模承接服务外包加强了与全球经济体系的联系,其国际地位和形象也得到提高和改善。

(一)印度服务外包产业发展现状

印度服务外包产业的发展历时20多年。自20世纪80年代以来,印度开始向海外派遣软件工程师,从事信息技术服务工作,同时,欧洲一些航空公司开始把新德里作为后台办公地点。与此同时,印度政府大力改善电信基础设施条件,对软件产业的发展采取优惠政策,从而吸引众多软件公司到

印度本土设立软件园区，将软件开发和测试工作转移回印度。20 世纪 80 年代后期到 90 年代中期，印度廉价、高效的软件编程员引起越来越多欧美企业的关注。1995 年，美国通用电气公司在印度设立了咨询公司，在印度开始发展第三方外包，掀起了跨国公司在印度投入信息技术服务业的浪潮，印度信息技术领域的私人资本也日益活跃，印孚瑟斯公司、威普罗公司、塔塔咨询公司（TTCS）和萨蒂扬（Satyam）等一批印度本土的信息技术服务企业迅速成长。2000 年，世纪之交的“千年虫”问题成为印度服务外包扩展的重要契机。面对“千年虫”导致的庞杂而枯燥的信息和数据存储问题，欧美企业不得不将公司的数据处理工作转包给最具有成本和语言优势的印度信息技术企业，而印度信息技术企业则在为欧美企业解决“千年虫”过程中积累了经验和客户渠道，赢得了国际声誉，印度的服务外包产业由此也开始快速发展。据印度全国软件与服务公司协会统计，1990 财年，印度软件外包仅有约 5 000 万美元的产值，而到 2009 财政年度，印度服务外包产业规模已突破了 500 亿美元，软件和信息服务产值约占印度国内生产总值的 5.8%①。

以信息技术为基础的软件与服务产业是印度服务外包的主要产业。据印度全国软件与服务公司协会统计，2009 财年，印度信息技术业务流程外包产业规模达 717 亿美元，占国内生产总值比重从 1998 财年的 1.2% 上升为 5.8%，净增加值增长了约 3.4% ~4.1%。2009 财年，印度信息技术业务流程外包收入总计达 598 亿，其中国内信息技术业务流程外包销售收入 125 亿美元，出口收入 473 亿美元（如表 6-24 所示），信息技术业务流程外包出口收入占到总收入的约 79%，占印度总出口从 1998 财年的 4% 上升为约 16%。另据印度间接监测中心的数据，2007 财年间，印度外包收入占国内生产总值和外汇流入量的比重分别上升到 7% 和 33%，同期，印度信息技术产业国际外包和业务流程外包对服务业外汇收入净增长的贡献率接近 95%，其增长率是同期服务出口增长率的 3 倍。2009 财年，印度信息技术业务流程外包产业创造的直接就业达 223 万人，相比增长了 22.6 万人。预计 2010 年，印度全球服务外包规模将达 1 100 亿美元，直接创造就业 230 万人，间接就业 650 万人。

① 印度财政年度是指印度政府计划和官方统计使用财政年度概念，而不是自然年份。一个财政年度是指从上一年的 4 月初到本年度的 3 月底。例如，2008—2009 财年是指 2008 年 4 月—2009 年 3 月。

表 6－24　　印度信息技术业务流程外包的销售收入　　单位：亿美元

年份	2004 财年	2005 财年	2006 财年	2007 财年	2008 财年	2009 财年
出口	104	146	196	264	404	473
国内	340	410	540	660	116	125
总销售收入	138	187	250	330	520	598

数据来源：Nasscom Strategic Review 2009。

（二）印度国际服务承接现状

印度是全球服务外包的首选目的地。在全球服务接包市场，印度居于首位，很多对西方公司进行的调查研究表明，绝大部分跨国公司将印度作为离岸外包的首选目的地。科尔尼全球服务外包目的地指数显示，印度以总分 6.91 排第一，中国以总分 6.29 排第二位。另据 BAH 管理咨询公司和杜克大学离岸外包研究中心 2006 年的调查发现，在后台办公支持、呼叫中心、信息技术、采购外包、产品开发等单项离岸外包目的的选择中，印度几乎都是被调查企业的首选目的地。

印度承接服务外包主要来自欧美国家。由于语言方面的优势，印度成为欧美国家的主要外包目的地。据印度全国软件与服务公司协会统计，美国和欧洲市场总计占印度基于信息技术产业的服务业出口份额的 90% 以上（如表 6－25 所示）。其中，美国是印度最大的出口市场，所占份额一直保持 60% 以上，欧洲市场也保持较快的增长。2008 财年期间，印度对英国和其他欧洲大陆国家的软件外包出口复合增长率分别为 41.4% 和 51.4%。除了欧美市场之外，近几年印度也开始积极开拓其他市场，例如在中国承包工程设计、在南非承包保险业务等。由于印度良好的政策环境和本地外包企业自身的技术实力，澳大利亚、日本、中国香港、中国台湾、东南亚等国家和地区的企业也与印度软件企业有着广泛的外包合作。

表 6－25　　印度 IT-ITES 出口目标市场分布

出口目的地	2004 财年	2005 财年	2006 财年	2007 财年
美洲	69.1%	69.4%	68.3%	67.2%
欧洲	22.2%	22.6%	23.1%	25.1%
其他	8.7%	8.0%	8.6%	7.7%

数据来源：www.nasscom.org。

从服务承接业务来看，信息技术产业和基于信息技术产业的服务业是印度承接外包规模最大、最引人注目的领域。根据印度全国软件与服务公司协会的分类，印度信息技术产业分为硬件和软件两大类，其中，软件部分包括：信息技术服务、基于信息技术的服务业、业务流程外包、工程服务、研发和软件产品。印度的基于信息技术产业的服务业是新兴的外包领域，包括电话营销、病历转录、客户申请处理、信用卡处理、呼叫中心、保险理赔等可以通过电话、网络等信息手段处理并传送的各种服务，这些后台服务可以归类于广义的业务流程外包。广义的业务流程外包还包括知识流程外包，随着印度信息技术的成熟以及本土企业能力的提升，具有更高技术与知识含量的知识流程外包也开始成为印度服务外包的重要领域。

总体上，印度信息技术服务和广义的业务流程外包产业可以统一称为信息技术业务流程外包产业（或称为软件产业），其出口部分则是印度承接国际离岸外包的数据。图 6－8 为 1998 财年以来印度软件和服务出口及其占印度软件产业的比重。可以看出，印度承接国际服务外包自 1998 财年以来发展迅速，从 17.59 亿美元上升为 473 亿美元，增加了约 27 倍。离岸服务外包占信息技术软件和服务产业的比重也不断上升，由 59.9% 上升为 79.1%，上升约 20 个百分点。

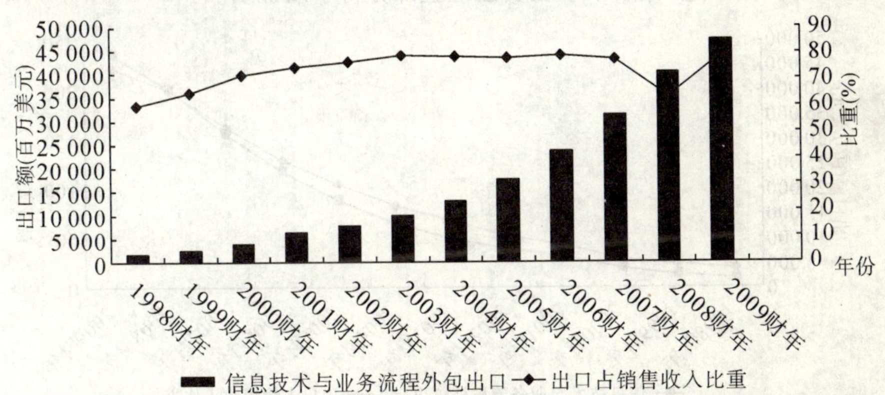

图 6－8　1998—2009 财年印度信息技术业务流程外包出口规模

数据来源：www. nasscom. org。

二、国际服务外包对印度就业影响的实证分析

(一)国际服务承接对印度就业的贡献

印度通过承接国际外包的服务业务拉动印度国内服务外包产业蓬勃发展,从而为创造了大量的就业岗位。

1998—2009财年间,印度服务外包规模(以信息技术业务流程外包出口额衡量)从17.59亿美元增加到473亿美元,增加了约27倍。随着印度对外服务服务承接规模的不断扩大,印度服务外包产业也蓬勃发展,据印度全国软件与服务公司协会的分析,印度的信息技术业务流程外包产业发展迅速,十年内产值增长了15倍,2009财政年度,信息技术业务流程外包产业总产值达717亿美元。同时,印度服务外包产业创造的就业在1997—2009财年间增长了11.7倍,直接创造的就业在2009财年达223万人,比上年增加了22.6万人,间接创造的就业达800万人(如图6-9所示)。从图6-9可以看出,印度服务承接的规模与服务外包产业就业规模增长趋势存在较为明显的一致性,由此可以判断,服务承接与印度服务外包产业就业人数增加之间存在密切的关系,而服务外包产业就业的增加会带来印度整体就业水平的上升。关于这一点,本书在实证检验部分将予以证明。

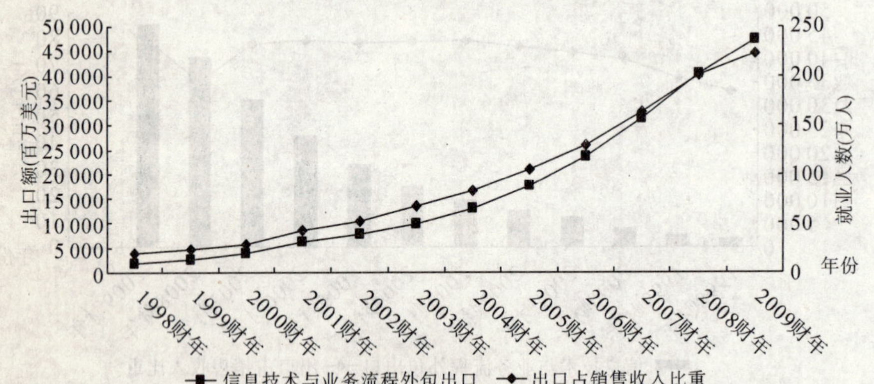

图6-9 1998—2009财年印度信息技术业务流程外包产业直接就业人数

数据来源:NASSCOM网站相关年度信息技术业务流程外包产业分析数据,www.nasscom.org.

(二)服务外包产业的发展影响印度就业的途径

印度信息技术业务流程外包产业的发展通过多种途径对印度就业带来直接和间接的影响,主要表现在以下几个方面。

1. 信息技术业务流程外包产业的发展对印度经济发展的影响

在对外服务承接的外向型战略发展导向下,印度信息技术业务流程外包产业经过20多年的发展,从只有少数企业和就业人员的产业,发展到当前印度经济发展中的支柱产业。该产业成为对印度经济增长尤其是服务部门增长的最大贡献者,自1998财年以来,该产业一直保持快速增长的步伐,在1998—2009财年间,其产值增长了近15倍,对印度国内生产总值的贡献达6%。

(1)信息技术业务流程外包产业对印度经济增长的影响。信息技术业务流程外包产业主要通过促进印度服务业增长来影响印度经济增长。印度信息技术业务流程外包产业的发展极大地促进了印度服务部门的增长,使得印度服务业部门成为经济中最有活力的部门,服务业部门的扩张对整个经济的生产率和就业增长产生了积极的影响。1997年以来,印度整个国民经济的年均增长率在约6%左右,服务业的年均增长率为8.7%。其中以软件产业为核心的信息与通讯技术部门的平均增速超过10%。在2002—2009财年间,信息技术业务流程外包对服务业的贡献率达10%左右,在此期间,农业与工业部门增长缓慢的情况下,服务部门比重从56.3%增长到62.6%。印度服务部门快速增长,意味着印度服务发展水平的提升,从而吸引大量的跨国公司向印度转移服务业务。随着印度对外服务承接规模的扩大,大量的美国和欧洲公司正在通过在印度设立自己的公司或通过向印度服务商外包生产流程的方式不断地将其信息通信技术服务业务(后台办公和传呼中心的业务、远距离销售、保险和医疗数据输入服务)迁往印度。印度信息、通俗和技术(Information Communication Technology,简称ICT)部门已经成为人们时常重提的成功典范,并将印度置入了增长迅速行业的全球模板。

(2)信息技术业务流程外包产业对印度外汇收入的影响。印度信息技术业务流程外包产业出口收入不仅占该产业收入的2/3,而且是印度外汇收入的最重要来源。2005—2009财年间,信息技术业务流程外包产业的出口增长速度不仅要高于印度总出口的速度,而且其出口额占总出口额的14%,促使印度出口从传统商品出口向服务出口转移,信息技术业务流程外包出口的价值要高于传统出口商品的价值。

(3)信息技术业务流程外包产业对印度税收的影响。印度的信息技术业务流程外包企业与员工对印度政府的税收作出了很大的贡献。信息技术业务流程外包产业直接税收贡献约30亿美元,其中信息技术业务流程外包企业贡献约16亿美元,直接就业人员贡献约14亿美元。

(4)信息技术业务流程外包产业对印度其他部门增长的影响。印度信息技术业务流程外包产业的发展对其他部门的增长也产生了很大的促进作用。信息技术业务流程外包产业除了自身强劲的发展,还直接驱动其他部门的增长,这些部门包括:房地产、电信、零售部门。信息技术业务流程外包产业对这些部门增长的影响主要是通过增加对这些部门产品的需求。据统计,2009 财年,仅信息技术业务流程外包产业的就业人员在不同地区的电信、医疗中心、纺织品、媒体、娱乐、耐用消费品等方面的开支约为 151.8 亿美元。

2. 信息技术业务流程外包产业对印度区域经济发展的影响

印度信息技术业务流程外包产业不仅促进了印度整体经济的发展,而且也极大促进了印度区域经济的发展。

(1)信息技术业务流程外包产业对印度一线城市发展的影响。印度信息技术业务流程外包的发展首先促进一线城市的发展,然后通过一线城市经济发展辐射和外溢效应带动其他地区经济的发展。印度的一线城市主要是那些较早开始发展信息技术业务流程外包产业的城市,这些一线城市包括海得拉巴(Hyderabad,印度南部一城市)、班加罗尔(Bengaluru,是印度最具魅力、南亚快速发展的都市之一)、金奈(Chennai,印度的第四大城市),普纳(Pune,印度西部城市)、孟买(Mumbai)以及加尔各答(Kolkata)。2009 财年,印度一线城市信息技术业务流程外包产业收入占到总产业收入的 92%,对印度国内生产总值贡献率为 14%,直接就业人员为 190 万人,间接就业为 730 万人。信息技术业务流程外包产业对印度上述一线城市的教育起着重要的作用,这些城市的工程学院和吸收毕业生的数量在过去 5 年间增长了 2 倍,其中工程学院数量占印度总工程学院数量的 58%,所吸收的毕业生人数占总毕业生人数的 62%。此外,印度一线城市的办公空间 2009 财年增加了约为 16.7 万平方英尺,印度 77% 的软件技术园(Software Technology Parks Of India,简称 STPI)位于上述一线城市。

(2)信息技术业务流程外包产业对印度其他城市发展的影响。印度一线城市信息技术业务流程外包产业发展的成功经验向二三线城市(Tier 2/3 cities)推广,从而促进了二三线城市和农村地区的发展。印度信息技术业务流程外包产业发展的二三线城市包括纳西克(Nashik),奥兰加巴德(Aurangabad),芒格洛尔(Mangalore),迈索尔(Mysore),贝尔高姆(Belgaum)等城市。印度一线城市的信息技术业务流程外包产业的大量就业人员来自不同的二三线城市,这些就业人员的收入又通过一定途径返回其家乡,从而产生一种外溢的效应，促进二三线城市的发展，并且，随着信息技术业务流程外包产业的发展，产生大量的企业家，这些企业家不断地在二三线城市开拓新的发展空间，从而不但在大都市出现许多新的公司，而且在二三线城市也出现许多新公司，促进了当地经济的发展。信息技术业务流程外包产业的发展对经济发展的促进作用本质上是全方位的，该产业的发展必定对二三线城市的发展带来正的影响。而印度二三线城市的信息技术业务流程外包产业在近几年确实获得较快的发展。2009 财年，印度二三线城市的信息技术业务流程外包产业创造了 41 亿美元的收入，占印度信息技术业务流程外包产业收入的 7%，占印度信息技术业务流程外包产业国内收入的 25%，对印度国内生产总值的贡献为 4.5%，提供了 1 700 万个就业岗位，占总就业的 8%。目前，印度有 23% 的信息技术业务流程外包位于这些二三线城市。信息技术业务流程外包产业的发展对二三线城市的教育发展也起着重要的促进作用，这些地区大约有 985 多所工程学院。

(3)信息技术业务流程外包产业对印度农村地区发展的影响。由于印度农村地区廉价的劳动力以及教育水平的提高，印度信息技术业务流程外包产业也有部分企业向农村地区发展，据统计，印度农村地区业务流程外包业务在 2009 财年创造的收入达 1 000 万美元，提供就业岗位 5 000 多个。印度的印度全国软件与服务公司协会机构认为，在农村地区发展信息技术业务流程外包产业属于双赢战略，企业可以获得长期的低劳动成本优势，同时又可以解决农民就业问题。

3. 信息技术业务流程外包产业对印度人力资本的影响

信息技术业务流程外包产业不仅直接提供了大量的就业岗位，吸纳大量的就业人员，更重要的是为印度经济发展形成重要的多元化的人才池(Talent Pool)。

(1)信息技术业务流程外包产业的发展，除了提供大量的技术岗位，还培养了一批知识型企业家。由于启动成本低，产业进入壁垒较低，信息技术业务流程外包产业比较适合技术人员创业。许多实力雄厚的外包企业是由中小企业成长起来的。因此，信息技术业务流程外包产业的发展为大批现代技术型企业家的成长提供了机遇。同时，信息技术业务流程外包产业的发展催生了大量的高校、工程软件学院等教育培训机构，这些机构具有天然的英语教育优势，重视数学和计算机教育，积极与外国企业合作，培养了大批受过高等教育又训练有素的国际性专业外包人才，大大提高了服务承接企业的员工素质，印度外包从业人员的技术水平甚至高于美国同类人员的技术水平。

(2)印度信息技术业务流程外包产业的发展,营造了国内良好的商业环境和就业机会。一方面吸引了跨国公司在印度建立机构,另一面由此促使大量海外人才流入印度,从而形成良性的人才流动机制,为印度培养了大量的多元化外包人才。印度服务外包从业人员在语言方面具有优势,从20世纪80年代开始,印度就开始派遣大批人员到欧美国家工作。目前印度有近30万外派人员作为信息与通信技术专家在美国工作,这无疑有助于印度在美国和印度公司之间建立起网络联系。人才外流对于印度蓬勃发展的信息与通信技术部门来说成为一种重要机制,原因是印度工人在美国受到了软件开发方面的良好培训。这些外派人员,加上广泛分布在美国的印度移民,特别在硅谷工作的印度人对于推动印度信息与通信技术部门以及信息技术业务流程外包产业的发展起了重要的作用。人员的流动带来技术外溢从而进一步提高印度信息技术业务流程外包产业从业人员整体人力资本水平。印度全国软件与服务公司协会研究发现,许多跨国公司会选调一些本公司的高层管理人员到印度建立或经营该公司设在印度的分部,这些高层管理人员通常是外国公民或者是印度裔人员。一些公司现在也让年轻的外籍新职员以当地薪水水平在印度从事短期工作,这就使得印度公司从业人员获得了为更新的、非英语的市场服务所必需的多语种的能力。该研究估计,2004—2005两年中返回印度的印度裔美国居民在1万~4万人之间。这些印度移民早期为了追求更好的工作机会而出国,随着印度信息技术业务流程外包产业的发展,印度一样存在好的就业机会,所以这些移民永久性地迁回印度,为印度信息技术业务流程外包产业发展做出贡献。

此外,印度国内的本土信息技术业务流程外包企业以及专门从事提供信息与通信技术外包服务活动的跨国公司也在印度雇佣了大量本地专业信息与通信技术人才,为印度提高从业人员素质和就业水平起到重要的作用。通用电气、康明斯公司、微软等公司每年都要从印度科技学校的毕业生中选择约26万人充实他们的研发部门。

4. 信息技术业务流程外包产业发展对印度就业质量的影响

上述分析表明,信息技术业务流程外包产业的发展不仅为印度创造了大量就业机会,还改善了印度就业的技术结构,高技能人才池的形成提高了整体人力资本水平。除此之外,信息技术业务流程外包产业的发展还在增加个人财富、改善就业环境、增加年轻人就业机会、促进个人技能提升以及消除就业性别差异等方面对就业质量产生了较大的影响。

(1)信息技术业务流程外包产业为增加个人收入提供了重要的途径。从信息技术业务流程外包产业人均收入水平来看,信息技术和软件工程师的收入约2万美元,远远高于印度600美元的人均收入水平(2005年的数据)。个人收入的提高则有助于改善家庭的生活水平。许多信息技术业务流程外包行业的从业人员的收入不仅维持自身的生活,还为其他家庭人员提供生活支持。据印度全国软件与服务公司协会及易唯恩研究,77%的从业人员同时在为其他家庭成员提供生活支持,其中56%是家庭收入的主要提供者。此外,信息技术业务流程外包产业对家庭财产形成起着关键的作用,据印度全国软件与服务公司协会及易唯恩研究,62%的信息技术业务流程外包从业人员拥有汽车,84%的信息技术业务流程外包从业人员将收入的一部分用于住房开支(其中7%的人投资于房地产),42%的从业人员可以将其收入中的10%储蓄起来形成储蓄资产,22%的从业人员至少拥有三种形式的资产。信息技术业务流程外包产业不仅提供了许多辅助性的工作岗位,例如:后勤、保安、运输、管家等,而且大量间接的就业岗位是提供给农村地区以及小城镇,这些就业带来收入的增加并由此提高了欠发达地区的生活水平。

(2)信息技术业务流程外包产业改善了就业环境来。信息技术业务流程外包产业为就业人员个人提供多种多样的就业方案和计划,增加了就业人员的就业经验。印度全国软件与服务公司协会及易唯恩的调研发现,相对其他产业中的就业人员,信息技术业务流程外包产业中的绝大部分就业人员对就业环境、就业前景感到非常满意。此外,信息技术业务流程外包产业就业人员认为,该产业形成的"精英环境"(Meritocratic Environment)为每个就业人员提供了平等的就业机会。

(3)信息技术业务流程外包产业为年轻人提供更多的就业机会。从就业人员的年龄层次来看,相对于其他产业,信息技术业务流程外包产业的就业人员普遍比较年轻,大约35%的就业人员在18~25岁之间,约41%的就业人员在25~30岁之间。

(4)信息技术业务流程外包产业提供了更多的个人技能发展机会。从个人技能发展来看,信息技术业务流程外包产业对就业人员的技能培训资助力度非常大,由此形成巨大的人才池。印度信息技术业务流程外包企业在培训企业员工方面的支出大约达12.9亿美元,其中有45%是用于对新员工的培训。印度信息技术业务流程外包企业对企业员工的培训内容包括:沟通能力、领导能力和专长领域等,而参与这些培训计划的员工技能的确得到提高。据印度全国软件与服务公司协会及易唯恩的调查研究，参与沟通技能培训的员工中81%的员工提高了其包括沟通技能在内的各种“软技能”(Soft Skill)。

(5)信息技术业务流程外包产业为许多女性提供了就业机会。2009财年，印度信息技术业务流程外包产业女性就业比例达31%，其中有20%的女性从事管理工作。信息技术业务流程外包产业女性就业增加的原因主要是信息技术业务流程外包产业对就业人员并无严格的性别要求，并且，其工作环境比较适合女性工作。在印度，一些信息技术业务流程外包企业为鼓励女性工作，还专门设有免费接送女性职工的出租车、女性维权组织以及专为女性开放的门户网站。此外，信息技术业务流程外包产业不仅影响城市地区中层家庭的女性，而且对来自农村地区的女性也产生很大的影响。据印度全国软件与服务公司协会研究，印度进入软件工程学院读书的女大学生人数在逐年增长，从2000—2001年的22%(环比增长率)上升为2007—2008年的125%。在2008年，72%的女学生选择信息技术工程(包括系统工程和信息与通讯工程专业)。越来越多的来自农村地区女性参加信息技术业务流程外包企业举办的计算机教育教育课程，这将有助于这些来自农村地区的女性在小学或其他计算机培训中心找到像计算机教师这样的工作，从而提高其生活水平。

(三)国际服务外包对印度就业影响的实证检验

上述分析表明，服务外包产业的发展与对外服务承接对印度就业的决定因素确实存在着较大的影响。为进一步说明服务承接对印度经济增长与就业的影响，本部采用简单回归方法估算服务承接对印度国内生产总值、总就业、IT-BPO产业就业和女性就业的影响。

1. 数据说明

本部分分析所用数据为印度2009财年的相关数据，其中信息技术业务流程外包服务承接数据和直接就业数据来源于印度印度全国软件与服务公司协会机构的统计数据，国内生产总值、三次产业生产总值与就业、总就业和女性就业的数据来源于2009印度中央统计局公布的经济调查数据，有关原始数据见附表。印度在承接国际服务外包的同时，也有大量服务业对外发包，但基于数据可获性和印度较大的服务承接规模，本书只考察印度服务承接对经济增长和就业的影响。

2. 服务承接对印度经济增长影响的分析

(1)相关系数测算

本书用印度国内生产总值(用ITY表示)和三次产业生产总值(分别用

IY1、IY2、IY3 表示）来衡量印度国内经济增长情况，用信息技术业务流程外包服务承接来衡量服务承接水平（用 IT-IS 表示）。运用 Eviews5.0 计量软件，对信息技术业务流程外包服务承接与上述各变量之间的关系进行估算。为消除变量自相关性，采取广义差分方法进行估算，估算模型为：

$$LnITY = \alpha_0 + \alpha_1 LnIT\text{-}IS + \alpha_2 AR(1) + \varepsilon \quad (6.20)$$

$$LnIY_i = \alpha_0 + \alpha_{1i} lnIT\text{-}IS + \alpha_{2i} AR(1) + \varepsilon, i = 1, 2, 3 \quad (6.21)$$

估算结果见表 6－26。

表 6－26　**印度服务承接对国内生产总值、三次产业生产总值的影响估算结果**

被解释变量 / 解释变量	印度国内生产总值（ITY）	印度第一产业产值（IY1）	印度第二产业产值（IY2）	印度第三产业产值（IY3）
服务承接（IT－IS） （t 统计量）	0.431 527 （4.328 325）	0.210 042 （3.817 152）	0.512 664 （4.079 450）	0.472 313 （5.103 380）
AR（1） （t 统计量）	0.649 405 （3.559 763）	0.553 263 （2.157 500）	0.651 788 （3.801 155）	0.631 493 （3.362 855）
R^2	0.973 197	0.919 843	0.969 389	0.979 748
DW 统计量	2.073 031	1.937 467	2.143 935	2.157 889

根据表 6－26 的检验结果，各变量之间的拟合优度较高（90% 以上），说明信息技术业务流程外包服务承接对各变量的解释程度较高，具有较强的相关关系。从系数来看，信息技术业务流程外包服务承接对印度国内生产总值、三次产业产值的存在显著的正向作用，其中，对第二产业产值的影响（系数为 0.512 664）要大于对第一产业产值（系数为 0.210 042）和第三产业产值（系数为 0.472 313）的影响，但对第三产业产值的影响最显著（t 统计量最大）。上述估算结果表明，印度信息技术业务流程外包服务承接确实对印度国内经济增长产生了显著的正向促进作用，其中对第二产业增长的促进作用最大，而对第三产业增长的促进作用最显著。

（2）平稳性检验

时间序列变量之间的因果关系对变量是否具有稳定性比较敏感，因此，先对各序列数据进行稳定性检验，利用 Eviews5.0 软件，取 5% 作为显著性水平，ADF 单位根检验结果如表 6－27 所示。

表 6-27　　ADF 检验结果

变量	检验形式	ADF 检验统计量值	5% 临界值
IT-IS	(C,T,0)	-1.501 1	-3.933 3
△IT-IS	(C,T,2)	-4.056 2	-3.590 4
ITY	(C,T,1)	-1.740 1	-3.933 3
△ITY	(C,N,0)	-2.781 8	-2.747 6
IY1	(C,N,0)	-1.767 2	-3.933 3
△IY1	(C,T,2)	-2.744 1	-2.737 6
IY2	(C,N,0)	0.283 0	-3.175 3
△IY2	(C,N,0)	-2.766 4	-2.747 6
IY3	(C,T,1)	-1.792 9	-3.933 3
△IY3	(C,T,0)	-2.707 7	-3.701 5

从表 6-27 可以看出,各变量的 ADF 检验统计量的绝对值是小于对应的临界值的绝对值,表明这些变量是非平稳的;同时这些变量的一阶差分的 ADF 统计量绝对值均大于对应临界值的绝对值,因而一阶差分是平稳的,并且都是一阶单整序列。

(3)格兰杰因果关系检验

上述分析表明服务承接印度国内生产总值、各产业产值之间存在正相关关系,而国际服务外包与上述变量之间的因果关系需要进一步进行检验。本书采用格兰杰因果检验方法,检验结果如表 6-28 所示。

表 6-28　　服务承接与印度国内生产总值、各产业产值因果关系检验结果

零假设	F 值	P 值	结论
IT-IS 不是 TY 的原因	5.059 64	0.062 89	拒绝
TY 不是 IT-IS 的原因	5.668 81	0.051 81	拒绝
IT-IS 不是 IY1 的原因	3.969 93	0.092 81	拒绝
IY1 不是 IT-IS 的原因	4.231 55	0.084 05	拒绝
IT-IS 不是 IY2 的原因	4.625 46	0.072 92	拒绝

表6－28(续)

零假设	F 值	P 值	结论
IY2 不是 IT-IS 的原因	6.539 94	0.040 22	拒绝
IT-IS 不是 IY3 的原因	17.187 8	0.005 75	拒绝
IY3 不是 IT-IS 的原因	11.747 0	0.012 90	拒绝

根据表6－28的检验结果，服务承接是印度国内生产总值、各产业产值的双向原因，说明信息技术业务流程外包服务承接是印度国内经济增长与各产业的增长的原因。

(4)结果分析

上述相关性与因果关系检验结果说明，信息技术业务流程外包服务承接对印度国内经济增长和各产业增长存在正向的促进作用，而印度国内经济增长和各产业的增长对服务承接也产生了正向的促进作用，但对印度第二产业增长的作用较大。

3. 服务承接对印度就业影响的分析

(1)服务承接对印度总就业、信息技术业务流程外包就业与女性就业的影响

①相关系数的估算

本书分别估算信息技术业务流程外包服务承接对印度总就业人数(TEM)、印度信息技术业务流程外包就业人数(ITEM)以及女性就业人数(FEM)的影响。其中，总就业人数的变化代表印度就业总量水平的变化，而信息技术业务流程外包就业人数的变化代表产业就业结构和技术结构的变化，因为信息技术业务流程外包产业既属于服务业又属于知识、技术含量较高的行业，信息技术业务流程外包产业就业人数的增加意味着更多的劳动力从事知识、技术含量较高的工作，也意味着服务业就业人数的增加。女性就业人数的变化则代表就业质量的变化，女性就业人数的增加，意味着就业机会的平等性提高。

估算模型为：

$$LnTEM = \alpha_0 + \alpha_1 LnIT\text{-}IS + \alpha_2 AR(1) + \varepsilon \tag{6.22}$$

$$LnITEM = \alpha_0 + \alpha_1 lnIT\text{-}IS + \alpha_2 AR(1) + \varepsilon \tag{6.23}$$

$$LnFEM = \alpha_0 + \alpha_1 LnIT\text{-}IS + \alpha_2 AR(1) + \varepsilon \tag{6.24}$$

运用 Eviews5.0 计量软件，对信息技术业务流程外包服务承接与上述各

变量之间的关系进行估算。为消除变量自相关性,采取广义差分方法进行估算,估算结果如表6-29所示。

表6-29 印度服务承接对就业影响的估算结果

被解释变量 解释变量	印度总就业 (TEM)	印度信息技术业务流程外包就业 (ITEM)	印度女性就业 (FEM)
服务承接(IT-IS) (t统计量)	0.115 112 (2.125 071)	0.818 285 (37.185 31)	0.125 072 (1.878 988)
AR(1) (t统计量)	0.913 942 (36.765 91)	0.252 958 (1.162 616)	0.907 056 (20.704 03)
R^2	0.859 214	0.997 679	0.867 533
DW统计量	1.681 843	1.896 269	1.467 574

根据表6-29的估算结果,信息技术业务流程外包服务承接对印度总就业和女性就业人数具有较高的相关性,拟合优度均在85%以上,而信息技术业务流程外包服务承接与信息技术业务流程外包产业的就业人数具有高度相关性,拟合优度约为99.77%。从系数来看,各系数均为正值,说明信息技术业务流程外包服务承接与印度总就业、信息技术业务流程外包产业就业和女性就业存在正向的相关关系,其中,对信息技术业务流程外包产业的就业存在较大的影响(系数为0.818 285,t统计量也非常显著)。

②稳定性检验

时间序列变量之间的因果关系对变量是否具有稳定性比较敏感,因此,先对各序列数据进行稳定性检验,利用Eviews5.0软件,取5%作为显著性水平,ADF单位根检验结果如表6-30所示。

表6-30 ADF检验结果

变量	检验形式	ADF检验统计量值	5%临界值
IT-IS	(C,T,0)	-1.501 1	-3.933 3
△IT-IS	(C,T,2)	-4.056 2	-3.590 4
TEM	(C,T,1)	-1.605 0	-4.107 8
△TEM	(C,N,0)	-1.653 8	-1.600 1
ITEM	(C,N,0)	2.371 1	-4.107 8

表6－30(续)

变量	检验形式	ADF 检验统计量值	5%临界值
△ITEM	(C,T,2)	3.540 3	－1.995 8
FEM	(C,T,1)	－0.692 4	－4.107 8
△FEM	(C,N,0)	－4.576 2	－3.259 8

从表6－30可以看出,各变量的ADF检验统计量的绝对值是小于对应的临界值的绝对值,表明这些变量是非平稳的;同时这些变量的一阶差分的ADF统计量绝对值均大于对应临界值的绝对值,因而一阶差分是平稳的,并且都是一阶单整序列。

③因果关系检验

上述分析表明服务承接与印度总就业、信息技术业务流程外包行业就业、女性就业之间存在正相关关系,而服务承接与上述变量之间的因果关系需要进一步进行检验。本书采取格兰杰因果检验法,最佳滞后长度为2。检验结果如表6－31所示。

表6－31 服务承接与印度总就业、信息技术业务流程外包行业就业、女性就业因果关系检验结果

零假设	F值	P值	结论
IT-IS不是TEM的原因	3.139 17	0.388 08	拒绝
TEM不是IT-IS的原因	0.875 63	0.463 09	拒绝
IT-IS不是ITEM的原因	10.841 8	0.218 80	拒绝
ITEM不是IT-IS的原因	6.447 34	0.279 97	拒绝
IT-IS不是FEM的原因	7.745 36	0.256 84	拒绝
FEM不是IT-IS的原因	6.539 94	0.040 22	拒绝

根据表6－31的检验结果,服务承接与印度信息技术业务流程外包行业就业、女性就业存在双向因果关系,但与印度总就业存在单向因果关系,即服务承接是印度的总就业变化的原因。

④结果分析

上述相关性与因果关系的检验结果说明,服务承接是印度总就业、信息技术业务流程外包行业就业以及女性就业变化的原因,并且对印度总就业、信息技术业务流程外包行业就业与女性就业起着正向促进作用。

(2)服务承接对印度各产业就业的影响

①相关系数估算

本书运用 Eviews5.0 计量软件,对信息技术业务流程外包服务承接对印度三次产业就业(分别用 IL1、IL2、IL3 表示)的影响进行估算。为消除变量自相关性,采取广义差分方法进行估算,估算模型为:

$$\mathrm{LnIL}_i = \alpha_0 + \alpha_{1i}\ln\mathrm{IT\text{-}IS} + \alpha_{2i}\mathrm{AR}(1) + \varepsilon, i = 1,2,3 \quad (6.25)$$

估算结果如表 6-32 所示。

表 6-32　印度服务承接对各产业就业影响的估算结果

被解释变量 解释变量	第一产业就业 (IL1)	第二产业就业 (IL2)	第三产业就业 (IL3)
服务承接(IT-IS) (t 统计量)	0.068 128 (1.878 988)	0.072 637 (3.698 874)	0.092 892 (6.086 012)
AR(1) (t 统计量)	0.683 878 (3.578 604)	0.530 444 (1.558 426)	0.907 056 (20.704 03)
R^2	0.702 740	0.920 529	0.972 170
DW 统计量	1.824 935	0.849 752	1.889 769

根据表 6-32 的估算结果,服务承接对印度第二产业和第三产业就业具有较高的相关性,拟合优度均在 90% 以上。从系数来看,各系数均为正值,说明信息技术业务流程外包服务承接对印度各产业就业存在正向的促进作用,其中,对第三产业的就业存在较大的影响(系数为 0.092 892,t 统计量也非常显著)。

②稳定性检验

时间序列变量之间的因果关系对变量是否具有稳定性比较敏感,因此,先对各序列数据进行稳定性检验,利用 Eviews5.0 软件,取 5% 作为显著性水平,ADF 单位根检验结果如表 6-33 所示。

表 6-33　ADF 检验结果

变量	检验形式	ADF 检验统计量值	5% 临界值
IT-IS	(C,T,0)	-1.501 1	-3.933 3
△IT-IS	(C,T,2)	-4.056 2	-3.590 4

表6－33（续）

变量	检验形式	ADF检验统计量值	5%临界值
IL1	（C，T，1）	－1.495 3	－4.008 1
△IL1	（C，N，0）	－2.224 3	－1.988 1
IL2	（C，N，0）	－1.389 0	－4.107 8
△IL2	（C，T，2）	－1.688 4	－1.598 0
IL3	（C，T，1）	－1.994 8	－4.008 1
△IL3	（C，N，0）	－3.199 3	－1.988 1

从表6－33可以看出，各变量的ADF检验统计量的绝对值是小于对应的临界值的绝对值，表明这些变量是非平稳的；同时这些变量的一阶差分的ADF统计量绝对值均大于对应临界值的绝对值，因而一阶差分是平稳的，并且都是一阶单整序列。

③因果关系检验

上述分析表明服务承接与印度各产业就业之间存在正相关关系，而服务承接与上述变量之间的因果关系需要进一步进行检验。本书采用格兰杰因果检验法，滞后长度为2，检验结果如表6－34所示。

表6－34　服务承接与印度各产业就业因果关系检验结果

零假设	F值	P值	结论
IT-IS不是IL1的原因	11.607 9	0.211 73	拒绝
IL1不是IT-IS的原因	1.258 91	0.561 55	拒绝
IT-IS不是IL2的原因	7.169 66	0.266 37	拒绝
IL2不是IT-IS的原因	0.823 69	0.649 00	拒绝
IT-IS不是IL3的原因	3.551 51	0.367 56	拒绝
IL3不是IT-IS的原因	1.063 77	0.596 22	拒绝

根据表6－34的检验结果，服务承接与印度各产业就业变化之间均存在单向因果关系，即服务承接是各产业就业变化的原因，而各产业就业变化不是服务承接的原因。

④结果分析

上述相关性与因果关系检验结果说明,服务承接是印度各产业就业变化的原因,并且对各产业就业增加起着正向的促进作用。其中,服务承接对印度第三产业就业的正向促进作用较大。

4. 实证检验的结论

本书使用印度1998—2009财年的相关数据,对服务承接对印度经济增长与就业的影响进行了实证检验,得出以下结论。

(1)总体上,服务承接对印度经济增长和各产业增长起着正向的促进作用。实证检验表明,服务承接与印度国内生产总值和各产业产值之间存在正向的相关关系,并且服务承接是印度国内生产总值和各产值增长的原因,从而说明服务承接对印度经济增长和各产业增长起着正向的促进作用。

(2)服务承接对印度各产业增长的影响存在着差异。服务承接对印度第二产业增长的作用最大,这一结果与服务承接对中国第二产业增长影响最大的结果相同。这说明,作为发展中国家,目前服务承接对中国与印度产业发展的影响主要发生在第二产业。对第三产业和第一产业的发展影响相对较小,其原因可能是中国和印度均处于工业化时期,在产业发展水平和产业发展政策上,都表现出以第二产业发展为主导地位的特征。

(3)总体上,服务承接与印度总就业、信息技术业务流程外包就业、女性就业和各产业就业均存在正向的促进作用。具体而言,服务承接对信息技术业务流程外包行业的就业存在显著的促进作用,进而对印度第三产业的就业存在着较大的促进作用。服务承接对印度女性就业的促进作用说明,服务承接有利于女性就业进而有利于消除就业的性别歧视,提高就业质量。

三、印度促进社会就业的国际服务承接经验

上述实证分析表明,印度在国际服务承接过程中促进了本国服务外包产业的发展,服务外包产业在印度经济增长中发挥着重要的作用,从而在促进印度就业增加、优化就业结构以及提升就业质量等方面产生了积极的作用。

(一)印度服务外包产业发展的原因

印度通过承接国际服务外包成功地促进了服务外包产业的发展,其原因是多方面的。从要素供给和服务承接主体角度来看,主要体现包括两个方面的原因:一是人力资源优势;二是服务承接企业的规模与能力优势。

1. 服务承接的人力资源优势

印度软件行业使用的人力资源要素(低成本、高技能的人力资本)是印

度具有相对国际优势的资源。

首先,印度服务外包人力资本要素的成本比较低。例如,印度计算机专业人员的年平均工资是美国的10%～20%。而工资要素是导致跨国公司将服务外包给印度的主要原因之一,印度的工资水平比其美国和欧洲都低。

其次,印度服务外包人才储备量充足。印度是软件行业人力资本的最大生产者,20世纪90年代末,印度造就了10万多个软件行业的专家,并且每年会培养出6.5万多个工程师。此外,印度有大量的外派人员作为信息与通讯技术专家在美国工作,这有助于印度在美国和印度公司之间建立起网络联系。广泛分布在美国的印度移民,特别在硅谷工作的印度人对与推动印度信息与通信技术部门的发展起了重要的作用:一是创造了促进经济交流和扩大两国间知识转让的网络;二是人才外流对于印度蓬勃发展的信息与通信技术部门来说成为一种重要机制,原因是印度工人在美国受到了软件开发方面的培训。

最后,印度还是世界上讲英语的科学家和工程师的最大储备国之一。英语是印度的官方语言之一,绝大多数的印度信息技术专家、工程师以及高级技术人员都能讲流利的英语,并有相当一部分人在欧美顶级大学中接受过良好的教育。当然,这与印度曾经是英国殖民地的历史有关。语言的相通使得印度与欧美国家之间的文化具有较好的兼容性。

2. 服务承接的企业规模与能力优势

对于从事软件和信息服务外包的企业,企业的接包能力很大程度上是由企业规模决定的。经过20多年的发展,通过承接服务外包,印度本国一批具有国际竞争力和全球知名的本土企业迅速发展壮大。印度规模较大的四家软件公司印孚瑟斯、威普罗、塔塔咨询服务公司和萨蒂扬轻件有限公司在就业人员、经营等方面已经形成了明显的规模经济,并且长期从事国际服务外包使这些企业积累了丰富的国际经验,在国际竞争中处于优势地位。目前,印度本土的大型外包企业就业人数均超过万人。例如,在2009财年,印度十大流程业务外包服务提供商的就业人数在26 000人以上,其中雇员规模最大的塔塔咨询公司(TATACS)雇员人数为12.6万人,其次是InfoSys Technonlogies公司的雇员人数为104 850人。这两个公司均位于印度十大信息技术出口企业之列。而一些跨国公司如Intel、IBM、Genpact、Oracle在印度设立的分支机构也规模庞大,例如Oracle在印度的雇员人数有近2万人。据《全球服务》(*global services*)杂志2009年根据企业规模、客户群、企业能力等指标所发布的全球创新型服务企业100强,有31家是总部设在印度的企业，仅次于美国的44家，居世界第二位。如此大规模的国际化公司和众多活跃的创新型服务企业为印度开拓国际服务外包市场提供了强有力的竞争主体，既大大提高了客户的信任度，增加获得大额外包服务合同，又为解决国内就业问题作出了极大的贡献。

（二）印度人力资源与企业规模优势形成的经验

显然，印度人力资源的优势和企业规模与能力优势不仅促进了印度服务外包产业的发展，而且对于增加就业、提高就业质量起着重要的作用。印度人力资源优势和企业规模与能力优势的形成，与印度政府采取的各项政策措施分不开。从促进社会就业的角度来看，印度在形成人力资源和企业规模与能力优势方面的经验主要表现在以下几个方面。

1. 重视教育和服务外包人才的培养

成功的教育和人才政策是印度取得服务外包成功，并促进就业增长的重要经验。

（1）印度政府一直高度重视高等教育。印度政府对教育的投入一直在不断增加，而普通高校则是其教育投入的重点。印度发展高等教育的初衷是试图在印度形成掌握现代科技、法律和英语文化的社会“精英阶层”。印度早在尼赫鲁时代就提出了大规模培养工程师的战略，将大量资金投入为中产阶级准备的英语教学的大学，数额与投入农村初等学校的一样多，建立了6所理工工程学院，这6所学院成为印度软件人才的摇篮。印度每年约有40万理科生成为工程师，其合格的工程师数量居世界第3位，毕业生质量居世界前10位。印度在培养外包人才的方式上比较灵活。政府长期实行对高等教育的倾斜政策建立起发达的高等教育体系，印度全国共有约380所大学，每年的大学毕业生约为310万。

（2）印度在培养人才的方式方面比较灵活。为了解决近几年随着服务外包产业的迅猛发展而日趋紧缺的服务外包人才需求，印度政府在国内各邦建立了信息技术学院，并努力提升全国各高等院校的办学能力和招生规模。为培养适合服务外包产业发展的应用型人才，印度政府越来越重视发展职业技术教育和培训，不仅加大政府投入力度，而且引导有关培训机构针对市场需求进行培训，以提高培训质量。此外，印度还在税收、工资待遇、生活环境等方面制定了非常优惠的人才政策以吸引海外人才回国工作和抑制人才外流。

印度对教育和人才培养的重视，一方面为发展服务外包产业储备大量的服务型专门人才，增加了高素质高技能人力资源要素的供给；另一方面，对于劳动力来说，教育水平和技能水平的提升，有助于提高劳动力的就业能力和改善就业质量，从而促进整体就业水平、就业结构和就业质量的提升。

2. 采取优惠的政策以支持服务外包产业的发展

印度基于资源禀赋和经济实力，将服务外包产业发展的方向定位外向型产业，并且在发展服务外包产业过程中始终注重如何吸引更多外国企业将其业务转移到印度。在这一过程中，印度分别采取了产业政策、税收政策和知识产权保护政策等多种政策工具。

(1)产业政策来看。印度早在20世纪80年就提出“大力发展信息技术产业”的口号。印度在1986年颁布了《计算机软件出口、软件开发与培训政策》，极大地促进了印度信息技术产业特别是软件业的发展。1991年，印度开始实施“放宽限制、鼓励外资进入”的政策，加大对信息技术产业的扶持力度。1992年，印度政府出台了“软件技术园计划”，中央加强对园区内网络、通信等信息基础设施的投入，在税收方面给予了大幅度的优惠。1994年，印度政府又实施电信改革政策，允许私有资本参与基本电信服务和手机通信服务。1999年出台的新电信政策，进一步放宽市场准入、外商投资等方面的政策限制。宽松的政策使得印度包括固定电话、手机、互联网服务、国内国际长途在内各种电信服务的市场竞争程度极大地提高。在此基础上，1998年，印度政府通过了“信息技术超级大国”的政策纲要，确立10年内成为世界信息技术超级大国的战略目标，并把软件产品及其服务作为信息技术发展的战略重点。2000年，印度根据软件和信息服务外包发展的需要，印度政府制定了“十五”计划，确立了信息技术发展战略重点，大力扶持软件开发、出口和集成服务，尤其是开发新的软件出口市场，优先发展电子政务、用英语开发软件、信息技术普及、远程教育、电子商务、计算机安全和人力资源开发，并通过进一步简化手续吸引外国资本，加强和更新远程通信，进一步完善信息技术基础设施等。

(2)税收政策。印度对软件产业出口采取优惠的关税和其他激励政策。印度政府规定，从2000—2001财年到2009—2010财年的10年里，对位于电子硬件技术园和电子软件技术园的新工业企业以及100%出口型工业企业免除针对出口利润的税收。计算机软件出口可以从出口收入中减免50%出口所得税。普遍下调各种信息技术类产品零部件关税，对跨国公司非核心业务外包实行免税，扩大对信息技术产品的税收优惠程度和范围等。

(3)知识产权保护政策。相对于其他发展中国家，印度政府一直比较重视知识产权的保护。由于国际服务外包涉及的服务业务多数属于知识、技术含量较高的服务业，对知识产权的保护在国际服务外包活动中起着重要的作用，发达国家选择外包目的地时考虑的重要因素之一是目的地知识产权保护法律的健全性。印度保护知识产权的法律体系比较健全，处罚措施也比较严格。印度知识产权法律体系包括版权法、商标法、专利法、设计法、地理标识法等多个领域。印度非常注重根据形势的发展对相关法律及时进行调整和修订。随着政府对知识产权相关法律的不断更新，印度现行的知识产权保护法已实现了与世界贸易组织的《与贸易有关的知识产权协议》的完全接轨。

3. 重视对服务承接企业的扶持以扩大服务承接企业的规模

服务外包企业在承接国际服务的发展过程中，存在规模经济效应，为了扩大服务承接企业的规模，印度政府非常支持服务外包企业通过海外投资和并购不断扩大经营规模。印度政府不仅利用各种机会向国际社会宣传和推介其服务外包产业和企业，以提高其服务业的国际影响力，帮助有关企业获得更为有利的外包投资和发展环境，并且在政策上鼓励外包企业进行海外投资以扩大经营规模。例如，2007 年，印度央行放宽了印度企业进行海外直接投资的标准，将印度企业能够投资于海外业务的限额从企业净资产的 200% 提高至 300%，但进行这些海外投资的合伙企业的限额仍为净资产的 200%；还将印度企业可以作为证券投资组合投资于海外上市公司的最低额度从净资产的 25% 提高至净资产的 35%。在政府的支持下，印度服务外包企业发展非常迅速。自 20 世纪 90 年代以来，印度的服务外包企业如雨后春笋般涌现，最多的时期其数量高达 6 800 家，随着竞争的加剧，市场逐渐集中，出现一些大规模的服务外包企业。这些大型服务外包企业不停拓展新业务，扩大经营的范围与规模，不仅在国内扩展，还向国外扩展。据统计，印度 15 家最大的信息技术软件和服务企业都在国外进行了投资，而且主要分布在发达国家，例如，2002—2003 财年间，印度最大的 15 家信息服务企业中就有 11 家在美国投资，有 6 家在英国投资，5 家在德国投资，7 家分别在日本、新加坡、比利时、澳大利亚、加拿大、瑞士、冰岛、荷兰和瑞典等国投资。2006 年，印度企业共耗资 80 亿美元左右收购了 145 家海外企业。

印度服务外包企业经营规模与经营范围的扩大，为企业自身带来规模经济效应和范围经济效应，更重要的是提高了企业自身国际化水平和竞争力。从对就业的影响来看，在这些大型服务外包企业中，不仅雇员人数规模大，而且工资水平较高，待遇优厚，企业比较愿意为培训员工进行投入，从而一方面提高了就业的质量，另一方面吸纳和培养了大量服务外包人才。

第三节 国际服务外包对中国和印度就业影响的比较分析

前文分别分析了国际服务外包对中国和印度就业的影响，实证检验表明，国际服务外包对中国和印度的就业均产生了冲击，但由于两国在服务承接规模以及服务外包产业发展水平方面存在差异，从而在国际服务外包对就业的影响上也表现出一定的差异。

一、国际服务外包对中国和印度就业决定因素影响的比较

就业决定因素包括就业总量、就业结构与就业质量三个方面。因此，本书主要比较分析国际服务外包对中国和印度就业上述三个方面的决定因素的影响。

1. 国际服务外包对中国和印度就业总量决定因素影响的比较

就业总量的决定因素主要是经济发展总量，本书使用国内生产总值指标来代表中国和印度经济发展总量，并分别检验了国际服务外包对中国和印度国内生产总值的影响，检验结果表明，服务承接对中国和印度国内生产总值均存在正向的相关关系，服务承接的发展与国内生产总值之间存在双向的因果关系，即服务承接是国内生产总值增长的原因，同时，国内生产总值是服务承接的原因。不过，从影响的大小来看，服务承接对印度国内生产总值增长的影响(影响系数约为0.43)要大于对中国国内生产总值增长的影响(影响系数约为0.33)。

2. 国际服务外包对中国和印度就业结构决定因素影响的比较

就业结构包括产业就业结构、地区就业结构和劳动力技能结构，决定上述就业结构变化的因素包括各产业产值水平、各地区经济发展水平、人力资源水平。由于产业就业结构在一定程度上代表就业中的劳动力技能结构，加上数据可获性的限制，本书只分别分析了国际服务外包对中国和印度各产业产值变化的影响。

从服务承接对三次产业产值增长的影响来看，实证分析表明，服务承接对中国和印度三次产业产值增长均存在正向的相关关系，但服务承接是中国三次产业产值增长的单向原因，即服务承接是各产业产值增长的原因；而服务承接是印度三次产业产值增长的双向原因。此外，服务承接对中国第

一产业产值增长的影响(影响系数约为0.25)要略大于对印度第一产业产值增长的影响(影响系数约为0.21),但对中国第二产业和第三产业产值增长的影响(影响系数分别为0.36、0.33)要小于对印度相应产业增长的影响(影响系数分别为0.51、0.47)。

值得注意的是,服务承接对中国和印度的第二产业产值增长的影响均大于对其他产业产值增长的影响。理论上国际服务外包会促进承接国的服务外包产业发展,进而促进承接国服务业的发展,从而会对承接国第三产业产值增长产生较大的影响,从显著性来看,服务承接对中国和印度第三产业产值增长的影响确实最显著。服务承接对中国和印度第二产业产值增长的影响较大,其原因可能是中国和印度均为处在工业化时期的发展中国国家,在经济发展中第二产业占主导地位,服务业的发展也主要是服务于工业化的需要。

3. 国际服务外包对中国和印度就业质量决定因素影响的比较

本书关于国际服务外包对中国和印度就业总量的实证分析表明,服务承接对中国和印度的就业总量均存在正向的相关关系,即服务承接促进了就业总量的扩大,从而意味着服务承接对中国和印度就业机会的增加均产生了积极的影响,但相对而言,服务承接对印度就业机会增加的影响要大于中国。同时,关于国际服务外包对中国劳动工资的实证分析表明,服务承接对中国名义劳动工资的提高存在正向的促进作用,在一定程度上有利于就业质量的提高,但对中国实际工资的提高存在负向的作用。因而,从长期来看,服务承接不利于中国劳动者实际工资与实际收入水平的提高。不过这一影响可以通过提高中国企业的生产率来抵消。对于印度而言,服务承接直接改善服务外包产业从业人员的工资待遇,增加从业人员的财富,从而提高从业人员的就业质量,此外,实证分析表明,服务承接对印度女性就业存在正向的显著的促进作用,从而说明服务承接对印度就业的性别歧视状况的改变存在积极的作用。

二、国际服务外包对中国和印度就业影响的比较

本书主要对国际服务外包对中国和印度的就业总量、就业结构和就业质量三个方面的就业效应进行了实证分析,但由于对中国和印度就业质量效应的分析指标和内容存在差异,因此,此处只比较国际服务外包对中国和印度就业总量和就业结构的影响。

1. 国际服务外包对中国和印度就业总量影响的比较

从国际服务外包对就业总量的影响来看，实证分析结果表明，服务承接对中国和印度就业总量增长均存在正向的相关关系。服务承接对中国就业总量的影响较小（影响系数约为0.005 8），但服务承接与中国就业总量增长之间存在双向因果关系；相对而言，服务承接对印度就业总量的影响较大（影响系数约为0.115），但服务承接与就业总量之间存在单向因果关系，即服务承接是就业总量增加的原因。

2. 国际服务外包对中国和印度就业结构影响的比较

从国际服务外包对产业就业结构的影响来看，本书实证分析表明，服务承接对中国和印度的产业就业结构变动均产生了正向的影响。服务承接是中国各产业就业变化的单向的原因，即服务承接是中国各产业就业变动的原因。服务承接对中国各产业就业变动的影响相对较大（影响系数分别为1.89、0.76、0.72），对印度各产业就业变化的影响相对较小（影响系数分别为0.068、0.072、0.092），但服务承接对印度的信息技术业务流程外包就业存在显著的较大影响（影响系数为0.818）。这可以看出，服务承接对中国第二产业就业增长的影响要大于其他产业，但对印度第三产业就业的影响要大于其他产业。

综上所述，总体上，服务承接对印度就业的影响要大于中国，尤其对印度第三产业就业的影响要大于中国，由此，服务承接对印度就业总量的扩大效应和就业结构的优化效应在总体上要大于对中国的影响。其原因一方面是印度服务承接业务开展时间要早于中国，服务承接规模以及服务外包产业发展规模均高于中国的水平；另一方面，印度服务业的发展水平以及在国民经济中地位相对要高于中国，印度第三产业产值与就业比重均大于中国。以2007年的水平为例，印度第三产业产值比重为54.16%，就业人数比重为61.65%，而中国第三产业产值的比重为40.4%，就业人数比重32.4%，大大低于印度的发展水平。服务业是吸纳就业能力较大的产业，服务业发展水平对于服务承接国所承接的服务业务量规模的大小以及服务业务技术含量的高低起着关键的作用，由此，服务承接对就业的影响很大程度上受承接国服务业发展水平的影响。从这个角度来看，中国要想最大程度地发挥服务承接对就业的积极效应，需要大力发展服务业以及提高服务业的发展水平。除此之外，本书对印度服务外包产业发展的经验分析表明，印度在发展服务外包产业方面还有许多其他经验值得中国借鉴。

第四节　小结

理论分析表明,国际服务外包会对服务承接国的就业通过微观的和宏观的途径产生较大的影响。本部分以当前全球服务外包最具有吸引力的两个地区——中国和印度为例,对国际服务外包理论上的影响就业的途径和效应进行实证分析。从中国和印度承接国服务外包的实践来看,印度开展国际服务承接业务要早于中国,并且取得了成功,其服务外包产业的发展非常迅速,在促进印度经济发展和增加就业方面发挥中积极的作用,服务外包产业的规模在2009年达717亿美元,占国内生产总值的5.8%,服务承接规模达473亿美元,直接就业223万人。中国在服务外包产业的发展方面起步较晚,但在中国政府的大力支持和推动下,近几年发展势头迅猛。服务外包产业的发展对中国经济发展和就业方面的积极作用也开始显现。2010年中国服务外包出口额约为41.8亿美元,同比增长了45.7%,高出软件出口的增速18.8个百分点。中国的计算机与信息服务贸易规模在1997—2008年间增长约30倍。

实证分析表明,总体上,国际服务外包对中国的经济增长、劳动生产率以及名义工资水平存在着正向的作用,并且在考虑上述影响就业的途径下国际服务外包对中国的总就业增长存在正向的作用,并且对外服务承接的影响要大于对外服务发包的影响。实证检验结果还表明,总体上,国际服务外包对中国产业结构进而就业结构的变动存在着正向的作用,其中,服务承接的作用大于服务发包的作用。具体而言,国际服务外包对中国第二产业的增长进而就业的影响要大于其他产业。实证分析表明服务承接有利于中国各地区就业总量的增加,但对东部和西部服务业比较发达的地区就业增加的影响更为显著。国际服务外包对中国就业总量以及工资水平的正向影响,说明国际服务外包对中国的就业质量也存在正向的影响。

印度服务外包产业的发展与对外服务承接对经济增长及其就业的影响从实际数据中得到说明。同时,本部分关于印度的实证分析表明,印度信息技术业务流程外包服务承接对印度经济增长以及各产业产值的增长存在显著的正向促进作用,对总就业量、信息技术业务流程外包就业以及女性就业存在正向的促进作用,尤其对信息技术业务流程外包产业的就业存在显著的正向促进作用。印度在发展服务业外包产业方面，其大力发展教育以形成人力资源优势、扶持服务承接企业的发展以形成企业规模与能力优势的经验值得中国借鉴。

关于中国和印度的实证分析表明，国际服务外包对服务承接国的就业产生了正向的促进作用，作用的大小则取决于其对各种就业决定因素的影响相互制衡，但总体净效应为正。关于服务承接对中国和印度就业影响的比较分析则表明，总体上服务承接对印度就业的影响要大于中国，其原因一方面是由于印度服务承接开展时间要早于中国，另一方面是由于印度服务业发展水平要高于中国。

第七章　结论与对策建议

本书从承接国的视角对国际服务外包的就业效应进行了系统的理论与实证研究,本章主要对理论与实证分析的结论进行简要总结,在此基础上提出对策建议。

第一节 结论

针对本书的研究目的,本书研究了国际服务外包的特性、国际服务外包对承接国的就业影响的微观机制与效应,并以中国和印度为例对国际服务外包的就业效应进行了实证检验。根据对上述内容的研究,得出以下结论。

一、国际服务外包具有对就业产生深远影响的特性

国际服务外包是依托信息技术、以特殊服务业务为内容,随着跨国企业经营理念的改变而兴起的新的国际分工现象和新的商务模式。

从微观上来看,国际服务外包本质属于超于企业边界的一种跨国经营活动,发包企业超越企业边界从企业外部购入中间投入的服务性业务,对于承接企业而言,会产生外包需求扩大的效应,进而产生规模经济与范围经济效应,从而为国际服务外包影响承接国就业奠定微观基础。

从宏观上来看,国际服务外包本质属于特殊国际服务贸易,除了具备传统国际贸易影响就业的机制之外,由于国际服务外包具有对技术、劳动力要素尤其是高技能劳动力要素需求较大等特征,从而会对承接国的就业从量到结构和质量上产生深远的影响。

二、国际服务外包对承接国存在就业扩大效应

总体上,理论与实证分析表明,国际服务外包会扩大承接国的就业水平。

从微观层面来看,国际服务外包对承接国就业的影响可以纳入产品市场和劳动力市场的一般均衡分析。国际服务外包引致承接国产品供求规模与范围的扩大,可以还原成对生产要素需求的扩大。在假设资本要素不变的情况下,产品供求规模与范围的扩大直接引起对劳动力要素需求的增加。同时,名义工资水平的上升和实际工资水平的下降,会引致企业对劳动力需

求的增加和劳动力供给增加,从而带来劳动力市场供求水平增加。劳动力供求水平增加意味着就业水平的增加。

从宏观层面来看,国际服务外包对承接国存在促进经济增长的机制,而经济增长会带来就业增长的效应。国际服务外包促进承接国经济增长的各种途径也会对就业产生影响,其中服务外包产业可以直接吸纳就业,从而直接对就业增加产生积极作用,服务贸易以及国民收入与有效需求则会间接增加就业。技术进步在一定程度上会带来就业减少,但技术进步对经济增长的作用会抵消其对就业的负面作用。因此,总体上,国际服务外包对承接国的就业扩大存在正面的影响。

从实证分析来看,关于中国与印度的实证分析均证实了国际服务外包对就业总量具有正向的促进作用。不过对中国就业总量的直接影响要小于对印度就业的直接影响。其可能的原因是中国服务外包产业的发展起步较晚,从而发展水平相对较低,其对就业的直接作用还没有显现。不过关于中国的实证分析表明,对外服务对就业的促进作用要显著大于对外服务发包的作用。这说明,中国以出口为导向来发展服务外包产业对就业的积极作用更大,而印度服务外包产业发展的成功经验已证明了以出口为导向的服务外包发展战略的积极作用。

三、国际服务外包对承接国存在就业替代效应

国际服务外包对承接国的就业替代效应主要是高技能劳动力对低技能劳动力的替代与资本对劳动力的替代。国际服务外包主要通过两种途径产生就业替代效应:一是服务承接企业为扩大经营规模会提高要素效率从而会增加高技能劳动力的投入,由此会提高劳动工资水平,从而会产生高技能劳动力对低技能劳动力的替代。二是国际服务外包引致的承接企业的技术进步、劳动生产率的提高而产生的资本对劳动力的替代。

就业替代效应会影响就业扩大效应的大小,就业替代效应越小,对就业扩大效应的影响越小,从而国际服务外包对承接国的就业扩大效应就会越大。就业替代效应的大小取决于承接国高技能劳动力储备状况和服务业发展水平。如果承接国有足够的高技能劳动力储备,上述高技能劳动力对低技能劳动力的替代效应就会很小。而技术进步以及生产率的提高而产生的就业替代效应只发生在短期,从长期来看,这种替代效应会通过规模经济效应和范围经济效应抵消,即使在短期,如果承接国服务部门发展水平较高,其规模与范围扩展速度较快,也会抵消部分就业替代效应。

四、国际服务外包对承接国产业就业结构具有优化效应

理论上，国际服务外包有利于承接国产业就业结构和技能结构的优化。不过，实证分析发现国际服务外包对中国和印度的这种优化作用还不明显。

国际服务外包不仅对承接国服务外包产业、服务业的发展具有促进作用，而且促进相关产业的改造升级，从而促进承接国产业结构的升级和优化。产业结构的升级和优化意味着更多的劳动力流向服务业和相关的现代化产业，从而优化产业就业结构。

关于中国和印度的实证分析则表明，国际服务外包虽然对第三产业的增长存在显著的正向影响，但其作用要小于对第二产业增长的作用，从增长对就业的影响来看，这种影响并不利于就业向第三产业转移，从而不利于产业结构优化。关于中国的实证表明，国际服务外包会引致产业就业结构变动，但国际服务外包对第二产业就业增加的影响要大于对第一产业就业的减少和第三产业就业增加的影响，从而说明，当前国际服务外包只是有利于中国第二产业就业的扩大，第一产业劳动力主要是转移到第二产业。上述结果说明，对于处在工业化时期的发展中国家而言，承接国际服务外包对于工业的发展和就业产生了有利的影响，但从长远来看，不利于产业结构和就业结构的优化，因此，作为发展中国家的承接国，在发展服务外包产业时，如何促进产业结构和就业结构的优化成为重点要思考的问题。

五、国际服务外包会扩大承接国就业的区域差异

理论与实证分析表明，国际服务外包对承接国就业的地区差异扩大会产生负面的影响。

在不考虑区域人口及其增长差异的条件下，就业的区域差异主要受区域经济发展水平的影响。国际服务外包倾向于聚集在经济发展水平较高的地区，如果没有政府的干预，国际服务外包在发达地区的聚集会进一步扩大区域经济发展的差异，在服务外包产业、服务业以及其他相关产业聚集的区域，经济发展水平较高，会有较多的劳动力流向这些区域，从而就业人数也较多，反之则相反。因此，国际服务外包会对经济发展水平较好的地区的就业增加产生较大的影响，而对经济发展水平较低的地区的就业增加影响较小，从而扩大就业的地区差异。

关于中国的实证分析证实了上述结论，1997—2008 年间，中国东部地区

就业水平远远高于中部与西部地区的就业水平，并且呈现较大幅度的增长，中部和西部地区就业总量呈缓慢增长的趋势。实证研究结果表明，国际服务外包对东部地区就业的影响要大于中部和西部地区，从而说明国际服务外包可能会进一步扩大中国就业的地区差异。

六、国际服务外包有利于承接国提高就业质量

理论上，国际服务外包通过各种途径对承接国就业质量的提高产生有利的影响。国际服务外包对承接国劳动力技能和整体人力资源水平的提升作用有利于增强劳动力的就业能力，提高劳动力就业的机会和工资报酬。国际服务外包引致的承接国就业岗位的增加，为各种技能水平的劳动力提供了就业机会，女性就业机会的增加则有利于消除就业中的性别差异。国际服务外包对承接国企业改善工作环境与报酬的作用，有利于提高劳动力就业稳定性、生活与工作的幸福感，从而对就业质量的提高产生积极的影响。

关于中国与印度的实证分析表明，国际服务外包对就业总量的扩大存在正向的促进作用，从而在一定程度上说明国际服务外包带给承接国的就业机会增加，同时关于印度的分析表明，国际服务外包对印度女性就业存在正向的作用，说明国际服务外包有利于就业的性别差异的缩小。国际服务外包对中国的职工平均工资尤其是计算机、软件服务行业工资的提升具有显著的正向的作用，从而在一定程度上说明国际服务外包对劳动报酬增加起着促进作用。

七、国际服务外包对承接国的就业扩大效应受各种制约因素的影响

就业扩大效应的大小会受到承接国国内各种因素的制约。这些制约因素包括：承接国服务承接企业的组织规模特征、服务技术、劳动力供给增加的幅度、服务部门的产出水平、价格及其增长水平与单位服务产品投入的劳动力成本（由劳动工资决定）等。其中，除了价格及其增长水平与劳动成本对就业的扩大效应存在负向的制约外，其他因素则存在正向的促进作用。

此外，国际服务外包引致的劳动流动效应与就业替代效应对就业扩大效应的大小也存在着影响。国际服务外包通过影响企业间、行业间以及地区间的工资水平的差异而引致劳动力流动。在劳动力流动的过程中，可能

会产生摩擦性失业,如果阻碍劳动力流动的因素越多,摩擦性失业会越大,从而国际服务外包的就业扩大效应越小。就业替代效应也会对就业扩大效应产生负面影响,但如果承接国高技能劳动力储备足够并且服务业部门发展水平较高的话,就业替代效应对就业扩大效应的影响则会较小。

宏观层面的分析进一步表明,承接国服务外包产业和服务业的发展对就业增加产生直接作用,从而服务外包产业和服务业的发展水平在很大程度上制约就业扩大效应。显然,服务外包产业与服务业发展水平越高,就业扩大效应越大,反之则越小。国际服务外包通过贸易机制和收入效应对就业的影响较为间接,但也会在很大程度上制约就业的扩大效应。此外,国际服务外包通过技术进步对就业的扩大作用,在很大程度上受承接国对先进的服务技术的吸收能力以及服务业发展水平的影响。

第二节　对策建议

总体上,国际服务外包对承接国就业产生积极的效应,对于承接国而言,应考虑如何在承接国际服务外包的过程中充分发挥其对就业的积极影响。对于中国的政策含义在于,作为最具有潜力的服务承接地之一,中国应抓住机遇,大力开展对外服务承接业务,促进服务外包产业的发展。同时,应立足中国实际,全方位考虑服务外包的发展对中国就业的影响,注重服务外包产业发展对产业协调发展、区域协调发展以及人力资源的提升作用,注重服务外包产业的发展对整个经济发展的效率,最大限度发挥承接国际服务外包对中国就业的积极影响。

一、大力开展国际服务承接业务促进服务外包产业的发展

要发挥服务外包对就业的积极作用,必须要在产业发展战略上,抓住新兴机遇,重视服务外包产业的发展。

服务外包产业具有技术含量高、附加值大、资源消耗低、环境污染少、吸纳就业能力强、国际化程度高等特点。服务外包产业的发展对中国产业结构的升级与优化、经济发展方式的转变、国民收入的增加具有积极的作用,尤其在中国严峻的就业形势下,对于提高中国劳动力素质、培养全球化视野的专业人才、增加就业、优化就业结构和提高就业质量具有重要的积极

意义。

但中国服务外包产业发展刚刚起步，当前的总体发展水平还比较落后。中国承接的信息技术外包业务规模较大，而业务流程服务外包业务规模较小，多数业务仍处于服务外包价值链的低端。中国承接离岸服务外包的规模占全球比例比较低，2009 年中国离岸服务外包出口规模不及印度的 1/4。服务承接企业数量和规模与印度服务承接企业相比严重偏小，具有区位优势的服务承接地比较少，2010 年全球服务外包城市 100 强中，来自印度的有 14 个，而来自中国的只有 8 个。中国对服务型人才的教育培训投入水平较低，由此导致中国缺乏适合从事国际服务外包的高端专业人才。中国服务外包产业存在区域不平衡问题，目前中国主要服务承接基地主要分布在东部地区，中西部服务承接基地较少。

随着经济全球化进程的加快，以服务外包、服务贸易以及高端制造业和技术研发环节转移为主要特征的新一轮世界产业结构调整正在兴起，为中国服务外包产业与现代服务业的发展提供了新的机遇。印度自 20 世纪 80 年代后期国际服务外包刚刚兴起就实时地抓住机遇，在服务外包产业的发展上取得了举世瞩目的成就，中国制造业发展的历史表明，中国在制造业国际外包中抓住了机遇，发展成为制造业大国和世界制造中心。因此，中国应该也能够把握当前国际服务外包的新兴机遇，大力开展对外服务承接，促进服务外包产业的发展，使中国不仅成为制造业大国和世界制造业中心，还要成为服务业大国和国际服务外包中心，使服务外包产业在促进中国经济发展与就业扩大方面发挥更大的积极影响。

二、协调服务外包产业与服务业、制造业发展之间的关系

当前，中国正处于现代工业化时期，工业发展对经济增长的促进作用处于主导地位，因而人们对发展服务外包产业的作用认识不深，经济发展的中心仍偏向工业的发展，导致服务外包产业与服务业发展水平较低，对就业的吸纳作用得不到更大的发挥。事实上，服务外包产业的发展与服务业以及制造业的发展之间存在着密切的关系，协调好三者之间的关系，对于中国经济的协调发展，就业的扩大、就业的产业平衡、就业质量的提高具有重要意义。

发展服务外包产业的发展与服务业发展之间的关系不言而喻。实践证明，较高的服务业发展水平、服务环境和熟练的服务技术是跨国公司选择服务承接地要考虑的重要因素之一。而较高的服务业发展水平不仅意味着承

接外包服务的机会增加，而且可以增强对服务技术的吸收与消化能力，从而推动本国服务业的发展与升级。但中国服务业发展水平较低，服务外包产业发展规模也较小，其对经济增长的作用不但并没有凸显，而且较低的服务业发展水平也制约了中国服务外包产业的发展及其对服务业增长的促进作用。

服务外包产业的发展对制造业的发展也起着重要的作用。服务外包产业主要是高端的现代生产性服务业，其对现代工业的发展作用更大。承接国际服务外包有助于提高生产性服务业的比重与生产效率，对发展和提升制造业产生积极作用。由此，服务外包产业的发展有助于推动现代工业的发展，本书实证研究也表明，国际服务外包主要对中国第二产业增长发挥了较大作用。

因此，中国在开展服务外包活动，发展服务外包产业时，应在思想上提高对国际服务外包协调产业发展的作用的认识，在实践中要协调服务外包产业与服务业、制造业发展的关系，应把发展服务外包产业和服务业放在发展现代工业同样的高度。降低服务外包产业尤其是电信业的进入限制，引入竞争机制，改进管制政策，鼓励包括国外资本在内的更多资本进入，鼓励与扶持服务企业的发展。加大服务外包产业和服务业基础设施与服务环境的建设，减少承接国际服务外包的运营成本。

三、加强对国际服务外包的区位分布与聚集特征的认识

国际服务外包活动的区域聚集，会对当地经济发展产生较大的推动作用，可以促进当地收入水平的提高、人才的聚集、相关产业的聚集以及就业水平的提高。理论上，当国际服务外包活动聚集在发达地区，会使得原本经济很发达的地区经济发展更快，而其他经济落后地区随着人才往发达地区流动，经济发展缺乏后劲，从而经济发展缓慢。结果是，区域经济发展的差异会越来越大。不过在实践中，如果采取积极的措施，一方面消除区域经济发展的差异，另一方面在服务外包基地的空间分布上进行地区平衡，则国际服务外包活动的聚集会带来积极的效应。这方面，印度的经验值得借鉴。印度在一线城市成功地发展了服务外包之后，将成功经验推广到二三线城市，通过一线城市经济发展辐射和外溢效应带动二三线城市和其他地区经济的发展。一线城市的企业家和企业不断地到二三线城市开拓新的空间，从而为二三线城市经济发展注入活力。

以信息技术为依托的国际服务外包活动，对活动地区的信息技术与网

络技术要求比较高。一般认为,信息技术与网络技术的发展使得国际服务外包活动不受地理位置的限制,但这种情况只适用于信息技术与网络技术非常发达并且普及程度较高的国家和地区。除了技术的可获性,国际服务外包活动聚集在经济发达地区的另一个原因是,经济发达地区具备国际服务外包发展必需的专业人才池。除此之外,进行服务发包的企业多数是大型制造业企业,而这类大型制造业企业也主要聚集在经济发达地区。

中国受经济发展水平以及中国信息产业发展水平的限制,信息技术与网络技术并没有在各个地区普及。在经济发达的地区,信息技术与网络技术发展水平比较高,普及程度也高。因此,国际服务外包活动主要聚集在中国经济发展较快的地区。中国目前服务外包基地主要集中在东部地区,截止2009年,中国政府认定的16个国家服务外包的基地城市中,有11个位于东部地区,中部地区2个,西部地区3个。中国大多数软件企业集中在东部地区,据中国工信部统计,2010年,东部地区软件企业15 558家,中部地区软件企业有1 430家,西部地区为2 387家。

近年来,中国区域经济发展的差异越来越大,严重地制约了中国经济的发展。东部沿海发达地区吸引了大量资金、人才等经济发展资源,因而间接使得中西部地区经济发展必需的经济资源严重缺乏。同时,大量劳动力与人才流向东部沿海的经济发达地区,显然不利于就业的区域平衡。每年大量的高校毕业生都集中到东部沿海求职也加剧了高校毕业生就业难的现状,降低了就业质量。

因此,中国应借开展国际服务外包活动,发展服务外包产业之机,在发展东部地区服务外包基地的同时,大力发展中西部的信息产业、普及信息技术与网络技术、增强信息基础设施建设、改善服务环境、提高服务业发展水平,加大建设中西部地区的服务外包基地的力度,缩小中西部地区与东部地区经济发展水平的差异,为服务外包活动向中西部转移奠定基础。在政策上,应对中西部服务承接企业开展服务承接活动提供各种优惠政策,放宽中西部地区服务业和服务外包产业的进入限制,吸引和鼓励跨国公司到中西部地区建立服务外包中心。

四、大力扶持服务企业的发展,提高服务企业规模与能力

服务企业是承接国际服务外包的主体,是提供就业岗位的主体。服务企业的规模与国际竞争能力影响着其在国际服务外包活动中的地位与承接业务量,以2005年为例,全球服务外包企业的前100强所产生全部外包业务

量中，大中小型企业所占份额分别为56%、27%和17%。目前，有实力的服务外包企业主要集中于美国和印度。2009年，全球服务外包企业100强中，美国有44家，印度有31家，居服务承接国之首。大规模的服务承接企业对就业的吸纳能力也较强。目前，印度本土的大型外包企业就业人数均超过万人。提升企业的规模与竞争能力是印度取得国际服务承接成功的重要原因之一。

总体来看，中国服务企业规模比较小，中国目前能够较大规模承接国际外包服务的企业并不多。以软件业为例，据中国工业与信息化部的统计，2010年中国软件收入超过10亿元的企业只有41家。中国大多数软件企业的人员规模在100人之内，上千人的企业不多。2008年，中国软件外包企业有3 600家，但从业人员只有41万人，外包企业平均从业人员不到100人。在国际软件服务外包领域，大量外包项目规模较大，持续时间长，对承接企业的人员、资金规模和管理能力有较高的要求。因此，规模太小的企业，不具备承接大型、高质量的软件外包项目的能力。由于中国服务承接企业总体规模偏小，使得中国服务承接企业之间难以进行有效的分工，难以提高效率和服务质量，难以进一步扩大规模以降低成本，此外，企业规模太小往往还存在资金、人员限制等问题，从而无力承担大项目和长期项目，也难以对外包人员进行大规模的培训。

因此，中国要发展服务外包产业，发挥服务承接企业对就业的积极影响，应大力扶持服务企业尤其是从事外包业务的企业的发展，提高承接企业的规模与实力。印度的服务承接企业就是在政府的扶持下，通过海外投资和并购不断扩大经营规模。印度政府不仅在政策上对服务外包企业倾斜，而且利用各种机会将印度的服务外包产业和企业推向国际市场，提高服务企业以及服务业的国际影响力。中国可以借鉴印度的经验，面对众多有实力的大型跨国公司抢占中国市场的压力，不能只是限制外资进入服务外包产业，而应一方面鼓励跨国公司的进入，为中国企业的发展提供先进经验，另一方面在政策上给予企业优惠的融资和税收政策支持，支持企业通过并购实现规模的扩大。

只有提高服务外包企业的规模和实力，中国服务外包企业才能承接到更多更大规模的国际外包服务业务，才能有效发挥对就业的吸纳能力。

五、加大对人力资本的投入，提高劳动力技能

高技能的人才是实现服务外包产业可持续发展的基础。承接国际服务

外包和发展服务外包产业需要具有熟练技能的劳动力，尤其需要高技能的服务型人才。根据本书的理论分析，高技能劳动力供给的短缺会制约服务外包业发展对就业的积极影响，高技能劳动力的短缺还会导致服务外包企业劳动成本的提高，从而不利服务外包企业的发展。例如，中国大连近几年服务外包发展迅速，从而形成对高端服务人才的大量需求，但大连当地人才培养的规模与水平有限，不得不以较高的工资从外地和海外引进大量的信息技术领域的技术和管理人才，相对较高的工资给大连服务外包企业的发展带来成本压力，但由于大连总体工资水平低于北京、上海、深圳等地区，又导致高端人才的流失，由此造成大连服务外包产业的人才供给严重短缺，在很大程度上制约了大连服务外包产业的发展。足够的人力资源尤其是服务外包人才的储备，是服务外包取得成功的重要因素。实践证明，印度人力资源优势是其取得的服务外包产业发展成功的主要原因之一。

中国服务外包产业的发展在很大程度上受到人才短缺的制约，像大连这样的人才短缺情况在中国大多数地区都存在。中国高技能人才的短缺主要原因是对人力资本投入总量水平较低，结构不合理以至于不能满足产业发展的需要。中国的劳动力市场呈现非对称性：在数量上，大量的劳动力处于不得其用的状态；在结构上，中低端产业所需人才近于饱和，发达地区人才近于饱和，而高端产业所需人才缺乏，落后地区呈现人才短缺；在质量上，大部分劳动力素质较低，多处于非熟练、低技能状态。中国人才状况导致中国难以占据产业生产链的高档，并且直接制约了中国承接国外技术密集型业务的能力，也导致了中国就业在产业结构和地区结构中的不平衡。

印度以及其他承接国际服务外包的国家的经验表明，只有加大人力资本投资、增加研发投入、提升自主创新能力，才能有效利用国际服务外包的技术溢出效应，促进技术进步、服务外包产业的发展、就业结构的合理化、以及就业质量的提高。

具体而言，中国应从以下几个方面加大人力资本的投入：

第一，加大教育投入。中国的教育投入占国内生产总值的比重长期低于世界平均水平，中国计划在2000年教育投入占国内生产总值比重达到4%，但直到2010年，这一比重仅达到3%。印度一直重视教育，自20世纪90年代以来，其对教育的投入占国内生产总值比重一直在3%以上，在2005年就达到3.68%，2010年已超过4%。印度尤其重视高等教育，为了发展高等教育，印度政府不断增加对高等教育的投入，一般占全年教育经费的20%。爱尔兰政府也非常重视教育，教育支出占公共支出的14%左右，在洛桑国际管理学院的全球竞争力报告中,爱尔兰被评为欧洲教育质量最高的国家。中国应加大教育投入,提高国民整体素质,提高人力资本水平,为承接国际服务外包创造良好的人力资源环境。在增加政府财政性教育开支的同时,还可以利用民间资金来投资教育,充分利用各种资源来提高国民的素质,提高劳动力技能。

第二,建立教育培训机构与企业之间的互动关系,有针对性地培养服务外包企业急需人才。印度服务外包人才培养经验就是建立产学之间的密切互动。中国有高等院校 2 000 多个,每年约有 400 万 ~500 万高校毕业生,其中开展研究和发展活动的高等院校 1 000 多个,从事研究和发展活动的人员 50 多万,从而为中国发展服务外包产业储备了大量的人才。重要的是建立高等院校与企业之间的互动关系,鼓励企业根据其对人才知识和技能的实际需要情况,为学校课程设置提供建议,或者委托学校定向培养相关人才。除了促进企业与高校之间的联系,还可以利用社会培训、海外人才培训与引进等多种渠道,为服务外包产业的发展提供各层次的人才。

第三,鼓励企业加强对职工的培训。继续教育和岗位培训不仅是企业保持持久活力的源泉,而且有利于企业培养更具有针对性的人才,并且对员工的培训培养通常低于从外面引进人才的成本,从而还在一定程度上有利于节约劳动成本。中国企业要加强对在岗位员工的各类培训,使在岗员工充分发挥“干中学”的作用,提高劳动技能以及对先进服务技术的消化和吸收。对在岗位人员的培训还可以有效防止由于高技能劳动力引进而引致的失业,从而减少失业的发生。政府应设置专门的鼓励企业人才培训的基金,补贴企业在人才培训方面的开支,对在人才培训方面作出贡献的企业给予奖励与政策优惠。

第四,建立具有激励作用的人才引进机制。中国应创造良好的吸引人才的制度与创业环境,大力引进国内外在现代服务外包方面有经验的高级管理人才,鼓励海外留学人员回国创业。

六、提高对先进服务技术的学习和吸收能力

中国服务业在服务质量与技术水平方面一直落后于发达国家,因此,在对外承接服务时应注重对先进服务技术的学习和吸收,以促进中国服务技术与质量的提高,促进服务创新,避免在服务业领域也成为“世界加工厂”。如果将服务业比作是国民经济发展的“水泥”,“水泥”质量与技术的提高必定会促进整个经济发展效率的提高,进而促进国民经济产出规模的提高和

就业水平的提高与就业结构的优化。

七、完善劳动力流动机制，促进就业在产业间自由转移

全球服务外包产业的迅猛发展为中国产业升级提供了难得的机会，而产业升级的具体表现是产业就业结构优化。在大力发展服务外包产业的同时，应从制度上消除劳动力在产业间流动的制约因素，促进更多的劳动流入服务业，充分发挥服务业吸纳就业的能力。劳动力要素在产业间的流动所受制约因素较多，产业规模、产业垄断程度、劳动者技能水平与知识素质、劳动者与企业谈判地位等都会制约劳动力在产业间的自由流动。因此，在大力发展服务业的同时，要改变人才培养制度的倾向，扩大服务业产出规模，消除行业垄断，完善维护劳动者权益的立法。只有为劳动力自由流动创造良好的环境，才能充分发挥工资这一调节劳动力市场的价格杠杆的作用，充分实现服务业外包产业发展的就业扩展效应，实现就业结构的优化。

附录

附表 1　　2003—2008 年中国软件外包服务业发展情况

年份	软件外包服务业产值(亿美元)	软件外包服务业增长率(%)
2003	4. 7	0. 446
2004	6. 33	0. 347
2005	9. 2	0. 422
2006	14. 3	0. 554
2007	20. 1	0. 406
2008	46. 9	1. 333

资料来源:CCID《2008—2009 世界服务外包产业发展研究年度报告》

附表 2　　1997—2008 中国服务贸易进出口总额增长趋势与在世界服务贸易中的比重

年份	中国服务贸易进出口额（亿美元）	世界服务贸易进出总额（亿美元）	占世界比例（%）
1997	522	26 259	2
1998	504	26 853	1.9
1999	572	27 939	2
2000	660	29 718	2.2
2001	719	29 886	2.4
2002	855	31 807	2.7
2003	1 013	36 363	2.8
2004	1 337	43 123	3.1
2005	1 571	47 760	3.3
2006	1 917	53 304	3.6
2007	2 509	63 163	4
2008	3 045	72 003	4.2

数据来源：商务部服务贸易司中国服务贸易统计数据。

附表 3　　中国 1997—2008 年计算机与信息服务进出口及其比重情况

年份	中国服务贸易进出口额（亿美元）	计算机与信息服务贸易进出口总额（亿美元）	比重（%）
1997	522	3.15	0.60
1998	504	4.67	0.93
1999	572	4.89	0.85
2000	660	6.21	0.94
2001	719	8.06	1.12
2002	855	17.71	2.07
2003	1 013	21.38	2.11
2004	1 337	28.9	2.16
2005	1 571	34.63	2.20

附表3(续)

年份	中国服务贸易进出口额（亿美元）	计算机与信息服务贸易进出口总额(亿美元)	比重（%）
2006	1 917	46.97	2.45
2007	2 509	65.53	2.61
2008	3 045	94.22	3.09

数据来源:商务部服务贸易司中国服务贸易统计数据。

附表4　1997—2008年中国计算机与信息服务、金融服务进出口

单位:亿美元

年份	计算机、信息服务进口	计算机、信息服务出口	金融服务进口	金融服务出口
1997	2.31	0.84	3.25	0.27
1998	3.33	1.34	1.63	0.27
1999	2.24	2.65	1.67	1.11
2000	2.65	3.56	0.97	0.78
2001	3.45	4.61	0.77	0.99
2002	11.33	6.38	0.9	0.51
2003	10.36	11.02	2.33	1.52
2004	12.53	16.37	1.38	0.94
2005	16.23	18.4	1.6	1.45
2006	17.39	29.58	8.91	1.45
2007	22.08	43.45	5.57	2.3
2008	31.7	62.52	5.7	3.15

数据来源:商务部服务贸易司中国服务贸易统计数据。

附表5　中国1997—2008年总就业人数与城镇登记失业人数

年份	总就业人数(万人)	城镇登记失业人数(万人)
1997	69 820	570
1998	70 637	571
1999	71 394	575

附表5(续)

年份	总就业人数(万人)	城镇登记失业人数(万人)
2000	72 085	595
2001	73 025	681
2002	73 740	770
2003	74 432	800
2004	75 200	827
2005	75 825	839
2006	76 400	847
2007	76 990	830
2008	77 480	886

数据来源:中国统计年鉴(历年)

附表6　　1997—2008 年中国三次产业就业与产值比重　　单位:%

年份	第一产业就业比重	第二产业就业比重	第三产业就业比重	第一产业产值比重	第二产业产值比重	第二产业产值比重
1997	49.9	23.7	26.4	18.3	47.5	34.2
1998	49.8	23.5	26.7	17.6	46.2	36.2
1999	50.1	23.0	26.9	16.5	45.8	37.7
2000	50.0	22.5	27.5	15.1	45.9	39.0
2001	50.0	22.3	27.7	14.4	45.1	40.5
2002	50.0	21.4	28.6	13.7	44.8	41.5
2003	49.1	21.6	29.3	12.8	46.0	41.2
2004	46.9	22.5	30.6	13.4	46.2	40.4
2005	44.8	23.8	31.4	12.2	47.7	40.1
2006	42.6	25.2	32.2	11.3	48.7	40.0
2007	40.8	26.8	32.4	11.1	48.5	40.4
2008	39.6	27.2	33.2	11.3	48.6	40.1

数据来源:中国统计年鉴(历年)

附表7　　1997—2008年间中国全国与各产业人均产出情况　　单位：元

年份	全国人均产值	第一产业人均产值	第二产业人均产值	第三产业人均产值
1997	6 420	4 145	22 689	14 642
1998	6 796	4 212	23 496	16 214
1999	7 159	4 129	24 988	17 638
2000	7 858	4 146	28 088	19 530
2001	8 622	4 322	30 405	21 931
2002	9 398	4 485	34 155	23 660
2003	10 542	4 756	38 836	25 680
2004	12 336	6 071	43 679	28 057
2005	14 053	6 600	48 310	30 892
2006	16 165	7 383	53 660	34 420
2007	19 524	9 104	60 497	41 690
2008	22 698	11 092	69 252	46 851

数据说明：各产业人均产出水平根据各产业总产值与总就业人数计算而得。

附表8　　1997—2008年间中国东部地区
就业总人数及各产业就业与产值比重

年份	就业总人数（万人）	第一产业就业比重（%）	第二产业就业比重（%）	第三产业就业比重（%）	第一产业产值比重（%）	第二产业产值比重（%）	第三产业产值比重（%）
1997	27 178.2	42.06	29.51	28.44	14.75	49.18	36.06
1998	26 075.4	43.75	27.01	29.24	14.02	48.76	37.22
1999	26 372.150 9	43.87	26.63	29.50	13.01	48.74	38.25
2000	26 445.530 5	43.57	26.49	29.94	11.74	49.45	38.82
2001	26 622.990 6	42.85	26.80	30.35	11.24	48.90	39.86
2002	26 190.6	40.79	28.52	30.90	13.26	51.40	40.53
2003	27 620.365 5	39.32	28.73	31.95	9.62	51.32	39.06
2004	28 487.589 9	36.92	29.85	33.23	9.47	53.02	37.51
2005	29 513.945 4	34.52	31.45	34.03	8.56	51.30	40.15
2006	29 936.619 7	33.66	31.44	34.91	7.91	51.79	40.30

附表8(续)

年份	就业总人数（万人）	第一产业就业比重（%）	第二产业就业比重（%）	第三产业就业比重（%）	第一产业产值比重（%）	第二产业产值比重（%）	第三产业产值比重（%）
2007	31 592. 505 5	30. 69	34. 07	35. 24	7. 58	51. 46	40. 96
2008	32 534. 780 2	29. 75	34. 07	36. 19	7. 51	51. 84	40. 65

注：东部地区省份包括：北京、天津、河北、辽宁、吉林、黑龙江、山东、上海、江苏、浙江、福建、广东、海南13各省市。

数据来源：根据各地区各行业就业人数(历年年底数)与各行业产值计算而得。

附表9　1997—2008年间中国中部地区就业总人数及各产业就业与产值比重

年份	就业总人数（万人）	第一产业就业比重（%）	第二产业就业比重（%）	第三产业就业比重（%）	第一产业产值比重（%）	第二产业产值比重（%）	第三产业产值比重（%）
1997	19 249. 3	55. 23	19. 45	25. 32	24. 91	44. 89	30. 20
1998	18 832. 5	56. 45	17. 76	25. 79	23. 43	44. 81	31. 76
1999	18 998. 574 6	57. 82	17. 14	25. 04	21. 97	44. 16	33. 87
2000	19 285. 488 8	57. 64	16. 99	25. 37	20. 56	44. 26	35. 18
2001	19 156. 896 6	57. 14	17. 09	25. 77	19. 67	44. 61	35. 73
2002	19 244. 5	56. 04	17. 72	26. 24	18. 70	45. 34	35. 96
2003	19 451. 719 5	54. 27	18. 59	27. 14	17. 03	46. 66	36. 31
2004	19 762. 360 1	52. 42	19. 45	28. 13	17. 89	47. 79	34. 31
2005	20 106. 609 3	50. 64	20. 83	28. 53	16. 52	46. 65	36. 83
2006	20 240. 632 5	50. 08	20. 93	28. 99	15. 13	48. 50	36. 37
2007	20 709. 983 5	46. 67	23. 87	29. 46	14. 38	49. 70	35. 92
2008	21 026. 636 9	45. 00	24. 81	30. 18	14. 28	51. 39	34. 32

注：中部地区省份包括：山西、内蒙古、安徽、江西、河南、湖北、湖南等7个省份。

数据来源：根据各地区各行业就业人数(历年年底数)与各行业产值计算而得。

附表10　1997—2008年间中国西部地区就业总人数及各产业就业与产值比重

年份	就业总人数（万人）	第一产业就业比重（%）	第二产业就业比重（%）	第三产业就业比重（%）	第一产业产值比重（%）	第二产业产值比重（%）	第三产业产值比重（%）
1997	17 239. 2	64. 00	14. 21	21. 79	26. 42	41. 09	32. 48
1998	17 131. 5	64. 19	13. 01	22. 80	25. 16	41. 09	33. 75
1999	17 122. 931 6	63. 87	12. 82	23. 31	23. 50	41. 05	35. 46

附表10(续)

年份	就业总人数(万人)	第一产业就业比重(%)	第二产业就业比重(%)	第三产业就业比重(%)	第一产业产值比重(%)	第二产业产值比重(%)	第三产业产值比重(%)
2000	17 247.780 6	62.13	12.72	25.15	22.00	41.68	36.32
2001	17 272.900 2	61.48	12.69	25.83	20.80	40.74	38.46
2002	17 529	60.17	13.16	26.67	20.47	40.59	38.94
2003	17 790.794	58.30	13.81	27.88	19.37	42.60	38.03
2004	18 059.170 3	56.65	14.25	29.10	19.55	43.81	36.64
2005	18 406.886 7	54.90	14.96	30.14	18.03	42.43	39.54
2006	18 556.327 6	53.90	15.01	31.09	16.54	44.77	38.68
2007	19 048.250 9	51.34	17.91	30.75	16.48	45.53	38.00
2008	19 389.884 7	50.14	18.43	31.43	16.16	47.03	36.81

注:西部地区包括:重庆、四川、贵州、云南、广西、陕西、甘肃、青海、宁夏、新疆、西藏等11个省市。

数据来源:根据各地区各行业就业人数(历年年底数)与各行业产值计算而得。

附表11　1997—2008年中国全国、各产业以及各地区职工平均工资水平

单位:元

年份	全国职工平均工资	第一产业职工平均工资	第二产业职工平均工资	第三产业职工平均工资	东部地区职工平均工资	中部地区职工平均工资	西部地区职工平均工资
1997	6 470	4 311	7 268	7 664	7 475	5 282	6 380
1998	7 479	4 528	8 060	8 669	8 685	5 958	5 958
1999	8 346	4 832	8 703	9 806	9 811	6 590	7 953
2000	9 371	5 184	9 664	10 976	11 052	7 217	9 035
2001	10 870	5 741	10 859	12 828	12 773	8 352	10 900
2002	12 422	6 398	12 184	14 661	14 457	9 621	12 609
2003	14 040	6 969	14 102	16 826	16 301	10 967	13 911
2004	16 024	7 611	16 371	19 069	18 763	13 069	15 715
2005	18 364	8 309	18 949	21 896	21 054	15 002	17 176
2006	21 001	9 430	21 868	24 919	23 963	17 312	19 825
2007	24 932	11 086	25 457	29 369	28 166	20 897	24 513
2008	29 229	12 958	29 832	34 335	32 812	24 533	28 177

数据来源:全国各三次产业职工平均工资根据历年按行业分职工平均工资计算而得;各地区职工平均工资根据按地区历年职工平均工资数据计算而得,上述数据原来自中国统计年鉴(历年)。

附表 12　　印度按支出法计算的国内三次产业产值与 GDP

年份	三次产业产值(千万卢比)			国内生产总值(千万卢比)	三次产业产值比重(%)		
	第一产业产值	第二产业产值	第三产业产值				
1998 财年	448 241	376 071	748 951	1 573 263	28. 49	23. 90	47. 60
1999 财年	475 201	392 170	811 039	1 678 410	28. 31	23. 37	48. 32
2000 财年	488 109	410 647	887 771	1 786 526	27. 32	22. 99	49. 69
2001 财年	487 992	438 372	937 937	1 864 301	26. 18	23. 51	50. 31
2002 财年	516 584	450 723	1 005 299	1 972 606	26. 19	22. 85	50. 96
2003 财年	486 134	481 758	1 080 394	2 048 286	23. 73	23. 52	52. 75
2004 财年	531 302	519 322	1 172 134	2 222 758	23. 90	23. 36	52. 73
2005 财年	645 262	745 062	1 577 275	2 967 599	21. 74	25. 11	53. 15
2006 财年	675 780	820 965	1 752 385	3 249 130	20. 80	25. 27	53. 93
2007 财年	704 996	929 066	1 930 565	3 564 627	19. 78	26. 06	54. 16
2008 财年	737 516	1 022 520	2 133 421	3 893 457	18. 94	26. 26	54. 80
2009 财年	749 206	1 064 283	2 341 484	4 154 973	18. 03	25. 61	56. 35

注:第一产业包括:农林渔和采掘业;第二产业为:制造业、建筑业、水气电供应业;第三产业包括:贸易餐饮、交通运输、金融保险、房地产、商业服务、公共管理服务、国防与其他服务。2008—2009 为预测数据。

数据来源:印度统计年鉴 2009.

附表 13　　印度信息技术业务流程外包就业、女性就业与总就业情况

年份	信息技术业务流程外包就业人数(万人)	女性就业人数(万人)	第一产业就业人数(万人)	第二产业就业人数(万人)	第三产业就业人数(万人)	总就业人数(万人)	三次产业就业比重(%)		
1997 财年	–	463. 7	251. 5	908. 5	1 664. 3	2 824. 3	8. 90	32. 17	58. 93
1998 财年	19	477. 4	246. 2	902. 8	1 667. 7	2 816. 7	8. 74	32. 05	59. 21
1999 财年	23	482. 9	239. 9	892. 8	1 678. 6	2 811. 3	8. 53	31. 76	59. 71
2000 财年	28	492. 3	242. 3	875. 2	1 678. 8	2 796. 3	8. 67	31. 30	60. 04
2001 财年	43	494. 9	238. 7	856. 8	1 683. 5	2 779	8. 59	30. 83	60. 58
2002 财年	52	493. 5	226. 7	826. 4	1 667. 5	2 720. 6	8. 33	30. 38	61. 29
2003 财年	67	496. 8	231. 4	795. 9	1 672. 8	2 700. 1	8. 57	29. 48	61. 95
2004 财年	83	493. 4	250. 5	757. 6	1 636. 2	2 644. 3	9. 47	28. 65	61. 88

附表13(续)

年份	信息技术业务流程外包就业人数（万人）	女性就业人数（万人）	第一产业就业人数（万人）	第二产业就业人数（万人）	第三产业就业人数（万人）	总就业人数（万人）	三次产业就业比重（%）		
2005 财年	105	501.6	257.2	748.8	1 639.8	2 645.8	9.72	28.30	61.98
2006 财年	129	512.1	273.8	747.9	1 642.7	2 664.4	10.28	28.07	61.65
2007 财年	163	531.2	266.2	767.2	1 661.4	2 694.8	9.88	28.47	61.65
2008 财年	200.4	–	–	–	–	–	–	–	–
2009 财年	223	–	–	–	–	–	–	–	–

数据来源：信息技术业务流程外包就业人数来源于印度全国软件与服务公司协会机构的统计数据，女性就业人数与总就业人数来源于印度统计年鉴2009.

参考文献

中文文献

[1]阿尔弗雷德·马歇尔．经济学原理(中译本)[M]．北京:商务印书馆,1981.

[2]保罗·克鲁格曼．地理和贸易(中译本)[M]．北京:北京大学出版社,2000.

[3]毕博管理咨询.2007 年度中国服务外包产业发展战略报告[R].2007.

[4]毕先萍．劳动力流动对中国地区经济增长的影响研究[J]．经济评论,2009(1).

[5]蔡茂盛,顾丽琼．中国承接软件外包的技术溢出效应分析[J]．对外经贸实务,2010(3).

[6]车莉．借服务业外包解决就业难题[N]．长江日报,2007 -01 -12.

[7]陈菲．服务外包动因机制分析及发展趋势预测——美国服务外包的验证[J]．中国工业经济,2005(6).

[8]陈菲．国际服务外包就业效应分析[J]．特区经济,2009(6).

[9]陈景华．承接服务业跨国转移的效应分析——理论与实证[J]．世界经济研究,2010(1).

[10]陈景华．服务业国际转移的经济增长效应——基于1993—2006年中国数据的协整分析[J]．国际贸易问题,2009(4).

[11]陈景华．服务业离岸外移的经济效应分析[J]．世界经济研究,2007(2).

[12]陈漓高,黄秀祥．美国的技术外包与失业率[J]．云南财经大学学报,2005(6).

[13]陈伟达,景生军．软件服务产业区域经济贡献度的实证分析[J]．科技进步与对策,2010(13).

[14]陈银娥,魏君英．国际服务外包对中国就业结构的影响分析——基于1997—2007年时间序列数据的计量检验[J]．中国人口科学,2010(1).

[15]陈银娥,魏君英．中国服务业发展影响因素的实证分析[J]．中国地质大学学报,2007(5).

[16]陈银娥,魏君英．中国服务业增长中的技术进步作用研究[J]．华中科技学报:社会科学版,2008(5).

[17]陈银娥．西方失业理论的最新发展[J]．经济学动态,1999(4).

[18]陈咏梅,鞠胜．外包的界定及其形态、特点研究[J]．商业研究,2009(7).

[19]程大中．黏合剂:全球产业与市场整合中的服务贸易[M]．上海:上海科学院出版社,2001.

[20]樊永岗．印度承接离岸服务外包增加就业的经验与启示[J]．对外经贸实务,2010(11).

[21]费景汉,古斯塔夫·拉尼斯．增长和发展:演进观点[M]．商务印书馆,2004.

[22]付静,陈建．我国承接服务外包的实证研究[J]．北京工商大学学报:社会科学版,2010(1).

[23]龚雄军,盛宝富．大力承接国际服务外包提高服务业发展水平[N]．国际商报,2007-03-17.

[24]龚雄军．实施开放带动战略,以开放促进我国现代服务业的发展、改革与创新[J/OL],http://tradeinservices.mofcom.gov.cn/index.shtml.

[25]顾磊,刘思琦．国际服务外包:一个发展中国家的模型[J]．世界经济研究,2007(9).

[26]国际货币基金组织．世界经济展望[M]．北京:中国金融出版社,1997.

[27]国务院发展研究中心产业经济研究部课题组. 服务业国际转移的发展取向与我国的对策[EB/OL]. http://www.drc.org.cn,2004.

[28]何君. 服务外包:新一轮国际产业转移热点[J]. 青岛日报,2006-03-17.

[29]何骏. 现代服务业集聚区是加快我国现代服务业发展的突破口——以上海为例[J]. 经济纵横,2008(3).

[30]贺勇,张意轩. 从"中国制造"到"中国服务"[N]. 人民日报海外版,2006-10-25.

[31]华德亚,董有德. 承接跨国公司服务外包对我国服务业发展的影响[J]. 商业研究,2008(1).

[32]黄彬云. 中国产业发展的就业效应[M]. 北京:中国财政经济出版社,2009.

[33]黄少军. 服务业与经济增长[M]. 北京:经济科学出版社,2001.

[34]贾涛. 全球服务外包:市场状况与影响因素[J]. 国际经济合作,2008(4).

[35]江小涓等. 服务全球化与服务外包:现状、趋势及理论分析[M]. 上海:人民出版社,2008.

[36]江小涓. 服务外包:合约形态变革及其理论蕴意——人力资本市场配置与劳务活动企业配置的统一[J]. 经济研究,2008(7).

[37]姜容春. 国际服务外包浪潮:理论、实证与中国战略研究[M]. 北京:对外经济贸易出版社,2009.

[38]蒋三庚. 著名CBD现代服务业人才聚集借鉴[J]. 北京工商大学学报(社会科学版),2010(4).

[39]荆林波. 质疑外包服务降低成本及引起失业的假说——以信息技术外包服务为例[J]. 经济研究,2005(1).

[40]景瑞琴. 服务外包的发展趋势及其对发包国的就业效应分析[J]. 世界经济情况,2007(2).

[41]凯恩斯. 就业、利息与货币通论[M]. 上海:商务印书馆,1990.

[42]李布. 外包:企业经营管理新模式[J]. 经济纵横,2000(12).

[43]李文秀,胡继明. 中国服务业集聚实证研究及国际比较[J]. 武汉大学学报(哲学社会科学版),2008(2).

[44]李玉红. 国际外包的成因及效应研究[M]. 北京:经济科学出版社,2010.

[45]林航．服务业国际转移研究:微观视角[J]．华中科技大学学报(社会科学版),2009(1).

[46]林航．关于“国际服务外包”内涵的学术分歧探析[J]．上海商学院学报,2009(5).

[47]林毅夫．外包与不确定环境的最优资本投资[J]．经济学(季刊),2004(1).

[48]刘力．经济全球化:福兮？祸兮？[M]．北京:中国社会出版社,1999.

[49]刘庆林,陈景华．服务业外包的福利效应分析[J]．山东大学学报(哲学社会科学版),2006(4).

[50]刘庆林,廉凯．服务业国际转移经济效应分析:中国数据的验证[J]．产业经济评论,2009(1).

[51]刘庆林,廉凯．服务业外包视野的承接国产业结构演进[J]．改革,2006(10).

[52]刘庆林,刘小伟．国外服务业外包理论研究综述[J]．山东社会科学,2008(6).

[53]刘志彪．服务业外包与中国新经济力量战略的崛起[J]．南京大学学报,2007(4).

[54]刘志彪．中国贸易量增长与本土产业的升级——基于全球价值链的治理视角[J]．学术月刊,2007(2).

[55]刘重．我国发展服务外包的宏观政策与微观策略分析[J]．现代财经,2008(8).

[56]卢峰．我国承接国际服务外包问题研究[J]．经济研究,2009(9).

[57]卢锋．产品内分工[J]．经济学(季刊),2004(1).

[58]卢锋．服务外包的经济学分析:产品内分工视角[M]．北京:北京大学出版社,2007.

[59]卢峰．当代服务外包的经济学观察——产品内分工的分析视角[J]．世界经济,2007(8).

[60]卢言．国际生产体系下的企业外包管理[J]．集团经济研究,2005(6).

[61]罗良文．国际贸易、国际直接投资与就业[M]．北京:中国财政经济出版社,2004.

[62]罗良文,刘辉．新凯恩斯主义的就业理论及其启示[J]．华中农业

大学学报(社会科学版),2002(3).

[63]马风华,刘俊. 我国服务业地区性集聚程度实证研究[J]. 经济管理,2006(23).

[64]孟建新,刘为兵. 借鉴印度经验加快我省服务外包产业发展[EB/OL].(2008-04-29),http://www.shandongbusiness.gov.cn.

[65]孟庆亮. 服务外包国际化的经济学分析[J]. 国际经济合作,2008(1).

[66]牛卫平. 国际外包对技术创新影响研究述评[J]. 改革与战略,2010(6).

[67]平新乔. 微观经济十八讲[M]. 北京:北京大学出版社,2000.

[68]漆向东. 优化就业结构与扩大就业[J]. 中国经济问题,2009(4).

[69]秦仪. 跨国公司服务业外包发展趋势与我国的对策[J]. 科技进步与对策,2006(4).

[70]任英华,邱碧槐. 现代服务业空间集聚特征分析——以湖南省为例[J]. 经济地理,2010(3).

[71]任志成,武晓霞. 承接服务外包的就业效应[J]. 南京审计学院学报,2009(3).

[72]任志成,张二震. 承接国际服务外包的就业效应[J]. 财贸经济,2008(6).

[73]赛迪顾问股份有限公司. 2008—2009年世界服务外包产业发展研究年度总报告[R],2009.

[74]商务部政策室. 服务业跨国转移的趋势与影响[EB/OL]. 2007-08-27, http://tradeinservices.mofcom.gov.cn/index.shtml.

[75]舒尔茨,著,张力,译. 人力资本投资[M]. 北京:商务印书馆,2004.

[76]宋玉华,周均. 国际外包、就业和入分配之文献综述[J]. 国际贸易问题,2006(3).

[77]宋京. 开放经济下的技术进步[J]. 复旦大学博士论文,2004(4).

[78]谭崇台. 发展经济学[M]. 太原:山西经济出版社,2001.

[79]谭力文,刘林青,等. 跨国公司制造和服务外包发展趋势与中国相关政策研究[M]. 上海:人民出版社,2008.

[80]唐旭,冷克平. 我国现代服务业的转移趋势及对策分析[J]. 科技进步与对策,2006(12).

[81]唐宜红,陈非凡．承接离岸服务外包的国别环境分析——以印度、墨西哥和东欧为例[J]．国际经济合作,2007(4).

[82]王传荣．经济全球化进程中的就业研究[M]．北京:经济科学出版社,2007.

[83]王静．中国知识密集型服务业就业效应测度研究[J]．中国科技论坛,2008(3).

[84]王洛林．全球化:服务外包与中国的政策选择[M]．北京:经济管理出版社,2010.

[85]王晓红．中国承接国际服务外包的技术外溢效应研究——基于中国80家设计公司承接国际服务外包的实证分析[J]．财贸经济,2008(8).

[86]魏君英．服务业发展与城乡居民收入关系研究[J]．农业技术经济,2010(2).

[87]邬适融．国外服务外包产业政策效应研究[J]．外国经济与管理,2008(9).

[88]吴洁．国际服务外包的发展趋势及对策[J]．国际经济合作,2007(5).

[89]吴静芳．发展服务外包产业:我国利用外资的新增长点[J]．国际商务——对外经济贸易大学学报,2008(2).

[90]夏杰长．大力发展服务业是解决"增长型失业"的有效途径[J]．经济研究参考,2004(11).

[91]箫剑．加工贸易和服务业外包有利于解决就业[N]．光明日报,2009-02-17.

[92]徐志成,徐康宁,朱志坚．基于开放环境下的国际服务外包技术溢出效应实证研究——以南京为例[J]．科技与经济,2010(5).

[93]许召元,李善同．近年来中国地区差距的变化趋势[J]．经济研究,2006(7).

[94]许召元,李善同．区域间劳动力迁移对地区差距的影响[J]．经济学(季刊),2008(8)-1.

[95]亚当·斯密．国民财富的性质和原因的研究[M]．上海:商务印书馆,1990.

[96]严启发．服务外包:我国经济发展的重大机遇[J]．经济研究参考,2006(61).

[97]严勇,王康元．业务外包的迅速发展及其理论解释[J]．南方经济,

1999(9).

[98]杨丹辉,贾伟. 外包的动因、条件及其影响:研究综述[J]. 经济管理,2008(2).

[99]杨玉华. 就业增长转向服务业的国际比较分析[J]. 湖北师范学院学报(哲学社会科学版),2007(5).

[100]尹建华,王兆华,苏敬勤. 资源外包理论的国内外研究述评[J]. 科研管理,2003(5).

[101]于刃刚,李竹兵. 提升中国承接国际服务外包竞争力之对策[J]. 经济与管理,2009(5).

[102]余传贵. 西方人力资本理论评析[J]. 财经理论与实践(双月刊),2001(5).

[103]喻美辞. 国际服务外包、技术外溢与承接国的技术进步[J]. 世界经济研究,2008(4).

[104]原小能,石奇. 服务外包与产业结构升级研讨会综述[J]. 经济研究,2008(2).

[105]袁欣. 服务外包:概念、本质、效应[J]. 国际经贸探索,2010(9).

[106]袁永友. 外包服务与我国服务贸易增长方式的缺陷——效应及创新[J]. 国际贸易,2007(8).

[107]张斌. 印度服务业市场开放的现状与趋势[J]. 世界经济与政治论坛,2006(2).

[108]张杰,张少军,刘志彪. 外包、创新与工资不平等[J]. 当代经济科学,2009(2).

[109]张磊,徐琳. 服务外包(BPO)的兴起及其在中国的发展[J]. 世界经济研究,2006(5).

[110]张梅. 服务外包与外贸增长方式转变的微观机制分析[J]. 工业技术经济,2009(7).

[111]张明志. 国际外包对发展中国家产业升级影响的机理分析[J]. 国际贸易问题,2008(1).

[112]张淑君. 服务业就业效应研究[M]. 北京:中国财政经济出版社,2006.

[113]张婷婷. 承接国际服务外包的就业效应作用机制分析[J]. 对外经贸实务,2010(9).

[114]张毅,石永红. 中国出台政策促服务外包拟增100万高校毕业生

就业[J/OL]. 新华网,2009 - 02 - 02.

[115]赵曙明. 全球化背景下服务业外包及其人才开发[N]. 新华日报,2007 - 08 - 06.

[116]郑吉昌,何万里,夏晴. 论现代服务业的隐性就业增长机制[J]. 财贸经济,2007(8).

[117]郑雄伟. 国际外包(第一册):国际外包理论与战略[M]. 北京:经济管理出版社,2008.

[118]中国国际投资促进会,中欧国际商学院,中国服务外包研究中心. 中国服务外包发展报告 2007[R]. 上海:上海大学出版社,2008.

[119]钟笑寒. 劳动力流动与工资差异[J]. 中国社会科学,2006(1).

[120]周启红,汪生金. 武汉承接国际服务外包相对效率研究[J]. 武汉理工大学学报,2010(19).

[121]朱胜勇,李文秀. 服务外包发展的影响因素及启示——基于部分 OECD 国家服务外包的分析[J]. 软科学,2009(5).

[122]朱廷珺,胡安亚. 工序贸易的研究路径与进展[J]. 经济经纬,2010(4).

[123]朱晓明,等,编译. 服务外包——把握现代服务业发展的新机遇[M]. 上海:上海交通大学出版社,2006.

英文文献

[124]Agrawal, Vivek, Diana Farrell. Who Wins in Offshoring[M]. The McKinsey Quarterly, Special Edition: Global Directions,2003.

[125]Alan S. Blinder. How Many US Jobs Might be Offshorable? [J]. World Economics, Economic &Financial Publishing,RG9 1GB,2009,10(2).

[126]Alexander Hijzen & Holger Gorg & Robert C. Hine. International Outsourcing and the Skill Structure of Labour Demand in the United Kingdom[J]. Economic Journal,Royal Economic Society,2005(506).

[127]Alexander Hijzen. A Bird Eye View of International Outsourcing: Data, Measurement and Labour Demand Effects[J]. Economie International,CEPII research center,2005(4).

[128]Alexander Hijzen. International outsourcing,technological change and wage inequality[J]. Review of International Economics,2007(1).

[129]Antras,P. ,L. Garicano and E. Rossi - Hansberg. Organizing Offshoring:Middle Managers and Communication Costs[M]//in E. Helpman,D. Marin

and T. Verdier, eds. , The Organization of Firms in a Global Economy, Cambridge, MA: Harvard University Press, 2008.

[130] Ashok Deo Bardhan and Cynthia A. Kroll. The New Wave of Outsourcing[R]. Research Report, 2003.

[131] Baldone, S. , Sdogati, F. , Tajoli, L. . Patterns and determinants of international fragmentation of production: Evidence from outward processing trade between the EU and Central Eastern European countries[J]. Weltwirtschaftliches Archiv/Review of World Economics 2001(1).

[132] Barte, Ann P. & Lach, Saul & Sicherman, Nachum. Outsourcing and Technological Innovations: A Firm - Level Analysis[J]. IZA Discussion Papers, Institute for the Study of Labor (IZA), 2008(3334).

[133] Berman, E. , J. Bound and Z. Griliches. Changes in the Demand for Skilled Labor within U. S. Manufacturing: Evidence from the Annual Survey of Manufactures[J]. The Quarterly Journal of Economics, 1994(2).

[134] Bhagwati, J. , A. Panagariya and T. N. Srinivasan. The Muddles over Outsourcing[J]. The Journal of Economic Perspectives, 2004(4).

[135] Bigsten, Arne & Durevall, Dick & Munshi, Farzana. Offshoring and Occupational Wages: Some empirical evidence[J]. Working Papers in Economics, Goteborg University, Department of Economics, 2008(312).

[136] Blinder, A. S. . How Many U. S. Jobs Might Be Offshorable? [J]. CEPS Working Paper 2007(142).

[137] Blinder, A. S. . Offshoring: The Next Industrial Revolution? [J]. Foreign Afairs, March/April, 2006.

[138] Brainard, Lael and Robert E. Litan. Offshoring' Service Jobs: Bane or Boon and What to Do? . Policy Brief 132, Washington, DC: Brookings Institution, 2004.

[139] C. Alan Garner. Offshoring in the service sector: economic impact and policy issues[J]. Economic Review, 2004(3).

[140] Campa, J. and L. S. Goldber. The evolving external orientation of manufaturing industries: Evidence from four countries[J/OL]. NBER Working Paper, 1997(5919).

[141] Davidson, C. , Martusz, S. . Globalization and labour market adjustmeant: how fast and at what cost? [J]. Oxford Review of Economic Policy, 2000

(3).

[142] Deborah Scholler. Service Offshoring and the Demand for Less - Skilled Labor: Evidence from Germany[J]. Discussion Paper,2007(287).

[143] Deborah Scholler. Service Offshoring: A Challenge for Employment? Evidence from Germany[J]. Center for European, Governance and Economic Development Research Discussion Papers,2007(61).

[144] Demiroglu, Ufuk. Offshoring Of Service Jobs[J]. MPRA Paper,2006(6437).

[145] Destination compendium 2010, The Top 100 Cities[EB/OL]. global services, global services @ cybermedia. co. in.

[146] Dnornbusch, R., Fiseher, S. and Samuelson, Paul A.. Heekseher - Ohlin TradeTheory with a continuous Goods[J]. QuarterlyJournal of Economics,1980(3).

[147] Driffield N. and Taylor K.. Wage Spillovers, Interregional Effects and the Impact of Inward Investment[J]. Spatial Economic Analysis,2006(2).

[148] Egger, H. and Egger, P.. Cross - border sourcing and outward processing in EU manufacturing[J]. North American Journal of Economics and Finance,2001(3).

[149] Egger, H. and Egger, P.. The determinants of EU processing trade [J]. The World Economy,2005(2).

[150] Egger, H. and P. Egger. How international outsourcing drives up eastern european wages[J]. Weltwirtschaft liches Archiv Review of World Economics,138,2002.

[151] Ekholm, K., Forslid, R.. Markusen, J., Export - platform foreign direct investment. NBER Working Paper,2003(9517).

[152] Feenstra, R. C. and G. H. Hanson. Foreign direct investment and relative wages: Evidence from Mexico's maquiladoras[J]. Journal of International Economics,1997(42).

[153] Feenstra, R. C. and G. H. Hanson. Foreign investment, outsourcing and relative wages[J]. Feenstra, R. C. and G. M. Grossman and Irwin, D. A. (eds.), The Political Economy of Trade Policy, Essays in Honor of Jagdisch Bhagwati,1996a.

[154] Feenstra, R. C. and G. H. Hanson. Global Production Sharing and

Rising Inequality: A Survey of Trade and Wages. in K. Choi and J. Harrigan, eds. , Handbook of International Economics, Basil Blackwell, 2003.

[155] Feenstra, R. C. . Integration of trade and disintegration of production in the global economy[J]. Journal of Economic Perspectives, 1998(4).

[156] Feenstra, R. C. and G. H. Hanson. The impact of outsourcing and high - technology capital on eage estimates for the united states, 1979—1990. Quarterly Journal of Economics, 1999(114).

[157] Feenstra, R. C. and G. H. Hanson, Globalization, outsourcing and wage inequality. American Economic Review, 1996b.

[158] Frank A. G. den Butter & Christiaan Pattipeilohy. Productivity Gains from Offshoring: an Empirical Analysis for the Netherlands[J]. Tinbergen Institute Discussion Papers, 2007(089).

[159] Freund, C. and D. Weinhold. The Internet and International Trade in Services. The American Economic Review, 2002(2).

[160] G. Vittucci Marzetti. Input - output data and service outsourcing, A reply to Dietrich, McCarthy and Anagnostou[J]. Working Papers, 2008(621).

[161] Gary Hamel and C. K. Prahaoad, The Core Competence of the Corporation[J]. Harvard Business Reviews, May - June, 1990.

[162] Geishecker, I. and H. Gorg. Do unskilled workers always lose from fragmentation[J]. North American Journal of Economics and Finance, 2005.

[163] Girma, S. and Holger, Gorg. Outsourcing, Foreign Ownership and Productivity: Evidence from UK Establishment Level Data[J]. Review of International Ecomomics, 2004(15).

[164] Holger, Gorg& Hanley, Aoife. Labour demand effects of international outsourcing: Evidence from plant - level data[J]. International Review of Economics & Finance, 2005.

[165] GROSSMAN GM, ROSSI - HANSBERG E. . Trading Tasks: A Sample Theory of Offshoring[J]. American Economic Review, 2008(5).

[166] Grossman, G. and E. Helpman. Integration versus Outsourcing in Industry Equilibrium[J]. Quarterly Journal of Economics, 2002b.

[167] Grossman, G. and E. Helpman. Outsourcing in a Global Economy [J]. NBER WP, 2002a(8728).

[168] Grossman, G. and E. Helpman. Outsourcing versus FDI in Industry

Equilibrium[J]. Journal of the European Economic Association,2003.

[169] H. Raf, M. Ruhr. Foreign Direct Investment in Producer Services: Theory and Empirical Evidence[J]. CE Sifo Working Paper,2001(598).

[170] Helpman, E., M. Melitz and S. Yeaple. Export versus FDI with Heterogeneous Firms[J]. American Economic Review,2004(94).

[171] Hijzen, A. and Swaim, P.. Does offshoring reduce industry employment? [J]. National Institute Economic Review,2007.

[172] Hijzen, A. and Swaim, P.. Offshoring, labour market institutions and the elasticity of labour demand[C]. Mimeo, OECD,2007.

[173] Hijzen, A., M. Pisu, R. Upward and P. Wright. Employment, Job Turnover and the Tradein Producer Services: Firm - Level Evidence[R]. GEP Research Paper,2007.

[174] Holger Gorg & Aoife Hanley & Eric Strobl. Productivity effects of international outsourcing: evidence from plant - level data[J]. Canadian Journal of Economics, Canadian Economics Association,2008(2).

[175] Holger Gorg & Aoife Hanley. Services Outsourcing and Innovation: An empirical investigation[J]. Kiel Working Papers,2008(1417).

[176] Holger Gorg & Aoife Hanley. Services outsourcing and innovation: An empirical investigation[J]. CEPR Discussion Papers,2009(7390).

[177] Holger Gorg, Aoife Hanley and Eric Strobl. Outsourcing, foreign ownership, exporting and productivity: An empirical investigation with plant level data [R]. Leverhukme Gentre, Research Paper,2004.

[178] Horgos, D.. Labor market effects of international outsourcing: How measuring matters[J]. Discussion Paper,2007(62).

[179] Horgos, Daniel. Labor market effects of international outsourcing: How measurement matters[J]. International Review of Economics & Finance, 2009(4).

[180] Hummels, D., J. Ishii, and K. - M. Yi. The nature and growth of vertical specialization in world trade. Journal of International Economics,2001(1).

[181] ILO. Decent work, Report of the director general[R]. Geneva,1999.

[182] Ingo Geishecker & Holger Gorg, Services offshoring and wages: Evidence from micro data[J], Kiel Working Papers,2008(1434).

[183] Jacob Funk Kirkegaard. Outsourcing and Offshoring: Pushing the Eu-

ropean Model Over the Hill, Rather Than Off the Cliff! [J]. Peterson Institute Working Paper Series, 2005(05).

[184]Jensen, B. J. and L. Kletzer. Measuring Tradeable Services and the Task Content of Offshorable Services Jobs[M]. in K. Abraham, M. Harper and J. Spletzer, eds., Labor in the New Economy, Chicago: University of Chicago Press, 2008.

[185]Jones, Ronald W. and Sugata Marjit. The Role of International Fragmentation In the Development Process[J]. American Economic Review, 2001.

[186]Jyrki Ali - Yrkko & Matthias Deschryvere. Domestic R&D Employment Effects of Offshoring R&D Tasks: Some Empirical Evidence from Finland [J]. Discussion Papers, 2008(1163).

[187]Kambourov, G. and I. Manovskii. Occupational Mobility and Wage Inequality[J]. The Review of Economic Studies, 2008a.

[188]Kambourov, G. and I. Manovskii. Rising Occupational and Industrial Mobility in the United States: 1968 - 97[J]. International Economic Review, 2008b(1).

[189]Kaplinsky R.. Sustaining Income Growth in a Globalizing World: The Search for the Nth Rent[EB/OL]. Mimeo Institute of Development Studies, 2004. http://www.ids.ac.uk/idS/global/valchnpubsyear.html.

[190] Karsten B. Olsen. Productivity Impacts of Offshoring and Outsourcing - A REVIEW[J]. OECD Science, Technology and Industry Working Papers, 2006.

[191]Kirkegaard, J. F.. Outsourcing - Stains on the White - Collar? [C]. Mimeo, 2004.

[192]Lawrence, Robert Z. and Matthew J. Slaughter. International Trade and American wages in the 1980s: Giant Sucking Sound or Small Hiccup? [J]. Brookings Papers on Economic Activity: Microeconomics, 1993.

[193]Lipsey, R. E.. Measuring International Trade in Services[J]. NBER Working Paper, 2006(12271).

[194]LIU Zhibiao. Service outsourcing: A new way to shrink regional gaps [J]. China Economist November - December, 2009.

[195] M. A. Colin Clark. The Conditions of Economic Progress [M]. Macmillan&Co. Ltd, 1951.

[196] Mankiw, G. N. and P. Swagel. The Politics and Economics of Offshore Outsourcing[J]. Journal of Monetary Economics, 2006(5).

[197] Mankiw N. Gregory, Kristin J. Forbes and Harvey S. Rosen. Testimony before the Joint Economic Committee[EB/OL], U.S. Congress: The Economic Report of the President, February 10, 2004. http://www.whitehouse.gov/cea/economic_report.

[198] Mann, C. L.. Globalization of IT Services and White - Collar Jobs: The Next Wave of Pro - ductivity Growth[J]. Peterson Institute for International Economics, 2003(11).

[199] Markusen, J.. Modeling the Offshoring of White - Collar Services: From Comparative Advantage to the New Theories of Trade and FDI[C]. in L. Brainard and S. M. Collins, eds., Offshoring White - Collar Work - The Issues and the Implications, Washington, D. C.: Brookings Trade Forum, 2005.

[200] Markusen, J. and B. Strand. Trade in Business Services in General Equilibrium[J]. CEPR Working Paper, 2008(6080).

[201] Mary Amiti & Shang - Jin Wei. Service Offshoring and Productivity: Evidence from the US[J]. The World Economy, 2009(2).

[202] Mary Amiti and Shang - Jin Wei. Fear of service outsourcing: Is it justified? [J]. NBER Working Paper, 2004(10808).

[203] Mary Amiti and Shang - Jin Wei. Service offshoring, productivity, and employment: Evidence from the united states[J]. IMF Working Paper, 2005(238).

[204] Mathur, Somesh Kumar. Indian IT Industry: a performance analysis and a model for possible Adoption[J]. MPRA Paper, 2007(2368).

[205] Matthias Deschryvere & Annu Kotiranta. Domestic Employment Effects of Offshoring: Empirical Evidence from Finland[J]. Discussion Papers, 2008(1166).

[206] McCarthy, Ian & Anagnostou, Angela. The impact of outsourcing on the transaction costs and boundaries of manufacturing[J]. International Journal of Production Economics, Elsevier, 2004(1).

[207] McCarthy, John. 3.3 Million US Jobs to Go Offshore[R]. November 11, Cambridge, Mass.: Forrester Research, Inc. 2002.

[208] McCarthy, John. Near - Term Growth of Offshoring Accelerating: Re-

sizing US Services Jobs Going Offshore[R]. May 14, Cambridge, Mass.: Forrester Research, Inc. 2004.

[209] McKinsey Global Institute. Offshoring: Is it a Win-Win Game[EB/OL]. www.mckinsey.com/ knowledge/mgi/offshore, 2004.

[210] NASSCOM. Impact of the IT－BPO Industry in India[EB/OL]. A Decade in Review. www.nasscom.org, 2010.

[211] NgoVanLong. Outsoureing and Technology Spillovers[J]. Intemational Review of Economics and finanee, 2005.

[212] OECD, Aspects of offshoring and their Impact on Employment: Measurement Issues and Policy Implications[C]. DSTI/IND, international working ducument, OECD, Paris, 2005a.

[213] OECD, OECD workers in the global economy: Increasingly vulnerable? [C]. in Employment Outlook, OECD, 2007 a.

[214] OECD, Offshoring and Employment: Trends and Impacts[C]. Paris and Washington, D. C.: OECD, 2007 b.

[215] OECD, Trade－adjustment Costs in OECD Labour Markets: A Mountain or a Molehill. OECD Employment Outlook, Chapter 1, OECD, Paris, 2005b.

[216] Prahalad, C. K., Hamel, G.. The Core Competence of Corporation[J]. Harvard Business Review, 1990(3).

[217] Quinn, J. B. and F. G. Hilmer. Strategic Outsourcing[J]. Sloon Management Review, Summer, 1994.

[218] Robert J. Gordon & Ian Dew－Becker. Controversies about the Rise of American Inequality: A Survey[J]. NBER Working Papers, 2008(13982).

[219] Roberto Antonietti & Giulio Cainelli. Spatial Agglomeration, Technology and Outsourcing of Knowledge Intensive Business Services Empirical Insights from Italy[J]. Working Papers, 2007(79).

[220] Rosario Crinò. Offshoring, Multinationals And Labour Market: A Review Of The Empirical Literature[J]. Journal of Economic Surveys, 2009b(2).

[221] Rosario Crinò. Offshoring, Multinationals and Labour Market: A Review of the Empirical Literature[J]. Journal of Economic Surveys, 2008a.

[222] Rosario Crinò. Service Offshoring and Productivity in Western Europe[J]. KITeS Working Papers 2008b(220).

[223] Rosario Crinò. Service Offshoring and the Skill Composition of Labor

Demand[J]. UFAE and IAE Working Papers,2010(802).

[224]Rosario Crinò. Service Offshoring and White - Collar Employment[J]. UFAE and IAE Working Papers,2009a(775).

[225]Runjuan Liu & Daniel Trefler. Much Ado About Nothing: American Jobs and the Rise of Service Outsourcing to China and India[J]. NBER Working Papers,2008(14061).

[226]Samuelson,Paul.. An Exact Hume - Ricardo - Marshall Model of International Trade[J]. Journal of International Economics,2004.

[227]Slaughter,Matthew J. And Phillip Swagel. The Effect of Globalization on Wages in the Advanced Economies[J]. IMF Working Paper,1997(43).

[228]UNCTAD World Investment Report: The Shift Towards Service[R]. Switzerland:United Nations New York and Geneva,2004.

[229] Van Welsum, D. and G. Vickery. Potential Off - Shoring of ICT - Intensive Occupations[C]. in Enhancing the Performance of the Services Sector,Paris and Washington,D. C. : OECD2005.

[230]Desiree Van Welsum. The share of employment potentially affected by offshoring an empirical investigation[R]. Working party on the information economy report dsti/iccp/ie,OECD,Paris,2006.

[231]Van Welsum,D. ,and X. Reif. Potential Offshoring:Evidence fromSelected OECD Countries[C]. Discussion paper,Brookings Trade Forum,2005.

[232]W. Koller & Robert Stehrer. Outsourcing and Employment: A Decomposition Approach[R]. FIW Research Reports series I - 018,FIW,2008.

[233]Wilhelm Kohler & Jens Wrona. Offshoring Tasks,yet Creating Jobs?[J]. CESifo Working Paper Series,2010(3019).

[234]Wolfl,A.. The Service Economy in OECD Countries[R]. OECD/Centred prospectives informations internationales (CEPII),OECD Science,Technology and Industry Working Papers, OECD Publishing,2005.

[235]WTO. 2005 World Trade Report:Exploring the Links between Trade, Standards and the WTO[EB/OL]. http//www. wto. org.

[236]Yeats,A.J.. Just how big is global production sharing? [M]. Arndt,S. W. and H. Kierzkowski (eds.):Fragmentation,New Production Patterns in the World Economy,2001.

致 谢

本书是以博士论文为基础经过修改完成的。博士论文是在导师陈银娥教授的悉心指导下完成的。从确定论文选题、形成研究思路、构思写作大纲、筛选运用资料,到论文的撰写、修改和定稿的全过程中,无不凝聚着陈老师的心血。当我在一大堆数据资料面前无所适从时,陈老师以其丰富的经验和敏锐的洞察力帮助我理清了分析思路,确定了选题;在论文框架基本完成后,陈老师及时指出了我文章结构和逻辑方面的不足,指导我完善了论文的基本框架;在初稿完成后,陈老师在百忙之中阅读完我的论文,指出了文章中存在语言提炼、文字校对等方面的不足,指导我进一步完善润色论文的内容。陈老师渊博的学识、严谨的治学态度、科学的思维方式、高尚的师德和豁达的言传身教,无不使我终身受益。陈老师不仅在学业上对我悉心指导,还在科研与为人处事方面给予了我有益的指导。这些恩情,我将终生铭记在心。

衷心感谢武汉大学经济管理学院的杨艳琳教授。杨教授是我的导师陈银娥教授的先生。在我学习期间,杨教授给了我无微不至的关怀。杨教授不仅学识渊博、治学严谨,而且平易近人。当我在导师的指导下取得进步时,杨教授也给予我极大的肯定与鼓励;当我在学习和生活中感到迷惘时,杨教授与导师一起对我言传身教,及时引导,给予我极大的信心。

衷心感谢中南财经政法大学经济学院的老师,他们通过各种方式给予我许多有益的帮助。在读博期间,我有幸聆听了卢现祥教授、邹进文教授、罗良文教授、朱延福教授等各位教授的课程,正是他们讲授的知识和见解为我的研究工作建立了良好的基础,他们严谨的治学态度给我留下深刻的影响,对我塑造自己的学术研究思路和思想风格起到有益的引导。在此,我真诚地感谢他们对学生的劳动付出。我还要特别感谢邹进文教授和罗良文教授,他们在我论文开题时提出了宝贵的意见,对于我论文的完善起到重要的作用。感谢经济学院办公室的向克强老师及学院其他老师和领导,他们在学习、生活等方面给予过我帮助和指导,尤其是向克强老师为论文答辩及相关事宜付出了辛勤劳动,在这里一并表示最诚挚的感谢。感谢参加我论文评阅与答辩工作的各位指导老师,他们对我的论文提出了宝贵的意见,我依此对论文作了进一步的修改,并将继续加以改进、完善。

四年博士学习的完成,与我单位领导和同事的支持和鼓励是分不开的,在此对他们致以衷心的感谢。感谢长江大学经济学院院长黎东升教授、总支书记马敬桂教授,两位领导对我的学业给予了极大的关心,他们勉励我在学术之路不断地进步,给我创造了很好的科研的环境,并在工作和生活上给予了极大的支持和照顾。感谢长江大学经济学院副院长周中林教授,作为我的师兄,不但在工作和生活上给予了极大的关心,而且在我论文的准备、答辩等事宜方面给予了有益的指导。感谢同事胡进教授,胡教授对我论文框架提出了宝贵的意见,给予了我极大的启发。

四年博士学习的完成,还与许多同窗学友的鼓励与帮助是分不开的,在此对他们表示衷心的感谢。感谢李铁强博士、刘旺霞博士、陈国庆博士、潘胜文博士、张利阳博士、陈学军博士、师文明博士、胡泽俊博士、刑乃千博士、王毓槐师弟等,他们的鼓励与支持让我记忆深刻;尤其感谢师文明博士和王毓槐师弟,他们在各项学习与生活的事务上不厌其烦地为我提供了许多帮助。

感谢我的家人,温暖的亲情是我能够坚持学习和工作的精神支柱。感谢我的先生何蒲明,他是长江大学经济学院的老师,在我读博士期间,他也在华中农业大学攻读博士学位,他在繁忙的学习与工作中仍给予我极大的支持和鼓励,在学习和科研道路上与我携手前行,使我有勇气面对生活中的一次次挑战。感谢我勤劳的婆婆,在我读博期间,她毫无怨言地替我照顾儿子、照顾一家人的生活,为我完成学业提供了坚实的后盾。

最后，对那些在文中未一一提及的，在我求学过程中给予关心、支持和鼓励的老师、同学、同事与朋友们，表示衷心的感谢！

由于水平有限，时间仓促，文中不足之处甚多，望各位斧正。

魏君英

2011年6月10日于荆州·花台